문학스캔들

우리 시대 최고 문호들의
홍미진진한 뒷이야기

세계문학비교학회
총서 01집

문·학·스·캔·들

우리 시대 최고 문호들의 흥미진진한 뒷이야기

세계문학비교학회

HU:iNE

발간사

세계문학비교학회는 인문학의 대중화를 목표로 야심차게 『문학스캔들』을 세상에 내놓습니다. 지난 해 우리 학회가 학술지 『세계문학비교연구』 창간 20주년을 기념해 기획한 사업의 결실입니다. 표지도안까지 우리 손으로 직접 디자인해가며 정성을 다해 키워온 아이가 작년에 스무살 '성년식'을 치른 것입니다. 한국연구재단 등재지로 매년 4회 발행되고 있는 『세계문학비교연구』는 이제 비교문학을 대표하는 학술지로 성장했습니다. 이를 기해 300명이 넘는 세계문학비교학회 회원들이 함께 힘을 모아 이번에 기획총서까지 발간하게 된 것을 기쁘게 생각합니다. 박정만교수님을 비롯해 책의 기획과 편집에 애써주신 편집위원님들과 외대 지식출판원의 신선호팀장님, 김민정 편집담당선생님께 감사의 마음을 전합니다.

『세계문학비교학회 기획시리즈』는 앞으로 매호마다 하나의 주제 아래 회원들이 공동작업한 책을 발표할 예정입니다. 기획시리즈 첫 호인 『문학스캔들』은 부제가 말해주듯이 "문학보다 더 문학적인 작가들의 삶"에 초점을 두고 있습니다. 여기에 수록된 10편의 글은 세계 대문호들의 소설 같은 삶과 글쓰기 작업을 전문가적 시선으로 소개합니다. 내용을 좀 더 쉽고 명확하게, 그리고 흥미롭게 이야기를 풀어가도록 각별한 노력을 기울였습니다.

그런데 왜 하필 스캔들이냐구요? 사실 우리의 일상은 연일 인터넷을 도배하는 정치스캔들이나 연예스캔들에 지쳐 있기도 합니다. 하지만 그런 식상한 일상에 지친 우리를 구해줄 신선한 답은 바로 문학에 있습니다. 고정관념을 깬다는 점에서 보면 문학은 스캔들의 속성을 배태하고 있습니다. 여기서 우리의 특별한 관심을 끄는 것은 문학작품 뒤에 숨어있는 작가들의 시선입니다. 평범한 일상을 다른 시선으로 보고 다른 언어로 색다르게 전해주는 그들은 과연 어떤 삶을 살았을까? 이 책은 바로 이 질문에서 출발합니다. 잘 알려진 작가의 작품 이면에 숨겨진, 그들의 문학보다 더 개성 있고, 흥미로운 파격을 통해 우리가 지금껏 알지 못했던 또 다른 모습을 발견하게 될 것입니다.

세계문학비교학회 창립 당시 우리는 기존의 비교문학 개념을 탈피하고 싶었습니다. 단순히 우리 문학을 외국문학과 비교한다는 고정관념을 넘어서려 했습니다. 세계문학비교학회는 “세계의 문학은 상호작용한다”를 모토로 삼고 있습니다. 그것은 글로벌 시대의 화두가 된 “모든 것은 상호작용한다”는 알렉산더 폰 훔볼트의 통찰과도 맞닿아 있습니다. 『문학스캔들』은 훔볼트의 지도처럼 문학을 통한 인생 탐험의 안내서가 되고 싶습니다. 세계가 상호작용하고 있음을 통찰시켜주는 문학탐험의 길로 여러분을 초대합니다.

2017년 6월

세계문학비교학회

회장 장 은 수

편집자의 글

세계문학은 인간학의 보고이다. 시대와 지역을 초월해 인간의 경험과 지혜를 기록하고, 인간 삶에 대한 이해와 인식을 풍성하게 하며, 사회와 역사를 바라보는 안목과 사유의 폭을 넓혀 준 것은 세계문학이 인류에게 선사한 선물이라 하겠다. 한편 급변하는 정세, 촌각을 다투는 신기술과 정보의 각축, 급속한 패러다임의 교체와 명멸을 지나 4차 산업혁명이라는 미래 사회의 도래를 목도하고 있는 지금, 인류는 인문학의 위기라는 반대급부의 세태와 마주하고 있다. 실용서가 출판시장과 베스트셀러 목록을 호령하고, 인터넷 기반의 다양한 디지털 콘텐츠가 시시각각 대중의 기호를 자극하는 지금, 문학을 읽고 향유한다는 것이 어쩌면 현실적 효용가치와 실용성에 비해 시간과 여력을 과하게 요구하는 지리멸렬하고 시대착오적인 행태로 치부되는 것인 지도 모른다.

문학이 대중으로부터 소외되어 골동품으로 방치되게 된 데에는 세태의 변화가 주요한 원인일 수 있겠지만, 문학을 연구하는 학계의 직무유기도 한 몫을 해왔음을 부인하기 힘들다. 대부분의 문학 전문 학회가 학술대회와 학술지 발간을 통해 많은 연구를 일구어내고 성과를 축적해 왔다. 한편 성과의 대부분이 학계 종사자와 전문지식인이 영유할 대상이었고, 결과적으로 일반 대중이 공감할 수 있는 거리는 아니었던 것이 사실이다. 어쩌면 문학 연구자들의 현학적 자세와 그로 인한 '거리두기' 행태가 독자들로 하여금 문학을 어렵고 접근이 꺼려지는 '남의 이야기'로 받아들이게 한 원인이었을 지도 모른다. 문학은 진정 '재미없는 읽을거리'인 것인가? 문학은 세월의 더께 속에서 서가 한편에 방치되어야 하는 것인가? 그렇다면 문학을 재미있는 읽을거리로, 우리 삶에서 함께 숨쉬는 살아있는 것으로 되돌릴 방법은 없는 것인가?

『문학 스캔들』은 상기한 고민과 문제의식에서 탄생했다. 특히 세계문학비교학회 연구 역량과 성과를 일반 독자대중에게 노출시킴으로써 인문학 대중화라는 시대적 요청에 대한 응답으로 이 책은 기획되고 집필되었다. 기획 단계에서부터 편집진이 천착한 숙제는 지역과 시대와 언어를 달리하는 세계문학을 어떻게 독자 친화적이고 대중적인 콘텐츠로 녹여낼 것인가 하는 문제였다. 필진은 인문학 위기의 타계라는 거대한 명분에 대해 완벽한 정답을 제시하기보다, 보다 겸손하고 소박한 자세에서 해답을 찾고자 했다. 그 결과 본 저술은 전공생, 학자를 대상으로 한 전공서로서 뿐만 아니라, 일반 독자가 친근하고 흥미롭게 읽고 접할 수 있는 가독성 있고 대중성 있는 인문교양서로서 목적을 함께 충족할 수 있도록 방향이 설정되었다. 본 저서의 필진은 언어와 지역을 안배하여 한국, 중국, 프랑스, 영미, 독일 문학전공자 10인으로 구성되었으며, 필진은 각국을 대표하는 세계적 문호 10인의 문학과 그들의 작품 세계 이면에 숨겨진 개인사, 특정 작품 및 작가와 관련된 재미난 일화와 비화 등 일반 독자대중에게는 사뭇 생소할 수 있는 '뒷이야기' 혹은 '스캔들'을 풀어놓는다. 세계 문호들의 흥미진진한 뒷이야기 10꼭지를 따라가다 보면, 독자는 문호이기 전에 한 인간으로서 작가들의 면면과 조우하게 될 것이다.

본 저서가 오늘날 일반 독자에게 흥미롭고 쉬운 문화 콘텐츠로 수용될 수 있다면, 본 저술의 일차적 목적이 성공적으로 완결되었다고 할 수 있을 것이다. 나아가 본 저서가 '인문학의 대중화'의 성공사례 모델로 기억될 수 있기를 소망해 본다.

2017년 6월

박정만

목차

1. 가난한 내가 아름다운 나타샤를 사랑해서

자유 여행가 백석의 슬픔과 사랑

<그림 1> 백석 시집 『사슴』 초판본 표지

1. 가난한 내가 아름다운 나타샤를 사랑해서

자유 여행가 백석의 슬픔과 사랑

이명희

불우한 공간과 시간을 마주한 시인

여기 한 모던보이였던 시인이 있다. 1912년 평안북도 정주에서 태어났고 오산학교를 졸업한 후 조선일보사 후원의 장학생으로 선발되어 일본 아오야마 학원에서 영문학을 전공했다. 후원했던 조선일보사로 돌아온 건 1934년, 그러나 1936년 사직하고 함흥 영생고보에서 영어 선생님으로 부임하였다. 1930년대 기자와 외국어 교사를 한 '모던보이', 신지식인이자 시를 쓰는 감수성까지 겸비한 남자, 백석이다.

<그림2> 일본 청산학원 유학 시절 백석의 모습

식민지 시대를 감안하면 백석은 자유로운 영혼의 소유자임을 알 수 있다. 백석이 만약 2010년대에 살았다면 그는 자유롭게 자신의 감성을 스케치할 수 있었을 텐데, 불행히도 그는 식민시대인 1912년 7월에 출생했다. 따라서 그는 한국어로 표현해야 할 정서를 한껏 표현하기 힘들었을 테고, 자신의 생각을 펼칠 수 있는 환경 또한 마땅치 않았을 것이다. 그러다보니 지식인이자 지성인, 그리고 시인의 감수성을 가진 그에게 여행은 운명이었다. 고독과 슬픔을 마주하게 된 날, 그는 행장을 꾸려 어디로든 떠나 시를 쓴다. 백석의 시는 여행의 끝에서 단단해진다.

풍경 하나, 시 하나

조선일보에 재직하던 1935년, 그는 남쪽 해안가로 여행을 간다. 지금도 바다를 좋아하는 사람이라면, 통영이나 남해를 들르게 마련인데, 당시도 마찬가지인가 보다. 백석 또한 통영을 여행하며 「남행시초(南行詩抄)」 연작을 쓰게 된다. 백석에게 통영 행은 사랑과 이별의 시간으로 채워져 시로 남게 된다. 백석은 1938년 다시 서울로 가기 전까지 함경남도 일대(북관)를 여행하고 「함주시초(咸州詩

抄)」와 「산중음」을, 1939년 신문사를 그만두고 고향인 평안도 일대를 여행한 후 「서행시초(西行詩抄)」를 쓰더니 1940년 초, 만주로 떠나 중국체험에 관한 시를 쓴다. 이렇게 그의 시세계를 이루는 대부분의 시는 자의든 타의든 고향을 떠나 여행을 하며 자신의 감성과 의식을 술회한 것이다.

여행은 누구에게나 달뜬 마음을 잡아내고 자신을 비추는 거울이 되기도 한다. 한 곳에 닻을 내리고 살아가는 사람들과 달리 여행을 통해 식민시대의 지식인의 쓸쓸한 정서를 노래한 백석은 시 쓰기를 통해 자신이 누구이고 무엇을 찾고 있는지 확인하려고 한다. 타향에서 백석은 때로는 사랑했던 사람을 놓아야 했고, 식민의 아픔을 직면하기도 했다. 통영(統營)에서 그는 한 여인을 만나게 된다.

> 남쪽 바닷가 어떤 낡은 항구의 처녀 하나를 나는 좋아하였습니다. 머리가 까맣고 눈이 크고 코가 높고 목이 패고 키가 호리낭창하였습니다. 그가 열 살이 못되어 젊디젊은 그 아버지는 가슴을 앓아 죽고 그는 아름다운 젊은 홀어머니와 둘이 동지섣달에도 눈이 오지 않는 따뜻한 이 낡은 항구의 크나큰 기와집에서 그늘진 풀같이 살아왔습니다. 어느 해 유월이 저물게 실비 오는 무더운 밤에 처음으로 그를 안 나는 여러 아름다운 것에 그를 견주어 보았습니다.
>
> -〈조선일보〉 1936년 2월 21일

〈조선일보〉에 발표된 편지 속에 백석은 남쪽 바닷가 통영이라는 낡은 항구에서 처녀 하나를 좋아한다고 고백한다. 짝사랑하는 여인, 박경련이다. 그녀를 만난 건, 지인의 결혼식에서였다. '머리가 까맣고 눈이 크고 코가 높고 목이 패고 키가 호리낭창한' 박경련은 백석에게 '수선화'였고, 이 세상의 아름다운 모든 것이었다. 박경련은 절친 신현중의 누나가 근무한 이화여고보 학생이었다. 1935년 12월 백석은 이런 짝사랑의 마음을 담아 〈조광〉에 발표한 「통영」이란 시에서 바다 내음과 함께 그녀에 대한 그리움을 담아낸다.

> 옛날엔 통제사가 있었다는 낡은 항구의 처녀들에겐 옛날이 가지 않은 천희(千姬)라는 이름이 많다
> 미역오리같이 말라서 굴껍질처럼 말없이 사랑하다 죽는다는
> 이 천희의 하나를 나는 어느 오랜 객주(客主)집의 생선 가시가 있는 마루방에서 만났다
> 저문 유월(六月)의 바닷가에선 조개도 울을 저녁 소라방등이 블그레한 마당에 김냄새 나는 비가 나렸다
>
> -「통영」

백석이 처음으로 찾아간 통영바다는 천희 같은 사랑지상주의자들이 많은 곳처럼 보였다. 김 냄새 나는 비가 내릴 만큼의 온통 바다는 비린내 투성이다. 현대인들이 여행지에서 맛있는 음식과 멋진 풍경을 사진으로 찍어 SNS 활동을 하듯이 백석은 맛깔스런 향토어로 자신의 마음을 눌러 담아 시로 담아 놓았다.

통제사가 있었던 낡은 항구의 처녀들은 '미역오리같이 말라서 굴껍질처럼 말없이 사랑하다 죽는' 순정을 가진 것처럼 백석에게 통영의 여인들은 모두 그랬다. 이제 막 사랑의 마음을 품은 짝사랑 여인을 백석은 지그시 상상해 본다.

'남쪽 바닷가 어떤 낡은 항구의 처녀' 때문에 스물다섯의 청년 백석에게 통영 바다는 그리움의 바다가 되어버렸다. 이 마음을 내몰아 백석은 그녀를 만나겠다는 전보도 치고 적극적으로 마음을 전하기 위해 두 번째 통영 행을 결심하고는 그녀가 사는 통영까지 또 다시 발길을 옮기게 된다. 평안도 사나이의 눈에 들어온 남해 바다는 온통 박경련으로 일렁이는 듯했다.

<그림 3> 백석이 평생을 두고 사랑한 여인 박경련

사랑해서 '가난하고 슬프고 외롭고 쓸쓸'하다

1936년 백석은 박경련을 만나기 위해 친구 신현중과 통영으로 갔건만, 그는 그녀 대신 외사촌 서병직만 만나게 된다. 그리고는 두 번째 「통영」(〈조선일보〉 1936.1. 23.)이란 시를 이렇게 쓴다.

> ...(전략)...
> 새벽녘의 거리엔 쾅쾅 북이 울고
> 밤새껏 바다가엔 뿡뿡 배가 울고
> 자다가도 일어나 바다로 가고 싶은 곳이다

집집이 아이만한 피도 안간 대구를 말리는 곳
황화장사 영감이 일본말을 잘도 하는 곳
처녀들은 모두 어장주(漁場主)한테 시집을 가고 싶어한다는 곳
산 너머로 가는 길 돌각담에 갸웃하는 처녀는 금(錦)이라는 이 같고
내가 들른 마산 객주집의 어린 딸은 난(蘭)이라는 이 같고

난(蘭)이라는 이는 명정(明井)골에 산다든데
명정골은 산을 넘어 동백나무 푸르른 감로(甘露)같은 물이 솟는 명정샘이 있는 마을인데
샘터엔 오구작작 물을 긷는 처녀며 새악시들 가운데 내가 좋아하는 그이가 있을 것만 같고
내가 좋아하는 그이는 푸른 가지 붉게붉게 동백꽃 피는 철엔 타관 시집을 갈 것만 같은데
긴 토시 끼고 큰머리 얹고 오불고불 넘엣거리로 가는 여인은 평안도서 오신 듯한데 동백꽃 피는 철이 그 언제요

옛 장수 모신 낡은 사당의 돌층계에 주저앉어서 나는 이 저녁 울 듯 한산도 바다에 뱃사공이 되어가며
녕 낮은 집 담 낮은 집 마당만 높은 집에서 열나흘 달을 업고 손방아만 찧는 내 사람을 생각한다

-「통영」

충렬사는 충무공을 모신 사당으로 이곳에서 가까운 명정골 396번지에 박경련이 살고 있었다. 백석이 박경련을 그리며 골몰하고 있음을 시 속에 등장하는 구체적인 지명을 통해 헤아릴 수 있다. 그런데 통영을 이야기하다 난데없이 등장하는 평안도는 백석의 고향으로, 이숭원 교수는 이를 두고 '타향인 평안도에서 온 사람과 동백꽃 피는 철에 결혼을 하면 어떻겠느냐'고 해석하였다. 백석은 붉은 동백꽃 앞에서 연모의 마음을 전하고 싶었지만, 어찌된 일인지 '옛 장수 모신 낡은 사당의 돌층계에 주저앉어서 나는 이 저녁 울 듯 한산도 바다에 뱃사공이 되어가며/녕 낮은 집 담 낮은 집 마당만 높은 집에서 열나흘 달을 업고 손방아만 찧는 내 사람을 생각한다' 고 읊조린다. 무언가 잘못 되어간다는 시인의 직감과 슬픔이 그려지는 대목이다. 그리워하던 박경련을 만나지 못한 실망감이 역력하다.

그럼에도 불구하고 온통 복잡한 심경 사이로 통영의 풍경은 한 올 한 올 성글게 드러나고 있다. '집집이 아이만한 피도 안간 대구를 말리는 곳/황화장사 영감이 일본말을 잘도 하는 곳/처녀들은 모두 어장주(漁場主)한테 시집을 가고 싶어 한다는 곳' 인 통영에서 용케도 백석은 '내가 들른 마산 객주집의 어린 딸은 난(蘭)'을 발견해내는 것이다. 난은 박경련이다. 일본과 가까운 바닷가 통영의 식민지 영상이 돌아가는 가운데 '난'이라는 여인이 줌 인(zoom in) 되는 순간이다.

1936년 4월, 백석은 경성 생활을 정리하고 함흥으로 건너갔다. 이듬해인 1937년 4월 7일, 짝사랑한 박경련은 하필이면 통영으로 함께 여행을 떠났던 친구 신현중과 결혼을 하게 되고, 백석은 충격에 휩싸인다. 신현중은 파혼남이었다. 신현중이 다른 여자와 약혼을 하였음에도 불구하고 파혼까지 하며 결혼한 상대가 하필이면 백석이 오매불망, 짝사랑한 박경련이었던 것이다. 마음에 두고 있던 여인과 결혼한 상대가 친구였으니 이 소식은 그에게 청천벽력이었다.

그렇건만 나는 하이얀 자리 위에서 마른 팔뚝의
새파란 핏대를 바라보며 나는 가난한 아버지를
가진 것과 내가 오래 그려 오던 처녀가 시집을 간 것과
그렇게도 살뜰하던 동무가 나를 버린 일을 생각한다

또 내가 아는 그 몸이 성하고 돈도 있는 사람들이
즐거이 술을 먹으러 다닐 것과
내 손에는 신간서 하나도 없는 것과
그리고 그 '아서라 세상사'라도 들을
유성기도 없는 것을 생각한다

-「내가 생각하는 것은」 중에서

'가진 것과 내가 오래 그려 오던 처녀가 시집을 간 것과/그렇게도 살뜰하던 동무가 나를 버린 일을 생각한다'라는 시구를 통해 백석의 상심 정도를 가늠할 수 있다. 이 시는 1938년 〈여성〉 4월호에 발표된 시인데 시인은 밖이 아닌 하이얀 이불 위에서 '마른 팔뚝의 /새파란 핏대를 바라보며 나는 가난한 아버지를/가진 것'을 생각하며 울분을 삭히고 있는 중이다.

백석의 생각에는 박경련 모친이 백석과의 결혼을 반대하고 신중현에게 시집

을 보낸 것이 다 자신의 가난 때문인 듯하고, 갑자기 마른 팔뚝뿐 아니라 자신의 인생이 온기 없는 마른 인생처럼 여겨졌을 것이다. 누구보다 책 읽기를 좋아했던 백석이 '신간서 하나도 없는' 시절을 견뎌야 하고, 편시춘(片時春)의 서두에서 노래하는 '아서라 세상사(世上事)'로 시작하는 판소리 단가조차 들을 수 없는 가난이 새삼 슬퍼진다. 너무나 가난했던 백석에게 짝사랑하는 여인이 떠나가는 것은 어쩌면 예정된 슬픔인지도 모른다. 박경련의 모친 입장에서는 백석에게 시집을 보내는 것보다 신현중을 선택하는 것이 당연한 일이었을 것이다. 경남 하동 출신 신현중은 경성제대를 입학한 수제였는데 시국관련 저항운동에 가담한 죄로 3년형을 살다가 조선일보사 사회부 기자로 지냈지만, 결혼 후 통영에 정착하며 다양한 활동을 재개하였다.

푸른 바닷가의 하이얀 하이얀 길이다

아이들은 늘늘히 청대나무말을 몰고
대모풍잠한 늙은이 또요 한 마리를 드리우고 갔다

이 길이다
얼마가서 감로甘露같은 물이 솟는 마을 하이얀 회담벽에 옛적본의 장반시
계를 걸어놓은 집
홀어머니와 사는 물새 같은 외딸의 혼삿말이 아즈랑이같이 낀곳은

-「남향(南鄕)」

백석이 함흥에서 쓴 이 시는 박경련을 만나러 통영에 갔던 길을 갑자기 마주하며 떠올린 대목을 써내려간 글이다. 데자뷔처럼 마주한 길에서 '이 길이다'라고 토해놓고 그녀를 만나러 가기위해 보았던 풍광들을 기억해낸다. 짝사랑을 떠나보낸 백석, 설레는 마음을 정하게 키우며 세상을 지탱해오던 이 남자가 지금부터 겪게 되는 세상은 그래서 '가난하고 슬프고 외롭고 쓸쓸'하다. '머리가 까맣고 눈이 크고 코가 높고 목이 패고 키가 호리낭창' 한 그녀를 사랑한 백석에게 흠모하던 여인과 친구의 배신은 슬픈 통영의 기억과 함께 이토록 그에게 아픈 상처로 남아있게 되는 것이다.

눈이 푹푹 쌓이는 밤 흰 당나귀타고

박경련을 잃고 백석은 자야를 만나게 된다. 교편을 잡던 시절 기생 자야를 만나 "오늘부터 당신은 내 마누라요"라는 말과 함께 새로운 사랑을 시작하게 된다. 백석의 '나와 나타샤와 흰 당나귀'에 등장하여 '자야(子夜)'로 알려져 있는 여인은 김진향으로 봉건과 근대 사이에서 갈등하는 백석의 사랑이었다. 김진향은 박효관에게 사사받은 남창 명인 금하 하규일의 문하생으로 춤과 글에 능한 22세의 수재 여성이었으나 기생이라는 신분을 의식하지 않을 수 없었다. 『내 사랑 백석』(문학동네, 1995)은 자야 여사가 후일 백석과의 사랑을 주제로 쓴 글로 그들의 사랑과 백석의 면모를 살필 수 있는 자료이기도 하다.

김진향은 문학기생으로서 〈삼천리〉에 글이 실릴 정도로 세인의 주목을 받은 여성이었다. 자야는 『당시(唐詩)선집』 중 이백의 「자야오가(子夜吳歌)」에서 따온 이름으로 백석이 김진향에게 지어준 호이다. 이에 관한 김진향의 기억은 이렇듯 또렷하다.

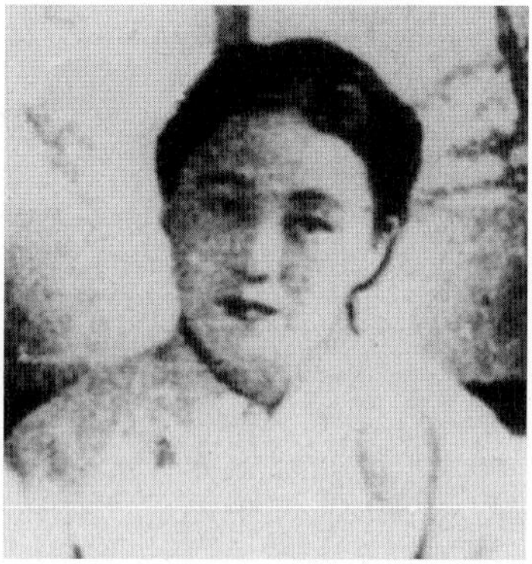

<그림 4> 자야의 모습

> 하루는 호기심에 함흥 시내 번화가로 나들이 갔다가 일본인이 경영하는 히라다 백화점을 들어가보았다. 서울 못지않은 큰 규모에 물건도 비교적 풍부했다. 거기에는 특히 많은 책이 진열되어 있는 커다란 책방이 있었다. 이곳이 비록 궁벽한 북관의 한 지방도시에 불과한 곳이지마는 문화도시의 풍모를 갖추었구나 하는 생각을 속으로 하면서 두루 돌아보았다. 이 서점에서 내가 평소에 애독하던 신간잡지 〈문예춘추〉와 〈여원〉 두 권을 사가지고 돌아서는데, 문득 『자야오가』라는 당시선집(唐詩選集)의 표지가 눈에 들어왔다. 나는 그 타이틀이 너무도 아름답고 또 낭만적인 느낌이 들어서 대뜸 사가지고 와서 당신께 보였다. 당신은 이를 반가이 받아들고 한참 동안 말없이 책장만 뒤적뒤적하였다. 그러더니 갑자기 의미심장한 미소를 머금고 눈빛을 반짝이며 나를 물끄러미 보더니 이렇게 말했다.
>
> "나 당신에게 아호(雅號)를 하나 지어줄 거야. 이제부터 '자야(子夜)'라고 합시다!"
>
> \- 김자야, 『내 사랑 백석』 (문학동네, 1995)

그들의 사랑을 가늠할 수 있는 대목이다. 물론 김진향의 기억에 의존한 서술이다. 그러나 당나라 이태백이 노래한 자야오가(子夜吳歌) 속 동진의 여인의 이미지를 김진향에게 오버랩 시키며 주고받았던 이 아호는 실제로 그들의 이별 이야기로 치환되었다. 떠나간 임을 그리워하며 노래하던 동진의 자야와 평생 백석을 기다리며 남한에서 그를 그리워했던 자야의 인생이 이름에 고스란히 묻어있는 듯하다.

백석은 부모의 강권에 의해 3번이나 결혼을 하게 되지만 그때마다 자야는 청혼을 거절당한 짝사랑 박경련이 떠난 자리에 백석의 마음을 채워준 여성이기도 했다. 기생이었던 김진향은 그의 처지가 백석에게 누가 될까 백석을 떠나지만 이별의 반복 끝에 그들은 청진동에서 살림을 차린다. 그러나 백석은 부모의 강권에 의해 또다시 결혼을 하게 되고, 혼례를 마치고 고향집을 뛰쳐나온 백석이 급기야 자야에게 만주로 떠나자는 제안을 하지만 자야는 이를 거부하고 백석과 헤어진다.

가난한 내가
아름다운 나타샤를 사랑해서
오늘밤은 푹푹 눈이 나린다

나타샤를 사랑은 하고
눈은 푹푹 날리고
나는 혼자 쓸쓸히 앉어 소주(燒酒)를 마신다

소주(燒酒)를 마시며 생각한다
나타샤와 나는
눈이 푹푹 쌓이는 밤 흰 당나귀 타고
산골로 가자 출출이 우는 깊은 산골로 가 마가리에 살자

눈은 푹푹 나리고
나는 나타샤를 생각하고
나타샤가 아니올 리 없다
언제 벌써 내 속에 고조곤히 와 이야기한다
산골로 가는 것은 세상한테 지는 것이 아니다
세상 같은 건 더러워 버리는 것이다

눈은 푹푹 나리고
아름다운 나타샤는 나를 사랑하고
어데서 흰 당나귀도 오늘밤이 좋아서 응앙응앙 울을 것이다

-「나와 나타샤와 흰 당나귀」

이 시는 1938년 3월 〈여성〉에 실린 백석의 대표적인 시이다. 그는 러시아 문학을 번역할 정도로 외국어에 정통하였다. '나타샤'는 러시아 여인의 이름으로 자야여사의 회고에 따르면 실제 단성사에서 영화 《전쟁과 평화》를 보고 그녀가 나타샤의 아름다운 미모와 자신의 미모를 비교했는데, 백석이 핀잔을 주었

다고도 한다. 이 영화를 보며 자야여사는 백석이 써 준 「나와 나타샤와 흰 당나귀」의 시구가 떠올랐으며, 한참이나 수줍어했다는 고백을 한 바 있다. 그러나 '나타샤'가 박경련인지 자야인지는 확실하지 않지만, 자야에게 이 시는 백석이 자신을 그리워하는 단 하나의 시였다. 자야는 이 시를 두고 다음과 같이 술회하고 있다.

> 나는 당신의 시를 읽으면서 그만 나도 모르게 당신의 족쇄에 채워진 포로가 되어버렸다. (…) 순간적으로 대기(大氣)를 뚫을 듯, 날을 듯, 내 가슴속은 곧장 당신이 계신 곳으로 쪼아간다. 사랑의 흰 당나귀를 함께 나란히 타고 출출이 우는 깊은 산골로 가서 마가리에 살고 싶은 충동이 왈칵 들었다.
>
> \- 김자야, 『내 사랑 백석』 (문학동네, 1995)

북방인들이 즐겨 마셨던 소주를 마시며 백석은 눈이 오는 어느 날 사랑했던 나타샤를 떠올리게 된다. 쓸쓸한 마음에도 불구하고 시인은 '산골로 가는 것은 세상한테 지는 것이 아니다/ 세상 같은 건 더러워 버리는 것'이라고 호기 있게 외친다. 사랑의 결실을 맺지 못하고 떠도는 시인의 마음이 '마가리(오막살이)'에 살며 다시 올 여인(나타샤가 아니올리 없다)에 대한 기백으로 바뀌는 순간이다. '나타샤와 나는/ 눈이 푹푹 쌓이는 밤 흰 당나귀 타고/ 산골로 가자 출출이 우는 깊은 산골로 가 마가리에 살' 것이기에 그는 낭만적 기백을 다해 열심히 시를 쓰고 있는 것이다.

바닷가에 왓드니
바다와 같이 당신이 생각만 나는구려
바다와 같이 당신을 사랑하고만 싶구려
구붓하고 모래톱을 오르면
당신이 앞선 것만 같구려
당신이 뒤선 것만 같구려

-「바다」 중에서

이 시 또한 바다를 여행하며 떠나간 자야에 대한 그리움이 가득 차 있다. 바다에 오면 바다와 함께 한 추억이 고스란히 드러내는 시를 쓰는 백석은 누구보다 자신의 감정에 솔직한 모더니스트였다. 백석에게 시 쓰기란 이성과 감성의 교차작업이었고 각성과 실천의 과정이었다. 또, 백석의 시 쓰기는 자문과 자답의 연속이었다. 그는 식민지 시인으로서 고뇌하는 시인의 모습뿐만 아니라 사랑의 기쁨과 괴로움을 진솔하게 표현했던 시인이기에 한국인이 좋아하는 시인 중 한 사람으로 기억되고 있는 것이다. 그러나 백석에게 시 쓰기는 정작 정신적 슬픔과 고독을 치유하는 과정이었다. 지금 우리가 사랑이 아프고 슬프고, 그래서 무언가를 쓰면서 스스로를 돌아보듯이, 백석에게 시는 그런 존재였다.

외로움과 따사로움이 공존하는 시

조선일보사를 그만 둔 백석은 1936년, 첫 시집이자 유일한 시집인 『사슴』을 100부 한정판으로 발간한다. 유년 시절의 기억을 고스란히 담은 『사슴』은 외국유학파 모던보이라는 이미지와는 다른 모습으로 세상에 나왔다. 토속적인 한국의 고향풍경이었다. 언어는 평안남도 사투리로 이루어졌다. 당대 평론가인 오장환은 비판 일색이었고, 심지어 '시골뜨기 문학'이라고도 평한 바 있지만, 이는 시를 읽는 독자의 몫이기도 하다. 백석의 시골은 이렇게 펼쳐진다.

졸레졸레 도야지새끼들이 간다
귀밑이 재릿재릿하니 볕이 담복 따사로운 거리다
잿더미에 까치 오르고 아이 오르고 아지랑이 오르고

해바라기하기 좋을 볏곡간 마당에
볏짚같이 누우런 사람들이 둘러서서
어느 눈 오신 나 눈을 치고 생긴 듯한 말다툼 소리도 누우러니

소는 기르매 지고 조은다

아 모도를 따사로히 가난하니

-「삼천포(三千浦)—남행시초(南行詩抄)4」

1936년 〈조선일보〉에 연작으로 실린 「남행시초」는 「함주시초」, 「서행시초」와 더불어 여행시로 유명하다. 남해와 관북, 관서지방을 각각 여행하며 쓴 시들은 음식과 풍광을 풍성하게 담고 있어 당대의 모습을 소상히 알 수 있는 귀중한 자료이기도 하다. 그래서 시간을 더하면서 빛바랜 근대의 사진을 마주 대하는 것처럼 백석의 여행시는 친근하다. '따사로운 가난함'을 발견하는 시인의 눈이 마냥 따듯하게 느껴진다.

자유여행가 백석은 남해안을 여행하며 삶의 모습을 카메라로 찍듯 자세히 그려내고 있다. 시골의 한가한 봄 풍경 끝에 '따사로히 가난하니' 시를 끝맺는 시인의 다짐 같은 언술은 가난이 무엇인지를 생각하게 해주는 대목이다. 가난한 시절에 가난하지 않을 수 있음을 읽어낼 수 있는 시인의 눈은 어느 시대에도 필요한 눈이자 마음이다. 백석에게 '따사로운 가난'은 식민지 시대에 잃어버린 풍성함을 회복하려는 간절한 의지이지만 시대를 넘어 시를 마주하고 있는 독자에게는 놓칠 수 없는 근대의 아련한 모습이기도 하다.

> 나의 정다운 것들 가지 명태 노루 뫼추리 질동이 노랑나뷔 바구지꽃 메밀국수 남치마 자개집세기 그리고 천희千姬라는 이름이 한없이 그리워지는 밤이로구나
>
> -「야우소회(夜偶小懷)」 중에서

먹을 것과 함께 등장하는 당대의 풍광 사이로 그리워하는 여인의 이름이 한 자락 가로지른다. '한없이 그리워지는 밤'에 정다운 것들은 시인의 깊은 시심

을 자극하기에 충분하다. 풍성한 풍광만큼 그리움도 풍성하고 시인의 솔직함도 풍성하다. 또 한없이 그리운 밤사이로 적막감이 돌지만 시인은 재치 있고 유머러스하게 여행의 모습도 잊지 않고 적어둔다. 풍광과 심상이 교차하며 한 시대의 젊은 시인의 고민을 친근하게 들여다볼 수 있는 부분이다. 이렇듯 백석은 여행에서 본 음식의 맛도 재미있게 그려내기로 유명하다.

> 東海 가까운 거리로 와서 나는 가재미와 가장 친하다. 광어, 문어, 고등어, 평메, 횃대.......생선이 많지만 모두 한두 끼에 나를 물리게 하고 만다. 그저 한없이 착하고 정다운 가재미만이 흰밥과 빨간 고추장과 함께 가난하고 쓸쓸한 내 상에 한 끼도 빠지지 않고 오른다. (…) 나는 어서 그때가 와서 우리들 흰밥과 고추장과 다 만나서 아침 저녁 기뻐하게 되기만 기다린다. 그때엔 또 이십오 전에 두어 두름씩 해서 나와 같이 이 물선을 좋아하는 H에게도 보내어야겠다.

위 글은 백석의 가재미에 대한 예찬이 드러나 있다. 백석은 1936년 〈조선일보〉(9월 3일)에 「가재미·나귀」를 게재하였는데, 음식에 대한 정겨운 묘사를 통해 자신이 무엇을 좋아하는지를 자연스럽게 드러내고 있다. 때때로 시인은 세상을 '더러운 것'으로 표현하지만 그런 세상에서 음식의 서사를 채워 넣음으로써 살아가야할 세상에 의지를 불어넣고 있다. 음식에 대한 인간의 욕망은 살고자 하는 이에게만 일어나는 것이다. 슬픔으로 가득한 세상에는 살맛도 음식 맛도 나지 않는다. 여행을 하며, 맛있는 것을 생각하고, 이를 누군가와 나누고자 하는 마음 또한 건강한 의식의 소유자에게만 선사되는 욕구이기 때문이다. 음식을 나눠 먹는 것은 공동체적 삶을 추구하는 인간의 원초적 모습이다. '이십오 전에 두어 두름씩 해서 나와 같이 이 물선을 좋아하는 H에게도 보내어야겠다'는 시인의 진술은 이러한 공동체적 정서의 회복을 통해 행복을 찾으려는 의식으로 귀결된다. 따라서 음식에 대한 남다른 시인의 애정은 살맛 나는 세상을 재건하기 위한 지적 재담의 소재들이기도 했다.

굳고 정한 갈매나무를 그리며

백석은 고향을 멀리 떠나올 때마다 자신의 처지와 심정을 들여다보았다. 익숙했던 공간과의 결별은 객창감이 넘실대기 마련인데, 「남신의주 유동 박시봉방」은 객창감의 절정을 엿볼 수 있는 시이기도 하다. 망국자의 모습이 고독한 긴 여행자의 모습과 닮아 있다.

> 이리하여 나는 이 습내 나는 춥고, 누긋한 방에서,
> 낮이나 밤이나 나는 나 혼자도 너무 많은 것같이 생각하며,
> 딜옹배기에 북덕불이라도 담겨오면,
> 이것을 안고 손을 쬐며 재 위에 뜻 없이 글자를 쓰기도 하며
> 또 문밖에 나가지두 않고 자리에 누어서,
> 머리에 손깍지베개를 하고 굴기도 하면서,

나는 내 슬픔이며 어리석음이며를 소처럼 연하여 쌔김질하는 것이었다
내 가슴이 꽉 메어올 적이며,
내 눈에 뜨거운 것이 핑 괴일 적이며,
또 내 스스로 화끈 낯이 붉도록 부끄러울 적이며,
나는 내 슬픔과 어리석음에 눌리어 죽을 수밖에 없는 것을 느끼는 것이었다.
그러나 잠시 뒤에 나는 고개를 들어,
허연 문창을 바라보든가 또 눈을 떠서 높은 천장을 쳐다보는 것인데,
이때 나는 내 뜻이며 힘으로, 나를 이끌어가는 것이 힘든 일인 것을 생각하고,
이것들보다 더 크고, 높은 것이 있어서, 나를 마음대로 굴려가는 것을 생각하는 것인데,
이렇게 하여 여러 날이 지나는 동안에,
내 어지러운 마음에는 슬픔이며, 한탄이며, 가라앉을 것은 차츰 앙금이 되어 가라앉고,
외로운 생각만이 드는 때쯤 해서는,
더러 나줏손에 쌀랑쌀랑 싸락눈이 와서 문창을 치기도 하는 때도 있는데,
나는 이런 저녁에는 화로를 더욱 다가 끼며, 무릎을 꿇어보며,
어니 먼 산 뒷옆에 바우 섶에 따로 외로이 서서,
어두워오는데 하이야니 눈을 맞을, 그 마른 잎새에는,
쌀랑쌀랑 소리도 나며 눈을 맞을,

그 드물다는 굳고 정한 갈매나무라는 나무를 생각하는 것이었다.

-「남신의주 유동 박시봉방(南新義州 柳洞 朴時逢方)」 중에서

위 시는 1948년 10월 〈학풍〉에 발표된 백석의 대표적인 작품으로 근대화 물결 속에 소외된 인간의 모습이 드러나고 있다. 가족과 헤어져 혼자 있는 공간 속에서 고독감에 고스란히 노출된 시인의 모습이 사실적으로 묘사되고 있다.

'소처럼 연하여 쌔김질하는 것'은 백석의 시적태도를 엿볼 수 있는 대목이다. 되새김질을 하며 자신을 반추해보니, '내 스스로 화끈 낯이 붉도록 부끄러울 적이며/ 나는 내 슬픔과 어리석음에 눌리어 죽을 수밖에 없는 것을 느끼는' 자신을 발견할 수 있었다. 그러나 시인은 '죽을 수밖에 없는' 상황을 극복하려고 한다. 그리고는 '잠시 뒤에 나는 고개를 들어/ 허연 문창을 바라보든가 또 눈을 떠서 높은 천장을 쳐다보는 것인데/ 이때 나는 내 뜻이며 힘으로, 나를 이끌어가는 것이 힘든 일인 것을 생각하고/이것들보다 더 크고, 높은 것이 있어서, 나를 마음대로 굴려가는 것을 생각' 해 내게 된다.

이렇게 백석은 자신에 대한 끝없는 성찰을 통해 그는 자신이 나아가야 할 방향을 정하고 있다. 바로 '먼 산 뒷옆에 바우 섶에 따로 외로이 서서/ 어두워오는데 하이야니 눈을 맞을, 그 마른 잎새에는/ 쌀랑쌀랑 소리도 나며 눈을 맞을/ 그 드물다는 굳고 정한 갈매나무라는 나무'가 그가 걸어가야 할 삶의 이정표였던 것이다.

누군가를 사랑하고, 아파하고, 또 누군가를 다시 용기내서 사랑하는 마음은 용기 있는 마음이다. 진정한 사랑을 찾아 떠도는 마음, 자신의 이데올로기

를 끝까지 지키려는 마음, 소중한 것을 여러 사람과 나누려는 마음, 모두가 진실과 가까워지려는 시인의 마음이기도 하다. 누구보다 모던 지식인이었던 백석이 가장 향토적인 언어로 자신의 사랑을 그리려고 했고, 소중한 것들을 시로 표현하려고 했던 사실은 백석의 시를 이해할 수 있는 또 다른 길이다. 그간 음식과 놀이의 언어로 가득 차 있던 시가 왜 그러했는지, 왜 그가 그렇게 많은 여행시를 썼는지, 왜 굳고 정한 갈매나무를 부둥켜안고 있었는지 그의 삶에 말을 걸고 도란도란 생각해 볼 일이다. 다음에 인용하는 「슬픔과 진실」에서 백석이 언급하였듯이, 우리의 사랑과 삶이 그의 삶과 아주 다르지 않기 때문이다.

> 시인은 슬픈 사람입니다. 세상의 온갖 슬프지 않은 것에 슬퍼할 줄 아는 혼입니다. 외로운 것을 즐기는 "마음도, 세상 더러운 속중을 보고" 친구여 "하고 부르는 것도," 태양을 등진 거리를 다 떨어진 병정 구두를 끌고 휘파람을 불며 지나가는 "마음도 다 슬픈 정신입니다. 이렇게 진실로 슬픈 정신에게야 속된 세상에 그득찬 근심과 수고가 그 무엇이겠습니까. 시인은 진실로 슬프고 근심스럽고 괴로운 탓에 이 가운데서 즐거움이 그 마음을 왕래하는 것입니다.
>
> -「슬픔과 진실」 중에서

백석의 주요작품연보

시집

1935「여우난골족」

1935「통영」

1935「흰밤」

1936「여승」

1936「古夜」

1936「모닥불」

1936「修羅」

1936「통영-남행시초」

1937「북관-함주시초1」

1937「바다」

1937「선우사-함주시초4」

1937「산곡-함주시초5」

1938「나와 나타샤와 흰 당나귀」

1938「내가 생각하는 것은」

1938「내가 이렇게 외면하고」

1938「고향」

1939「넘어집 범 같은 노큰마니」

1939 「북신-서행시초2」

1940 「木具」

1941 「국수」

1941 「흰 바람벽이 있어」

1941 「두보나 이백같이」

1948 「남신의주 유동 박시봉방」

산문

1936 「편지」

1936 「가재미·나귀」

1941 「닭을 채인 이야기」

참고문헌

김재용, 『백석전집』, 실천문학사, 2011.

김자야, 『내 사랑 백석』, 문학동네, 2003.

소래섭, 『백석의 맛』, 프로네시스, 2011.

안도현, 『백석평전』, 다산책방, 2014.

이명희, 「백석의 시 쓰기에 나타난 음식서사와 치유의 관련양상」, 『외국문학연구』 47, 2012.

현대시비평연구회 편저, 『다시 읽는 백석 시』, 소명출판, 2014.

그림 출처

<그림 1> 백석 시집 『사슴』 초판본 표지, http://news.kmib.co.kr

<그림 2> 일본 청산학원 유학 시절 백석의 모습, https://namu.wiki/w/백석(시인)

<그림 3> 백석이 평생을 두고 사랑한 여인 박경련, http://news.joins.com/article/12067483

<그림 4> 자야의 모습, http://news20.busan.com/controller/newsController.jsp?newsId=20140621000027

2. 당신을 사랑합니다, 미지의 여인이여!

프랑스의 대문호 발자크의 사랑

<그림 1> 1851년도『인간극』표지

2. 당신을 사랑합니다, 미지의 여인이여!

프랑스의 대문호 발자크의 사랑

김중현

'외국 여인으로부터'의 편지

발자크(H. de Balzac, 1799~1850)는 1832년 2월 한 여인으로부터 편지 한 통을 받는다. 봉투에는 우크라이나 주의 주도(州都)인 오데사(Odessa)의 날인이 찍혀 있었고, 송신인은 '외국 여인으로부터'였다.

'외국 여인'이었다! 러시아에 사는 여인임에 틀림없었다. 프랑스어로 편지를 쓴 것을 보니 귀족 부인인 것도 분명했다. 당시 러시아를 비롯한 유럽의 귀족들은 프랑스인이나 프랑스어를 쓰는 스위스인 가정교사를 들여 아이들에게 프랑스어를 가르치는 것이 일반화되어 있었기 때문이다. 게다가 그녀의 해놓은 맺음말을 보라. '외국 여인으로부터'! 얼마나 이국적인가! 얼마나 낭만적인가! 얼마나 호기심을 불러일으키는가! '그녀는 젊고 아름다울 것이다. 그렇지만 결혼생활에 만족하지 못하는 불행한 여인일 수 있을 것이다.'

'심리학자' 발자크의 마음속에는 다시 한 번 상상력이 준동하기 시작했다. 한 번도 성공한 적 없으면서도 사업을 시작했다 하면 벌써 금화로 넘쳐나는 자신의 금고를 상상하곤 했던 그는 이번에도 생생하고 폭발적인 상상력을 유감없이 발휘했다.

그는 이내 그녀를 사랑하기로 마음먹고는 벌써 그녀 곁으로 달려가는 꿈에 마음 부푼다. 마음속에 한 가지 욕심이 자리를 잡는다. 부디 그녀가 '돈 많은 귀족 미망인'이었으면 하는...

<그림 2> 『인간극』의 저자 발자크
발자크는 그의 서재 위에 놓인 나폴레옹 흉상에 "나폴레옹이 칼로 이루었던 모든 일을 나는 펜으로 이루리라"고 새겨놓고 창작에 매진했다.

당시 서른 세 살이던 발자크는 안정된 삶을 바라고 있었다. 삼년 전, 그는 브르타뉴 지방의 왕당파와 공화군 사이의 싸움을 월터 스콧(Walter Scott) 풍으로 쓴 역사소설 『마지막 올빼미 당원 *Le dernier Chouan*』과 '부부 준칙'이라는 이름으로 구상해 온 작품 『결혼 생리학 *Physiologie du mariage*』을 출판했었다. 그 중, 한편으로는 남편이나 주위 사람들로부터 사랑받지 못하고 희생당하는 여성들을 옹호하면서 다른 한편으로는 비난하기도 하는 『결혼 생리학』이 묘하게 여성 독자들의 마음을 사로잡았다. 파리 사람들은 그 작품에 대한 이야기로 꽃을 피웠으며, 그는 곧 여러 살롱과 여성 모임에 초대 받기 시작했다. 레카미에 부인(Madame de Récamier)의 살롱에 드나들게 된 것도 그 덕분이었는데, 그곳에서 그는 자기보다 세 살 아래이지만 이미 파리 문단에 확고하게 명성을 굳힌 빅토르 위고(Victor Hugo)와 라마르틴(A. de Lamartine)을 만났다. 아주 미인이었던 레카미에 부인의 살롱에는 당시 많은 문인들이 드나들었다. 뱅자맹 콩스탕(Benjamin Constant)과의 비련의 주인공이자 19세기 프랑스 비평에 혁신을 가져온 『독일론』의 저자인 스탈 부인(Madame de Staël)과 친했으며, 샤토브리앙(René de Chateaubriand) 등 여러 문인들이 그녀에 대해 열정을 불사르기도 했다.

인간의 운명이란 참으로 알 수 없는 것이었다. 레디기에르 거리의 누추한 다락방에서 문학 수업을 시작하여 삼류소설들을 대량으로 생산해 내는 이른바 '소설 공장'의 조수로 생계를 꾸려나가던 무명의 그가 『결혼 생리학』이라는 한 권의 소설로 일약 스타가 되었으니 말이다.

그 후에도 그는 단 이년 동안에 『알려지지 않은 걸작 *Le Chef-d'oeuvre inconnu* (1831)』을 비롯해 총 150여 편의 글을 마치 토해내듯 쓴다. 그의 글은 소설을 포함하여 전 분야를 망라했으며, 어느덧 많은 잡지사로부터 고액의 원고료와 함께 원고 청탁을 받는 인기작가로 발돋움하게 되었다. 그러나 어찌 된 셈인지 그의 주머니는 늘 텅 비어 있었다. 아니, 날이 갈수록 빚만 더 늘어갔다.

그는 이십대 초반부터 스스로 생활을 꾸려야 했다. 작가로서 성공해 보겠다는 그의 의지와 관리가 되기를 기대했던 부모의 바람이 충돌하여 더 이상 부모로부터 경제적인 원조를 받지 못하게 되자 돈을 벌기 위해 사업을 시작했는데, 세 차례의 사업(1825년 출판업, 1826년 인쇄업, 1828년 활자주조업)이 모두 실패로 돌아감으로써 그는 이십대 중반에 빚더미에 올라앉고 말았던 것이다.

그렇지만 이제 어느 정도 성공의 길을 달리고 있으니, 지금 받고 있는 고액의 원고료를 절약하여 차근차근 그 빚을 갚아나가면 못 갚을 리 없었다. 그런데 그에게는 이상한 낭비벽이 있었다. 빚도 빚이지만, 귀족에 대한 향수와 속물근성이 그의 주머니를 그냥 내버려두지 않았던 것이다. 출입구가 두 개 있는 파씨거리(현재, 레이누아르 거리로 그곳에 '발자크의 집'이 있다)의 집에 살 때에는 빚쟁이와 집달리들이 수시로 그의 집 문을 두드렸는데, 그 때마다 그는 뒷문으로 몰래 달아나버렸다. 출판사들로부터 원고료를 가불해서 쓰기도 했지만 계속 적자였다. 설상가상으로 원고료를 가불해 준 출판사들은 당연히 원고를 독촉해대기 시작했다.

그의 삶은 그렇게 갤리 선을 탄 도형수와도 같아져 갔다. 일에 짓눌릴 대로 짓눌린 삶이었다. 그런 삶이 이어지자 발자크의 마음속에 이런 생각이 뿌리를 내리기 시작했다. 먹고 살 걱정 없이 창작에 몰두할 수 있게 해줄 돈 많은 여인. 방에만 틀어박혀 글을 써도 창작을 방해하지 않을, 아니 그런 생활을 인자

한 마음으로 이해해 줄 여인. 그러면서도 평민 출신인 자신의 귀족 콤플렉스를 해소해 줄 한 여인. 그런 여인과 결혼하는 일이 바로 그것이었다.

그와 같은 조건에 걸맞은 여인이라면 당연히 '돈 많은 귀족 과부' 말고는 없었다. 그런 이유에서 발자크는 자기와 나이가 비슷한 또래나 적은 여자는 좋아하지 않았다. 그런 여자들은 요구사항이 많아 피곤하게 할 것이기 때문이었다. 아주 이기적인 바람이긴 하지만, 일찍부터 생활고에 시달려본 사람이라면 가질 법한 욕망이기도 했다.

그러나 발자크에게는 도무지 그런 여자를 만날 겨를이 없었다. 독촉을 거듭하는 출판사에 밀린 원고를 넘기기 위해 연방 커피를 마셔가며 하루 열여섯 시간씩 일에 몰두해야만 했기 때문이다. 그래서 그는 속마음을 털어놓을 수 있는 동생 로르(Laure)와 여자 친구 쥘마 카로(Julma Carraud)에게 자신을 그 갤리선에서 구해내줄 배필을 구해달라고 종종 부탁하기도 했다. 그러던 차에 그 '외국 여인으로부터'의 편지가 날아들었으니, 그의 상상이 얼마나 끝 갈 줄 모르게 펼쳐졌을지 짐작이 가고도 남지 않겠는가?

그렇지만 발자크는 어떻게 답장을 보내야 할지 몰랐다. 주소를 알 수 없었기 때문이다! 그렇게 안타까이 시간만 흘려보내던 중 아주 다행히도 그 외국 여인으로부터 다시 한 통의 편지가 날아들었다. 첫 편지를 받고 이미 사랑하기로 굳게 마음먹은 지 9개월이 흐른 뒤였다.

그 여인은 이번에는 자신의 편지가 프랑스의 그 '정말 멋지게 생겼을' 작가에게 잘 도착되었는지 확인하기 위해 다음과 같은 제안을 했다.

〈코티디엔〉 지에 짤막하게 광고를 내주시면 선생님이 제 편지를 잘 받았다는 것과, 앞으로 아무 걱정 없이 편지를 쓸 수 있으리라는 확신을 제게 줄 거예요. E에게, H. B. 라고 서명해 주세요.

발자크는 미지의 그 외국 여인이 요청하는 대로, 당시에는 그리 자주 볼 수 없었던 신문광고를 12월 9일자 신문에 게재했다. 7프랑 50상팀이나 들었지만 자신의 오랜 꿈이 이 여인을 통해서 실현되기를 간절히 바라면서, 또 한편으로는 그토록 먼 러시아까지 자신의 명성이 높은 데 흡족해 하면서 둘만의 비밀스러운 로맨틱 게임을 즐겼다.

H. B.는 2월 28일자로 E가 보낸 편지를 잘 받았습니다. 답장을 할 수 없게끔 편지를 보내온 것에 유감을 표합니다. 그의 간절한 바람을 지면에 밝히지는 못할지라도, 그의 침묵이 무엇을 의미하는지 헤아려 주었으면 합니다.

프랑스에서 한창 뜨고 있는 인기작가로부터 일간지를 통해 이렇게 답장을 받은 외국 여인은 믿기지 않아 당황해하면서도 설레는 마음을 억누르지 못했다. 그녀의 편지는 사실 심심하기도 한데다 프랑스를 무한히 동경하는 문학소녀 같은 낭만적인 여인의 장난기 어린 펜 레터 같은 것이었다. 그렇지만 상대는 '장난기 어린'것이 아니었다. 러시아로 반입이 허락된 프랑스 잡지와 일간지들에서나 접했던 작가는 그녀를 향해 진실한 손짓을 하고 있었기 때문이다!

이제 그녀도 단순한 호기심을 떠나 '정말 멋지게 생겼을' 프랑스의 그 인기작가에게 직접 편지를 받고 싶은 마음이 일었다. 그리하여 꺼져가는 자신의 감수성에 다시 불을 지피고 싶었으며, 따분한 일상에서 벗어날 마음의 탈출구를 만들어보고 싶었다.

그러나 그녀는 그럴만한 처지가 못 되었다. '미지의 그 외국 여인'은 다름 아닌 러시아 제독 한스키 백작의 부인이었기 때문이다. 폴란드 대귀족의 딸로, 어린 시절부터 프랑스어와 영어, 독일어를 배우고 문학적 소양을 갖춘 감수성 강한 그녀는 서유럽, 그 중에서도 프랑스 파리를 동경했지만 당시 귀족사회의 관례가 그러하듯 부권에 못 이겨 열여덟 살의 어린 나이에 스무 살이나 많은 러시아의 귀족 한스키(Hanski) 백작과 결혼해야만 했다.

파리에서 불어오는 이국의 숨결

한스키 백작은 크림 반도 북쪽에 위치한 키에프 지방에 방대한 영지와 비에르초브니아 대저택을 소유하고 있었다. 어디로 눈을 돌려도 막막하게 영지만 시야에 들어올 뿐인 그 거대한 저택은 반년이나 되는 겨울이 이어지면 온통 흰 눈에 뒤덮인 채 외부 사람들의 발길은 뚝 끊겼다.

쉰 살이 넘은 백작은 그녀에게 따분함만 더해줄 뿐이었다. 유럽의 호사를 다 옮겨다놓은 저택의 호화로움도, 수백 명에 이르는 하인과 하녀도 그녀의 권태와 파리에 대한 동경을 누그러뜨리지는 못했다. 그녀의 나이 벌써 서른. 그렇지만 마음은 아직도 청춘이었으며, 살아갈 날이 창창했다. 그런 그녀에게 저택 생활의 따분함을 달랠 수단이라고는 오직 소설과 잡지, 신문 등을 통해 유럽에 관한 소식을 접하는 것뿐이었다.

그녀의 저택에는 일주일에 한 번씩 썰매나 마차로 우편물이 배달되었다. 그 중에서도 가장 기다려지는 것은 그녀가 정기구독을 하고 있는 프랑스의 신문과 잡지, 그리고 서적상을 통해 구입하는 신간 서적들이었다. 어린 시절의 친구 중 몇몇이 결혼해 가 살고 있는 파리에서 날아오는 읽을거리들은 그녀의 마음을 사로잡았으며, 단 한 줄이라도 놓칠세라 그녀는 정신을 집중하여 이국적인 파리의 향기를 흠뻑 들이마시곤 했다.

파리(Paris)에서 불어오는 이국의 숨결과 여러 작가의 글들을 그렇게 접하다 보니, 그녀는 얼마 전부터 끊임없이 작품을 발표하고 있는 작가 발자크의 소설에 큰 관심을 가지게 되었다. 마치 자신의 마음을 들여다보고 있는 것처럼 여자의 마음을 잘 이해하는 이 작가는 어떤 남자일까? 분명 그동안 자신이 생각해온 아주 이상적인 남자이리라.

그토록 여자의 마음을 잘 이해하고 그토록 상상력 풍부한 작가에 대한 그녀의 호기심은 날이 갈수록 커져 갔었다. 홀로 꾸는 그 꿈은 한없이 달콤했으며, 적적하고 따분한 마음에 적지 않은 위안을 주었었다. 그런 상황에서 그녀는 그렇듯 재치 있고 호기심을 자극하는 편지를 쓰게 되었던 것이다. 사실 자신의 이름과 주소를 쓰지 못했던 것은 귀족으로서의 명예와 행동에 엄격한 남편 때문이기도 했다. 그녀 또한 남편의 질투심을 불러일으키거나 귀족 신분에 누가 될 행동은 절대로 삼가는 정숙한 여인이었던 것이다.

어떻게 하면 남편에게 들키지 않고 프랑스의 그 작가로부터 직접 편지를 받을 수 있을까? 남편을 속이는 일탈의 행동을 하려면 머리가 더 잘 돌아가는 것일까? 묘책을 생각해내는 일은 그리 어렵지 않았다. 그녀의 저택에는 외동딸 안나(Anna)의 가정교사가 있었다. 스위스 뇌샤텔 출신인 앙리에트 보렐 양으로, 주인마님에게는 무조건 복종하는 충실한 여인이었다. '그래, 수취인을 그녀의 이름으로 하자. 몇 년 전부터 귀하디귀한 외동딸을 교육시키고 있는 데다, 남자라고는 한 번도 만나본 적 없는 그녀라면 마음 놓을 수 있어. 어떤 일이 있어도 비밀을 누설하지는 않을 거야.'

보렐 양은 자기 앞으로 올 편지들을, 한 작가와 그 작가를 찬미하는 독자와의 팬레터쯤으로 생각했기에 조금의 망설임도 없이 주인마님의 부탁을 받아들였다.

> 선생님의 답장을 받고 싶어요. 그런데 저에게는 큰 주의가 요구됩니다. 그러니 우회적인 방법이 필요해요. 아직 저에 대해서는 밝히지 않겠어요. 그렇다 해도 저의 편지들을 위험에 노출시키고 싶지 않아요. 다음 번 편지에서 자유롭게 편지를 주고받을 수 있는 방법을 알려드리겠어요. 선생님의 편지를 받는 제가 누구인지 알려고 하지 마세요. 제가 선생님과 편지를 주고 받는 것을 누군가가 알면 저는 끝장이니까요.

사랑에 빠진 순진한 소년 같은 발자크

두 사람의 편지가 잦아졌다. 발자크의 편지는 갈수록 감정표현이 농후해졌다. 아직 한 번도 보지 못한 그녀에게 겨우 몇 번 편지를 보낸 뒤 그는 벌써 사랑을 고백했다.

> 당신을 사랑합니다. 미지의 여인이여! 이러한 사랑이 한 남자에게 와야 했다면, 그것은 바로 내게였어야 할 것입니다.

1833년으로 접어들자 한스카 부인(Madame de Hanska)은 마침내 남편을 졸라대기 시작했다. 끝이 없는 평원 가운데의 그 우울한 저택을 떠나는 것은 3, 4년에 한번 남편과 함께 모스크바나 상트 페테르부르그(당시 러시아의 수도. 1917년, 혁명에 성공한 레닌은 귀족사회의 수도였던 그곳을 버리고 모스크바로 수도를 옮겼다)로 여행하는 일이 고작이었으니, 이번에는 유럽으로 한번 여행을 가자는 것이었다. 백작은 사랑스러운 어린 아내의 요구를 뿌리칠 수가 없었다. 그리고 그 또한 건강이 좋지 않았기에, 요양도 할 겸 사랑하는 아내의 응석도 받아줄 겸 일행을 데리고 스위스 뇌샤텔로 출발했다. 보렐 양의 고향이기도 한 그곳에서 여름을 보낼 계획이었다.

한스카 부인은 발자크에게 편지를 하여 그곳으로 방문해 달라고 말했다. 그녀가 그곳에 온 것은 실제로 상상 속에서만 그려왔던 그 유명한 작가를 만나기 위해서였다. 발자크로서는 일 분도 머뭇거릴 이유가 없었다. 그는 달려갔다.

마침내 두 사람은 그곳에서 첫 만남을 가졌다. 그렇지만 그 만남에는 주의가 요구되었다. 남편에겐 자신이 좋아하는 작가와의 우정 어린 만남인 것처럼 말했지만, 도둑이 제 발 저리는 심정은 어쩔 수 없었다. 발자크는 한스키 백작 일행이 묵고 있는 호텔에서 얼마 안 떨어진 곳에 머물렀다. 두 연인은 한스키 백작의 눈을 피해가며 아름다운 뇌샤텔 호수 주위를 산책하면서 짜릿한 사랑을 나누었다.

<그림 3> 한스카 부인
우크라이나에 거대한 봉토를 소유한 영주 한스키 백작의 아내였던 한스카 부인은 발자크의 생애에 큰 영향을 미쳤다.

그렇지만 한스카 부인으로서는 발자크를 처음 본 순간 실망했을 게 틀림없다. 비에르초브니아 저택의 따분한 삶 속에서 그려왔던 그 '멋진' 남자가 아니었을 것이기 때문이다. 앞으로 툭 튀어나온 배와 황소 같은 목덜미, 짜리몽땅한 두 다리, 어마어마하게 큰 머리, 촌뜨기 같은 부자연스러움, 부리부리한 두 눈 등 어디 한 군데 그녀가 그려왔던 낭만적이고 환상적인 그런 이상적인 시인의 모습이 아니었을 것이다. 그렇지만 어쩔 것인가! 음산하고 고독한 저택에서 마음대로 그려보았던 사람과 다르다 한들, 이제 와서 칼로 무 자르듯 끝낼 수는 없는 일이었다.

한편 발자크는 한스카 부인 곁에서 꿈같은 한 달을 보냈다. 그의 머릿속에서는 이미 장밋빛 미래가 하늘거리고 있었다. 그 여인과 결혼에 골인하는 날에는 그렇게 바라왔던 이기적인 욕망이 모두 충족될 수 있을 터였다. 기필코 백작부인과 결혼해야 한다! 그로서는 절체절명의 기회, 여자와 돈과 명예와 귀족신분을 한꺼번에 거머쥐는 일이었다. 이제 그에게는 '그를 위해 하늘이 보존해 온 보석 같은' 그 아름다운 백작 부인만이 자신의 미래이자 인생의 전부였다. 하지만 그는 다시 파리로 돌아와야 했다. 할 일이 산더미처럼 쌓여 있었기 때문이다.

파리로 돌아왔지만 그는 첫사랑에 빠진 순진한 소년 같았다. 그는 지금까지 그토록 강렬하게 한 여인을 사랑해 본 적이 없었다.

> 그대는 내게 참으로 큰 기쁨입니다. 날이 갈수록 그대는 내 가슴속에 더 큰 자리를 차지합니다. 나는 지금까지 이렇듯 강렬하게 사랑을 느껴본 적이 없습니다.

그때쯤이면 이제 뇌샤텔을 떠나 제네바로 가 있을 '나의 사랑'에 대한 생각 때문에 파리는 더 이상 그의 관심을 끌지 못했다. 비록 어수선하고 혼란스러운 곳이긴 하지만, 그 역동성에 얼마나 매료되었던 파리던가!

'그녀는 이제 내거야'

1833년 12월 25일 크리스마스, 그는 다시 제네바로 달려갔다. 그리고 그녀가 머물고 있는 숙소에서 얼마 안 떨어진 아르크 호텔(Hôtel de l'Arc)에서 꿈같은 사십여 일을 보냈다. 그렇지만 그는 그곳에서조차 일에서 자유로울 수 없었다. 하루만 쉬어도 먹고 사는데 지장이 있었으므로 자정부터 정오까지 꼬박 집필에 매달려야 했다. 이어서 잠시 낮잠을 잔 뒤, 남은 시간은 한스키 백작의 숙소로 가서 그의 가족과 함께 보냈다.

한스키 백작은 조금의 의심도 품지 않았다. 사랑하는 자신의 '정숙한' 아내가 좋아하는 작가가, 그것도 유럽의 저명한 한 작가가 자기 가족과 함께 머물다니 그것만으로도 기쁘고 고마운 일이었다. 그럴수록 발자크는 백작이 머무는 호텔을 찾아갈 때면 더욱 더 정중하게 행동했다. 그렇지만 그가 이루어야 할 목표는 단 하나, 즉 그 여인을 자신의 것으로 만드는 일이었다.

한편 한스카 부인은 그렇게 쉽게 자신을 허락할 수 없었다. 남편이 지척에 있는 상황에서 작가가 머무는 호텔로 사람들 눈에 띄지 않고 들어가기란 그리 간단한 일이 아니었다. 자신의 정숙을 포기하는 일 또한 쉽지 않았다. 간통이라는 행위를 용납할 수 없었던 것이다.

하지만 그녀는 한 남자의 유혹과 자신의 저항에 끝내 무릎을 꿇었다. 발자크가 그녀 곁에 머문 지 한 달쯤 지난 무렵이었다. 그녀는 남편과 딸, 가정교사 보렐 양, 나아가 하인들의 눈까지 모두 따돌렸다. 그리고는 프랑스의 한 평민 작가와 정분을 나누기 위해서 아르크 호텔로 들어갔다. 그녀 스스로 내린 결정이었다. 그토록 정숙한 귀족 부인이 왜 그런 짓을 해야 했을까? 아무튼 발자크는 '잊을 수 없는 그날'을 이렇게 감격 어린 어조로 묘사하고 있다.

나는 어젯밤 내내 이렇게 되뇌었습니다. 그녀는 이제 내거야. 아, 천사들도 어젯밤 내가 머물렀던 그 낙원에서 그랬던 것만큼 행복하진 않을 거야, 라고.

일단 금기의 선을 넘어버린 두 사람에게 한스키 백작은 이제 방해물일 뿐이었다. 그러나 설령 병약한 남편이 오래 살 것 같지는 않을지언정, 한스카 부인으로서는 마리 다구(Marie d'Agoult)처럼 그렇게 애인과 함께 파리로 달아나버릴 수는 없는 일이었다. 잘 알다시피, 쇼팽(Chaupin)의 집에서 하이네(Heine), 들라크루아(Delacroix), 상드(G. Sand) 등을 만나 서로 알게 된 다구 백작 부인은 리스트(Liszt)에게 사랑에 빠져 남편과 아이들을 버리고 애인과 함께 도망갔다. 그들 사이에서 태어난 세 자식 중 코지마는 바그너와 결혼했다.

한스카 부인에 대한 사랑과 『인간극』의 구상

한편 발자크로서는 굉장한 횡재를 만났다. 꿈속에서나 그리던 것들이 한꺼번에 굴러들어 오는 것 같았다. 러시아의 귀족 부인이 자기 품속에서 행복해 했다. 하지만 그는 이번에도 다시 파리로 돌아와야 했다. 끊임없이 그를 옥죄는 집필, 바로 그 집필 때문이었다!

발자크는 어느 때보다도 희망에 차 있었다. 그렇지만 그녀가 우크라이나로 돌아가 버리면 더 이상 만나기 힘들 것이라는 불안을 떨칠 수가 없었다. 그곳은 프랑스로부터 너무 먼 곳에 위치해 있어서 그곳까지 가려면 여행비용도 만만치 않았지만, 무엇보다 그녀를 만나러 가기 위한 명분이 없을 것이기 때문이었다.

그의 삶에는 이제 두 가지 뚜렷한 목표가 생겼다. 하나는 한스카 부인의 마음을 완전히 얻어 아내로 삼는 일이고, 다른 하나는 그가 계획한 『인간극 *La Comédie humaine*』을 10년 안에 완성하는 일이었다.

그녀가 비에르초브니아로 돌아간 지 얼마 안 되어 받은 발자크의 편지에는 그 거대한 작품에 대한 청사진이 그려져 있었다. 이처럼 발자크는 이 편지에서 처음으로 그의 대작 『인간극』의 미래의 구조를 밝히고 있다.

> 이 거대한 책(『인간극』)의 세 부분이 1838년에 다 마무리되지는 못하겠지만, 상당 부분 완성되어 그 전체를 평가받을 수 있을 것으로 믿습니다.
>
> '풍속 연구'는 모든 사회현상을 묘사하게 될 터인데, 삶의 정황들과 용모들 남녀의 특징들 삶의 방식들 직업들 사회의 각 영역들 프랑스의 고장들 어린이들 노인들 장년들, 정치 사법 전쟁에 관한 것들이 어느 것 하나 소홀함 없이 다루어질 것입니다. 그러기에 세심하게 묘사된 인간 감정의 이야기, 사회 곳곳에서 벌어지는 이야기 등이 그 연구의 토대가 되는 것입니다. 그것들은 상상 속의 사건들이 아니며, 어디에서나 일어나는 일일 것입니다.
>
> 두 번째 토대는 '철학적 연구'입니다. 사회 현상들 뒤에는 원인이 있기 때문입니다. 나는 '풍속 연구'에서 당신에게 감정들과 그 감정들의 유희, 삶과 그 삶의 모습을 보여줄 것입니다. '철학적 연구'에서는 그 감정들의 원인과 삶

의 목적을 이야기하게 될 것입니다. 사회도 인간도 존재하지 않는 저편은 어디이며, 또 그 사정들은 어떠한지 보여줄 것입니다.

그 다음, 그 현상과 원인 뒤에 『결혼 생리학』이 속하게 되는 '분석적 연구'가 올 것입니다. 왜냐하면 현상과 원인 뒤에는 원리가 추구되어야 하기 때문입니다.

그렇게 동양의 『천일야화』를 닮은 한 권의 책 속에 인간과 사회, 그리고 인류가 차례로 묘사되고 평가된 뒤, 이어서 분석이 이루어질 것입니다.

세계 문학사에서 보기 드문 다작가(多作家)인 발자크의 작품들은 크게 몇 개의 군(群), 즉 청년시절의 작품군, 『인간극』, 『이상한 이야기들』, 희곡, 서한, 잡록(雜錄)으로 구분해 볼 수가 있는데, 그 중에 가장 큰 작품군이 바로 『인간극』이다. 『올빼미 당원(1829)』과 『결혼 생리학(1829)』을 시작으로 발자크는 성공의 가도를 달리기 시작한다. 그는 1830년 그동안 출판한 작품들을 한데 묶어 『사생활의 장면들』을 발간함으로써 『인간극』의 첫 토대를 마련한다. 그는 이후 그 '대건축물'에 체계를 부여하기 위해 부단히 노력한다. 발자크는 1839년 그 대작을 『인간극』이라 부르기로 마음먹으며, 1841년 퓌른(Furne)를 비롯한 여러 출판사와 공동계약을 체결하여 『인간극』이라는 제목으로 그동안 써온 작품들을 분류하여 출판하기 시작한다. 1845년에 발자크는 다시 수정 보완하여 그 대작의 「목록」을 완성한다. 그 「목록」에 의하면 발자크가 계획했던 작품은 총 137편이다. 그 중에 미완성으로 남은 작품이 45편, 기존의 작품 가운데 나중에 가서 다시 『인간극』 속에 넣은

5편을 합해서 총 97편으로 이루어져 있다. 1845년에 계획한 「목록」에 따라 큰 가지만을 적어보면 다음과 같다.

I. '풍속연구(Etudes de moeurs)'

1) 사생활의 장면들 2) 지방생활의 장면들 3) 파리 생활의 장면들

4) 정치생활의 장면들 5) 군인 생활의 장면들 6) 시골생활의 장면들

II. '철학적 연구(Etudes philosophiques)'

III. '분석적 연구(Etudes analytiques)'

『인간극』의 내용과 문학사적 평가

발자크는 이러한 연구를 통해서 19세기 전반기, 즉 왕정복고기에서 7월 왕정기에 걸친 프랑스 사회를 조명해 보려 시도한다. 비록 계획한 대로 다 완성은 하지 못했지만 그 대작 속에는 2,500여 명의 인물들이 그 사회 속에서 그들의 삶을 살아가고 있다. 발자크의 작품군 중에서 물론 이 『인간극』이 가장 크고 가장 중요한 위치를 차지한다. 각각의 작품은 당연히 독립적이지만, 체계적으로 그 작품들이 배체된 데다가 인물들이 종횡무진하게 여러 작품에 다시 출현함으로써 입체감이 부여된다. 그러한 의미에서 그 작품들은 서로 유기적인 관련을 맺으면서 『인간극』이라는 하나의 거대한 작품을 이루게 된다.

『인간극』의 배경을 이루는 시대적 상황에 대해 좀 더 설명하자면 다음과

같다. 당시 프랑스의 산업혁명은 프랑스 대혁명기에 취해진 여러 법적·제도적인 정지(整地) 작업을 통한 전근대적인 사회 경제 제도들의 철폐와, 이어 제1제정기의 시의적절한 제도적 정비를 토대로 삼아 전개된다. 근대자본주의를 특징짓는 산업자본의 형성은 바로 이 산업혁명의 결실인 것이다. 이로 인해 전통적인 경제 질서는 큰 변화를 겪는다. 세상은 이제 빠르게 자본 중심의 사회로 이동한다.

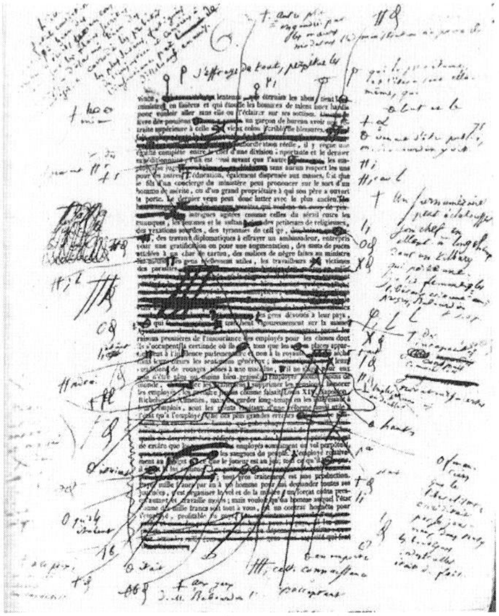

<그림 4> 친필로 교정한 발자크의 원고. 발자크의 교정은 단순히 몇 자를 고치는 정도가 아니었다. 한 소설을 완전히 뜯어 고치기까지도 했다.

세상은 자본을 축적한 자들, 즉 부르주아들이 중심이 되는 사회가 된다. 따라서 산업사회는 곧 부르주아지의 사회인 것이다. 산업혁명을 거치면서 세상은 이처럼 혈통 중심의 '낡은' 귀족 사회에서 돈 중심의 '새로운' 부르주아지의 사회로 변화한다. 발자크는 『인간극』에서 이와 같은 변화, 즉 근대자본주의의 확립과 돈의 힘, 부르주아지 계급의 부상, 그리고 그로 인한 전통 귀족 계급의 세력 약화 등 당시의 사회 경제적인 구조 변화를 누구보다도 먼저 포착하여 분석해 보여주고 있다. "『인간극』은 혈액 대신 돈이 순환하는 신체다"라는 발자크 연구가 앙드레 부름세(André Wurmser)의 말이나, 펠리시엥 마르소(Félicien Marceau)의 아래 구문은 『인간극』과 돈과의 관계를

은유적으로 잘 말해주고 있는데, 이는 『인간극』이 자본주의 사회의 모습을 아주 정확히 보여주고 있다는 말과 궤를 같이한다.

> 『인간극』에는 돈이 사방에 널려있다. 돈이 넘쳐난다. 돈의 홍수다. 돈 이야기가 거의 모든 문단에 나올 정도다. 캐서린 맨스필드(Kathrine Mansfield)는 한 편지에서 이렇게 쓰고 있다. "나는 발자크를 읽을 때면 늘 견딜 수 없는 어떤 분노감에 시달린다. 그에 따르면, 모든 실존은 돈에 좌우되기 때문이다."

발자크는 『인간극』의 서문에서 "프랑스 사회가 역사가였다면 나는 단지 서기(書記)여야만 했다 (…) 아마도 나는 그토록 많은 역사가들이 소홀히 했던 역사, 즉 풍속사를 쓰게 되었던 것 같다"고 쓰고 있다. 그처럼 발자크는 자신을 풍속의 기록자, 풍속사가로 자처했다. '풍속사가'로서 발자크가 『인간극』에 기록해 놓은 수많은 풍속들은 당대의, 즉 복고왕정기와 7월 왕정기에 대한 아주 소중한 자료임에 분명하다.

이런 측면에서 발자크는 19세기 중반 프랑스에서 시작되어 유럽으로 확산된 문예사조인 사실주의의 선구자로 평가되며, 이후 자연주의의 창시자이자 이론가, 소설가인 에밀 졸라(Emile Zola)에게도 큰 영향을 미쳐 발자크의 『인간극』은 20권의 연작소설로 이루어진 졸라의 『루공 마카르 *Rougon-Macquart*』 총서 구상의 모델이 되어주었다. 전자가 프랑스의 복고왕정기와 7월 왕정기의 프랑스 사회의 총체적 조망을 목적으로 한다면, 후자는 '제

2제정 시대 어느 집안의 자연적 · 사회적 역사'라는 부제가 말해주듯 두 가문, 즉 루공 가와 마카르 가를 통해 제2 제정기(1852~1870)의 프랑스 사회를 총체적으로 조망하려 시도하고 있다.

『인간극』에 대한 설명이 좀 길어졌지만, 다시 한스카 부인의 이야기로 돌아가 보자.

나의 최고의 애인이여, 나의 '북극성'이여

한스카 부인은 비에르초브니아 저택으로 돌아갔다. 이제 또 음산하기까지 한 저택에서 외롭고 따분한 삶을 견디며 보내야 했다.

그녀는 남편을 볼 때마다 양심이 편치 않았지만, 그러면서도 먼 곳서 애인이 보내오는 열정적인 편지가 기다려지기만 했다. 전적으로 마음에 드는 애인은 아니었지만, 끝없이 사랑을 고백해오는 그의 편지는 그녀의 고독을 달래주고 허영을 채워주기에 충분했다.

더욱 더 마음이 달아오른 발자크는 거의 날마다 애인에게 편지를 썼다. 하지만 애인으로부터는 답장이 없었다. 그럴수록 애타는 기다림이 그를 더욱 괴롭혔다.

오, 나의 천하여, 나의 사랑이여, 나의 생명이여, 나의 행복이여, 나의 힘이여, 나의 보석이여, 나의 최고의 애인이여, 나의 '북극성'이여, 이 억누름이란 얼마나 가혹한지! 마음에서 마음으로 편지를 쓰는 일이란 얼마나 큰 환희인지! 바람처럼 달려가겠습니다. 초인적인 힘을 다 바쳐 그대를 사랑하겠습니다.

그러나 발자크는 그렇게 마음처럼 쉽게 그의 '북극성'을 향해 달려갈 수가 없었다.

어느덧 칠팔년이란 세월이 흘렀다. 시간은 사랑하는 마음도 처음처럼 놓아두지는 않았다. 둘만의 그 소중한 약속은 언제나 지켜질지 예측할 수 없었다. 병약한 백작은 골골했지만 쉽게 세상을 뜰 것 같지 않았다.

한편 한스카 부인 역시 설령 남편이 죽는다 하더라도 '잊을 수 없는 그날' 밤 애인과의 결혼 약속을 지킬 수 있을지 장담할 수가 없었다. 무엇보다 그녀 자신이 문제였다. 발자크를 믿을 수 없었기 때문이다. 그녀가 판단하건대, 발자크는 그녀에게만 충실할 남자가 아닌 것 같았다. 지금 자신을 사랑하고 있다는 것은 알지만, 그 동안 파리에서 끊임없이 들려오는 염문들에 비추어 볼 때, 자신의 모든 것을 그 애인에게 바칠 수는 없었다. 다음은, 귀족으로서의 자존심 문제였다. 발자크가 비록 프랑스가 낳은 당대의 최고 문인 중의 한 사람이라 한들, 결국 평민일 뿐이었다. 반면에 한스카 부인은 선민의식이 뿌리 깊은 자존심 강한 폴란드 출신 귀족이었다.

뿐만 아니라 그녀의 가족과 친지들의 만류와 반대가 빗발칠 게 뻔했다. 한 평민 작가가 방탕한 생활로 산더미 같은 빚에 허덕이면서, 재산과 신분을 노리고 정숙한 백작 부인을 유혹하려 한다고 의심할 게 틀림없었다. 당시, 귀족들에게는 자신들보다 낮은 신분과 결혼하는 일은 여전히 가문의 수치였다. 대혁명 후 공식적으로 작위는 사라졌지만 (1792년 6월19일, 입법의회는 방돔 광장(place de Vandôme)의 루이 14세 동상 아래에서 귀족의 족보를 모두 불태웠다.) 귀족들은 여전히 우월감을 버리지 않았으며, 기득권 역시 버리려 하지 않았다. 게다가 그곳은 프랑스도 아니었다. 러시아의 황제는 유럽에서 불어오는 혁명의 회오리바람이 자신의 나라에 조금이라도 여파를 미치지 않을까 얼마나 노심초사하고 있었던가.

희망과 절망 사이에서

그러던 어느 날 불현듯 한스키 백작의 사망 소식이 날아들었다. 여전히 가난과 빚더미 속에서 허덕이고 있던 발자크에게 그 소식은 사막의 오아시스와도 같았다. 이제 살았구나 하는 생각이 머리를 스쳐지나갔다. 두 사람 사이에 버티고 서있던 큰 장애물 하나가 마침내 사라졌으니 깜빡깜빡하던 열정도 되지필 수 있을 것이고, 제네바에서의 결혼 약속도 실현될 수 있을 것이었다. 하지만 한스카 부인의 마음은 아직 갈피를 잡지 못하고 있었다. 1843년 7월, 발자크는 돌연 상트 페테르부르그를 향해 출발했다. 남편이 사망하자 친척 중 한 사람이 유산 상속 문제로 소송을 걸어와, 한스카 부인이 그곳에 머물고 있었기 때문이었다. 그녀를 마지막으로 만난 지 무려 십년 만이었다. 재판에서 곤경에 처해 있는 그녀를 돕겠다는 이유를 내세웠지만, 목적은 단 하나, 그녀에게서 결혼 승낙을 얻어내려는 것이었다.

그러나 이번에도 상황이 여의치 않았다. 마음을 정하지 못하고 있던 한스카 부인이 하나 뿐인 딸을 핑계 삼아 결혼을 미뤘기 때문이다. 그녀는 애지중지하는 딸 안나를 사랑해줄 믿을 만한 남자와 결혼시킨 뒤에야 자기도 결혼하겠다며 이전의 약속을 번복해버렸다. 발자크는 그런 마땅찮은 답변을 듣고 파리로 돌아오는 수밖에 없었다. 1846년, 기다리고 기다리던 안나의 결혼식이 비스바덴에서 치러졌다. 발자크는 당연히 희망을 걸고 그 결혼식에 참석했다. 이제 더 이상 장애물은 없을 터였다. 삼년 전 한스카 부인이 약속했던 대로 이제 그들도 결혼식을 치러야 했다. 게다가 그의 건강도 예전 같지 않았다.

> 커피를 지나치게 마신 탓으로 위 신경에 혹독한 통증이 있습니다. 내겐 지금 절대적으로 휴식이 필요합니다. 나는 처음으로 어떤 불운에 대해 믿게 되었습니다. 지금 나는 아주 지친 상태입니다.

사실 그는 지금까지 자신의 육체와 두뇌를 얼마나 혹사시켜 왔던가! 그로 인해 인체라는 기계가 정상적으로 작동되지 않는 날이 갈수록 많아지고 있었다. 『도톨 가죽』에서 설파하고 있는 그의 에너지론대로라면 그는 이미 타고난 에너지를 너무 많이 써버린 것이었다. 갤리선의 노예와도 같은 작업으로 말미암아 창작 의욕도 갈수록 떨어질 수밖에 없었다. 그런데도 한스카 부인은 차일피일 결혼을 미루고 있었다. 영문을 알 수 없는 일이었다.

1847년 10월, 참다못한 그는 이번에는 그녀의 비에르초브니아 저택으로 달려

갔다. 너무 먼 곳에 위치한 그곳으로의 여행은 그 시대에는 모험과도 같은 일이었다. 보통 이주일은 걸리는 거리였지만, 그의 초인적인 의지는 그 기간을 일주일로 단축시켰다. 그리하여 마침내 한스키 백작이 지키고 있던 '성'에 그가 입성했다.

그 저택의 첫인상은 발자크를 무아지경에 빠뜨렸다. 본래 감격을 잘하는 그의 성향에 대해서는 누구나 감탄하고 있던 바였지만, 부유함보다 더 그를 황홀경 속으로 몰아넣는 것은 없었다. 비에르초브니아 저택은 부유함 그 자체였다. 그는 그들이 어떤 차원의 부를 누리고 있는지 두 눈으로 똑똑히 볼 수 있었다. 커다란 방이 끝없이 붙어있는 저택은 그에게 루브르 궁전처럼 보였고, 영지 또한 프랑스의 한 도만큼이나 컸다.

그 곳에 머무는 동안 발자크는 어떠한 궁핍도 느끼지 않았다. 평생 처음 그는 돈에 대해 걱정하지 않아도 되었다. 빚쟁이들도 그곳까지는 쫓아오지 못할 터였다. 모두가 그에게 융숭한 대접을 해주었다. 그리하여 그에게 그곳은 마치 꿀물이 흐르는 천국 같았다. 그는 4개월을 그렇게 아무 걱정 없이 그곳에서 보냈다.

한스카 부인은 발자크를 진정으로 사랑했던가?

그러나 1848년 1월, 그는 혹독한 기후를 무릅쓰고 다시 파리로 돌아와야 했다. 그가 투자해 놓은 북부철도(최초의 파리 교외선) 주식에 문제가 생겼기 때문이었다. 한스카 부인은 건강이 악화되어 있는 애인을 구태여 잡지 않았다. 결혼에 대해서도 한 마디 언급이 없었다.

발자크가 돌아왔을 때 프랑스는 더 큰 혼란에 빠져 있었다. 국경을 넘자마자 2월 혁명이 터졌던 것이다. 그는 사회 질서의 붕괴와 혼란이 싫었다. 사실 그는 태어난 순간부터 그때까지 온통 혁명의 소용돌이 속에서 살아왔었다. 그는 왕정에 대한 향수가 컸지만, 시대적 조류는 프랑스 사회를 다른 방향으로 몰아가고 있었다. 자유니 평등이니 하는 것이 그에게는 한낱 환상처럼 보였으며, 그 가치들을 주장하는 세력도 종국에는 다시 지배 세력으로 군림할 것이었다. 아무튼 발자크는 혼란과 무질서가 싫었다. 어떤 정체든 흔들리지 않는 강력한 권력에 의해 프랑스가 통치되기를 바랐다. 그가 나폴레옹을 찬미했던 것도 바로 그 때문이었다.

사회의 무질서와 환멸을 견디지 못한 그는 다시 프랑스를 떠났다. 얼마 전까지만 해도 그는 '낙원'에서 살았었다. 그 낙원에서 강제로 쫓겨난 것은 아니었기에, 다시 그곳으로 향했다. 그런데 그를 대하는 한스카 부인의 태도는 지난번과는 판연히 달랐다. 그녀는 애인을 가까이 하는 것을 두려워하기까지 했으며, 그의 방을 찾는 횟수도 갈수록 뜸해졌다.

발자크의 건강은 급속히 곤두박질쳤다. 말하는 것조차 피곤해 했다. 홀로 병상에 누워 고독과 싸우는 시간이 길어졌다. 이제 그는 그녀에게 한 명의 환자에 불과할 뿐인 듯했다. 그녀는 결혼을 계속해서 미뤘다. 낭비벽이 심한 그 가망 없는 사람과 결혼한들 평화롭게 살 수 없으리라 판단한 것이었을까?

그렇지만 뜻밖에도 1850년 3월, 한스카 부인은 결혼 준비를 하기 시작했다.

발자크가 그토록 원했건만 갖가지 핑계를 대며 이제까지 피해왔던 그녀가 왜 그렇게 갑자기 결혼하기로 마음을 바꾸었을까? 그것은 아마도 발자크를 돌보는 독일인 두 부자(父子) 의사의 설득 때문이었던 것 같다. 그들은 환자가 더 이상 오래 살지 못하리라는 절망적인 상태를 말해주며, 죽어가는 환자의 간절한 소망을 들어줄 것을 권유했다. 환자의 상태가 그 정도라면 그녀가 걱정했던 것만큼 자신의 재산을 탕진하진 못할 것이었다. 죽음의 신이 그에게 그만한 시간을 허락해 주진 않을 테니까.

그렇지만 발자크의 마음은 달랐다. 어떠한 여인보다 그녀를 사랑했기에 18년을 애타게 기다려 온 만큼 그 결혼은 하늘이 그에게 내린 최고의 축복이었다.

> 사흘 전, 나는 내가 유일하게 사랑한 여인과 결혼했어요. 나는 그녀를 죽도록 사랑할 것입니다. 이 결혼은 그토록 큰 역경과 십 수 년 동안의 인내에 대해 신이 내게 예비해 두었던 보상이라 여깁니다. 내겐 행복했던 젊은 시절도, 꽃 피는 4월도 없었어요. 그렇게 볼 때 이 축복 받은 결혼은 신이 내게 내려준 특별한 위안인 것만 같습니다.

발자크의 건강은 날이 갈수록 악화 되었고 시력도 거의 잃어가고 있었다. 그럼에도 불구하고 그는 자신이 차지한 그 소중한 '북극성'을 안고 파리로 돌아왔다. 그 모습은 흡사 개선장군 같았다. 그렇지만 엄동설한 속에서의 그 여행은 죽어가는 사람에게는 치명적이었다.

러시아의 아름다운 귀족부인을 보기 위해 문인 친구들이 발자크의 집에 모여들었다. 하지만 발자크 부인은 자기 방에 틀어박힌 채 남편 친구들 앞에 나타나지 않았다. 발자크가 그토록 미워했던 늙은 어머니와 하인들만이 그를 간호해 줄 뿐이었다.

1850년 8월 18일, 발자크는 숨을 거두었다. 비에르초브니아에서 돌아온 지 사 개월 만이었다. 위고는 그가 죽어가는 장면을 이렇게 적었다.

> 참기 어려운 냄새가 침대를 뒤덮었다. 나는 이불을 들어 올려 발자크의 손을 잡았다. 손이 땀으로 흠뻑 젖어 있었다. 나는 그의 손을 꽉 쥐어보았다. 아무 반응도 없었다. 간호원이 내게 말했다.
>
> "동틀 무렵쯤 돌아가실 것 같아요."
>
> 나는 그 방에서 내려왔다. 그의 창백한 얼굴을 떠올리며, 거실을 지나면서 나는 희미한 빛을 받으며 우뚝 솟아 있는 그의 태연한 모습의 흉상을 발견했다. 나는 그의 죽음을 불멸에 비유했다.

그렇다면 한스카 부인은 발자크를 진정으로 사랑했던 것일까? 어쩌면 그녀가 사랑한 것은 발자크가 아니었을지도 모른다. 그의 명성과 지칠 줄 모르게 사랑을 고백해 오는 달콤한 연서가 그녀의 마음을 움직이게 했던 것은 아니었을까?

그녀는 아주 '영리한' 여인이었기에, 자신의 미래를 사랑과 선뜻 바꿀 만큼 단순하지 않았다. 그렇지만 한 가지만은 분명했다. 그것은, 그녀가 19세기 대문호로 남을 게 분명한 한 작가의 애인으로 남고 싶어 했다는 것이다. 그 작가가 언급되는 때면 언제나 그녀 이름 또한 상기되고 거론될 터였다. 마치 전설처럼 프랑스의 대문호의 증인이 되어 역사 속에 영원히 남으리라는 야망 때문이었던 것이다.

그러면 발자크는 어떠했을까? 그 또한 이기심과 환상이 컸던 것을 부인할 수는 없다. 하지만 그는 어떠한 여인보다 그녀를 사랑했다. 게다가 그에게, 그녀는 애인 이상의 존재이기도 했다. 그녀와 함께 해온 19년의 사랑은 그의 인생을 온통 가로지르면서 끊임없는 희망의 빛을 던져주었다.

발자크의 마음은 한스카 부인의 절대적인 사랑을 차지하기 위해 항상 최선을 다할 것을 요구하고 있었다. 그녀에 대한 사랑은 그처럼 그에게 잠재적 가능성으로 작용함으로써 행복한 미래를 끊임없이 꿈꾸게 만들었는데, 그의 삶은 당연히 역동적이었을 수밖에 없었다. 나아가 그는 재능 있는 작가였던 만큼, 한스카 부인은 그에게 마치 뮤즈의 여신처럼 끝없이 영감을 주며 글을 쓸 수 있도록 초인적인 활력을 불어넣어주었던 것이다. 작가에 대한 사랑과 인간적인 면에서 볼 때 한스카 부인은 작가에 대한 사랑의 진실성에 대해 의혹과 비판을 불러일으키기도 한다. 그렇지만 그녀는 그녀 나름으로의, 그녀가 할 수 있는 만큼의 사랑을 발자크에게 주었다고 할 수 있을 것이다.

* 이 글은 『세기의 전설』 (좋은책만들기, 2001) 안에 있는 19세기 프랑스 대문호들의 글 가운데 하나인 '북극성'을 다듬어 정리한 것이다.

오노레 드 발자크의 주요작품연보

소설

1829 『올빼미 당원 *Les Chouans*』

『결혼 생리학 *Physiologie du mariage*』

1831 『마법의 가죽 *La Peau de chagrin*』

1832 『우스운 이야기들 *Contes drolatiques*』(1부)

1833 『시골의사 *Le Médecin de campagne*』

『우스운 이야기들』(2부),

『유명한 고디사르 *L'Illustre Gaudissart*』

1834 『으제니 그랑데 *Eugénie Grandet*』,

『절대의 탐구 *La Recherche de l'absolu*』

『랑제 공작부인 *La Duchesse de Langeais*』

1835 『고리오 영감 *Le Père Goriot*』

『골짜기의 백합 *Le Lys dans la vallée*』

『결혼 계약 *Le Contrat de mariage*』

1837 『우스운 이야기』(3부)

『사막의 정열 *Une Passion dans le désert*』

『세자르 비로토 *César Birotteau*』

1838 『뉘싱겐 상사 *La Maison Nucingen*』

1839 『골동품 진열실 *Le Cabinet des antiques*』

『강바라 *Gambara*』

『마시밀라 도니 *Massimila Doni*』

1840 『피에르 그라수 *Pierre Grassou*』

1841 『Z. 마르카 *Z. Marcas*』

1842 『위르쉴 미루에 *Ursule Mirouët*』

『두 젊은 결혼녀의 수기 *Mémoires de deux jeunes mariages*』

『인간극 *La Comédie humaine*』(1,2,3권)

1843 『환멸 *Illusions perdues*』

1844 『인생 데뷔 *Un début dans la vie*』

『모데스트 미뇽 *Modeste Mignon*』

『오노린 *Honorine*』

『인간극』(3권 더 발간)

1845 『인간극』(2권 더 발간)

1846 『인간극』(마지막 4권 발간)

1847 『사촌 퐁스 *Le Cousin Pons*』

1848 『사촌 베트 *La Cousine Bette*』

희곡

1840 『보트랭 *Vautrin*』

1842 『키놀라의 재력 *Les Ressources de Quinola*』

1843 『파멜라 지로 *Paméla Giraud*』

1848 『메르카데 *Mercadet ou le faiseur*』

『계모 *La Marâtre*』

참고문헌

김중현, 『발자크 —생애와 작품세계』, 건국대학교출판부, 1995.

______, 『서양문학 속의 아시아 —발작(Balzac) 연구』, 국학자료원, 1999.

______, 『세기의 전설』, 좋은책만들기, 2001.

슈테판 츠바이크, 『츠바이크의 발자크 평전』, 안인희 옮김, 푸른숲, 1998.

André Billy, *Vie de Balzac I-II*, Flammarion, 1944.

André Wurmser, *La comédie inhumaine*, Gallimard, 1970.

Balzac, "Avant-Propos", in *La Comédie humaine I*, Gallimard(Bibliothèque de la Pléiade), 1976.

______, *Correspondance IV, V*, Garnier, 1968~9.

Félicien Marceau, *Balzac et son monde*, Gallimard, 1966.

Félix Longaud, *Dictionnaire de Balzac*, Larousse, 1969.

그림 출처

<그림 1> 1951년도 『인간극』 표지, https://fr.wikipedia.org/wiki/La_Com%C3%A9die_humaine

<그림 2> 『인간극』의 저자 발자크, https://en.wikipedia.org/wiki/Honor%C3%A9_de_Balzac

<그림 3> 한스카 부인, https://en.wikipedia.org/wiki/Ewelina_Ha%C5%84ska

<그림 4> 친필로 교정한 발자크의 원고, http://www.christianvancautotems.org/2015/02/honore-de-balzac-2e-partie.html

3. 비루한 현실을 넘어서는 환상적 글쓰기

작가 이상과 일상인 이상의 길항

<그림 1> 연작시 「오감도」에 포함된 「시 제4호」

3. 비루한 현실을 넘어서는 환상적 글쓰기

작가 이상과 일상인 이상의 길항

신주철

작가로서의 욕망, 일상인으로서의 욕망

한국인들에게 가장 난해하면서도 흥미로운 한국 작가를 꼽으라면 아마도 이상이 그 맨 앞자리쯤에 오지 않을까 생각한다. 문제적인 시와 소설을 남겼을 뿐만 아니라 그의 생애가 또한 주목을 요할 만큼 범상하지 않았다는 점이 사람들에게 강한 인상을 남겼다. 이상과 그의 작품은 그의 사후 시간이 지나면서 점점 더 많은 조명을 받아왔다. 필자는 이상의 작품이 끊임없이 관심을 끌게 된 이유를 문학적 요소와 문학 외적 요소로 나누어 살필 수 있다고 본다. 문학적 요소라는 측면에서 이상 문학의 가장 큰 특징은 잡종성이다. 그가 쓴 시·소설·수필 등의 창작물은 장르별로 명확히 나누기가 모호하다. 또한 그의 작품들은 길이의 차이를 제외하면 지극히 사적(私的)인 모티브를 채용하였고 스타일이 흡사하다는 공통점을 갖는다. 이상은 문학 행위 과정에 자신의 이력들을 꼼꼼히 적어 넣어 작가의 생애와 작품 등장인물의 생애에 거의 차이가 없는 것처럼 보이는 특이한 형상을 꾸며내었다. 문학 외적 요소라는 측면에서, 제도로써 관념화된 문학작가로서 이상의 생애는 세인들의 이목을 끌 만큼 불우했다. 결정적으로 그는 폐결핵에 걸려 28세의 나이에 요절했다. 그의 생애와 작품은 주목받을 만한 작가들이 종종 세상에서 지극히 불우한 자였으며, 피를 토하면서까지 작품을 써가는 사람이었다는 문학에 대한 통념적 운명에 근접했던 것이다. 또한 그가 1934년 7월 24일부터 8월 8일에 걸쳐 「오감도(烏瞰圖)」를 《조선중앙일보》에 연재할 당시 독자들은 '웬 미친 소리냐'는 극렬한 반응을 보였고, 이것이 한편으로 이상이라는 작가에 대한 세인들의 인지도를 높이는 계기가 되었다. 독자들의 항의로 결국 연재가 중단되자 이상은 다음과 같은 말을 남긴다.

<그림 2> 천재, 광인, 모던보이 이상

왜 미쳤다고들 그러는지 대체 우리는 남보다 수십년(數十年)씩 떨어져도 마음 놓고 지낼 작정(作定)이냐. 모르는 것은 내 재주도 모자랐겠지만 게을러빠지게 놀고만 지내던 일도 좀 뉘우쳐 보아야 아니하느냐. 여남은 개쯤 써보고서 시(詩) 만들 줄 안다고 잔뜩 믿고 굴러다니는 패들과는 물건이 다르다.

-「산묵집(散墨集)」

앞 말에는 이상의 자부심과 냉소가 드러나는데, 그는 우리가 선진제국들에 비해 수십년씩 떨어져 있다고 한다. 이런 마당에 사람들은 게을러빠지게 놀고 지내면서 여남은 개의 뒤떨어진 시나 써보고 시인입네 하면서 조선에서 가장 앞서 있는 자신의 시를 몰라준다는 것이다. 그렇다면 그가 그리도 자부심을 가지고 발표한 「오감도(烏瞰圖)」 시편을 비롯한 작품들의 정체는 무엇일까. 이상과 그의 작품 면모를 총합적으로 살피기 위해서는 다양한 고찰이 필요한데 본고의 취지와 분량으로는 그것을 수행할 수 없다. 여기에서는 남다른 작품을 쓰고 주목을 받고 싶었던 작가로서의 이상과 대학을 졸업하고 부모를 공양하며 결혼을 하여 그럴 듯한 가정을 꾸려 살고 싶었던 욕망을 가진 일상인으로서의 이상이 길항하는 모습을 시를 중심으로 논의하고자 한다.

벗어버리고 싶은 아버지의아버지의아버지

<그림 3> 경성고등공업학교 건축과 재학 시절의 이상

이상의 가계를 간단히 살펴보면, 증조부인 김학준은 고종 때에 정3품 당상관(堂上官)으로서 위신과 경제적 여유를 유지했다. 하지만 할아버지 김병복에 이르러 집안이 급격히 기울었고, 큰아버지 김연필은 보통학교와 기술학교의 훈도(訓導)를 한 적이 있는 사람으로 집안의 부흥에 대한 강한 집념을 가진 인물이었다. 이상의 아버지 김연창은 얼굴이 약간 얽고 궁내부 활판소에서 일하다가 손가락 셋을 잃은 다소 볼품 없는 인물이었다고 한다. 이상은 세 살 때부터 자손이 없는 큰아버지 김연필의 집으로 들어가 조부모와 큰아버지의 온갖 기대를 짊어지고 성장하게 된다. 이런 가운데 그는 가문을 일으켜 세우려는 가족의 희생자로서 자신을 인식한 것으로 보인다. 이상의 여러 작품에는 부권에 대한 부정과 거부가 드러난다. 그의 작품에서 아버지는 생물학적 의미를 넘어 당시의 관점에서 근대 이전의 가치를 상징한다. 아버지는 통속적 규준이며 가부장적 권위로 효와 가족부양을 강제하는 것으로 드러난다.

나의아버지가나의곁에서조을적에나는나의아버지가되고또나는나의아버지의아버지가되고그런데도나의아버지는나의아버지대로나의아버지인데어쩌

자고나는자꾸나의아버지의아버지의아버지의……아버지가되느냐나는왜나의아버지를껑충뛰어넘어야하는지나는왜드디어나와나의아버지와나의아버지의아버지와나의아버지의아버지의아버지노릇을한꺼번에하면서살아야하는것이냐

-「시제이호(詩第二號)」

'아버지가나의곁에서조을적'이라는 것은 든든한 보호자이자 모범이 아니라 무력한 모습으로서의 아버지를 뜻한다. 아버지가 무력할 때 자식이 아버지를 대신하여 가계를 염려하고 계획해야 한다. 하지만 실제 아버지가 없다면 자식은 어쩔 수 없이 체념할 것을 체념하고 보다 책임감 있고 단호하게 행위할 수 있을지도 모르겠지만 그렇지도 못하다. '나의아버지는나의아버지대로나의아버지인데'라는 구절은 아버지가 부정할 수 없는 혈연의 관계로서 나를 규율하는 모습을 보여준다. 하지만 그 아버지는 자신의 실질적 존재가치를 구현하지 못하는 사람이다. 자신의 책무는 다 하지 않으면서 나에게는 책무를 강요하는 아버지인 것이다. 다음 두 작품은 이같은 상황을 반복적으로 보여준다.

크리스트에혹사(酷似)한한남루(襤褸)한사나이가있으니이이는그의종생(終生)과운명(殞命)까지도내게떠맡기려는사나운마음씨다. 내시시각각(時時刻刻)에늘어서서한시대(時代)나눌변(訥辯)인트집으로나를위협(威脅)한다. 은애(恩愛)나의착실(着實)한경영(經營)이늘새파랗게질린다. 나는이육중한크리스트의별신(別身)을암살(暗殺)하지않고는내문벌(門閥)과내음모(陰謀)를

약탈(掠奪)당할까참걱정이다. 그러나내신선(新鮮)한도망(逃亡)이그끈적끈적한청각(聽覺)을벗어버릴수가없다.

-「육친(肉親)」

분총(墳塚)에계신백골(白骨)까지가내게혈청(血淸)의원가상환(原價償還)을강청(强請)하고있다. 천하(天下)에달이밝아서나는오들오들떨면서도처(到處)에서들킨다. 당신의인감(印鑑)이이미실효(失效)된지오랜줄은꿈에도생각하지않으시나요—하고나는의젓이대꾸를해야겠는데나는이렇게싫은결산(決算)의함수(函數)를내몸에지닌내도장(圖章)처럼쉽사리끌러버릴수가참없다.

-「문벌(門閥)」

앞 작품에서 아버지는 '남루(襤褸)한사나이'로 등장하는데, 그는 화자에게 운명까지 떠맡기는 사나운 마음씨를 지니고 있다. '크리스트에혹사(酷似)'하다는 것은, 지난날 자신의 사랑과 희생을 대가로 절대적 믿음과 헌신을 요청한다는 것이다. 그런데 화자는 이것을 한 시대나 눌변, 즉 시대에 뒤떨어진 트집이라고 생각한다. 화자는 그 정도를 '위협(威脅)'으로 느끼는데, 그에 따라 자신이 감사하고 사랑하던 마음과 착실하게 살아가고자 하는 생의 설계까지 새파랗게 질린다고 한다. 하여 화자는 자신의 문벌과 음모를 약탈당하지 않기 위하여 크리스트의 별신인 아버지를 암살해야 한다고까지 생각한다. 하지만 차마 그렇게 할 수는 없어 새시대를 좇아 도망가는데 '한시대(時代)나눌변(訥辯)인트집'은 끈적끈적하게 달라붙기만 한다. 앞에서 살펴본 작품에서도 알 수 있었지만, 이상이 느낀 부담과 억압감의 정도는 선친 세대에서만 부과된 것은 아니었다. 두 번째 작품에서 무덤에 뼈로 누워있는 조상들까지 피의 원가상환, 곧 후손으로서의 책무를 강청한다. 역시 화자는 귀를 틀어막고 어느 곳인가로 오들오들 숨어들지만 어느곳에서든 들키고 만다. 조상으로서 당신이 내게 요구할 권리는 예전에 끝났다고 의젓이 말해야겠는데 쉽사리 말이 나오지 않는다. 그것은 조상들의 요구가 '내몸에지닌내도장(圖章)처럼' 숙명으로 느껴지기 때문이다. 이처럼 화자에게 아버지를 비롯한 조상은 벗어버리고 싶은 숙명적 존재였다. 그는 "언제나 나는 나의 조상(祖上)—육친(肉親)을 위조(僞造)하고픈 못된 충동에 끌렸다. 치욕(恥辱)의 계보(系譜)를 짊어진 채 내가 해부대(解剖臺)의 이슬로 사라질 날은 그 어느 날에 올 것인가?"(「황(獚)의 기(記) 작품 제이번(作品 第二番)」)라고 염원하는 것이다. 또 다음과 같이도 말한다.

> **칠년(七年)이 지나면 인간(人間) 전신(全身)의 세포(細胞)가 최후(最後)의 하나까지 교체(交替)된다고 한다. 칠년(七年) 동안 나는 이 육친(肉親)들과 관계(關係)없는 식사(食事)를 하리라. 그리고 당신네들을 위(爲)하는 것도 아니고 또 칠년(七年) 동안은 나를 위(爲)하는 것도 아닌 새로운 혈통(血統)을 얻어 보겠다—하는 생각을 하여서는 안 되나.**
>
> **-「실낙원(失樂園)」**

조상으로부터 타고난 최후의 세포 하나까지 교체할 수 있다면 7년 동안 육친들과 무관한 식사를 하고, 조상을 위조하고 싶다는 언술은 절규에 가깝다. 그렇다면 과연 이상은 가문과 조상, 가족으로부터 정말 탈출할 수 있었을까.

가족, 연민, 일상의 바람

이상의 심저에는 아버지에 대한 부정과 가족으로부터 벗어나고 싶은 욕망만이 있었던 것은 아니다. 그는 육친을 위조하고 싶은 마음을 '못된' 충동이라고 말한다. 모든 세포를 바꿔 새 혈통을 얻고 싶다는 생각을 '새로운 혈통을 얻어 보겠다'로 끝내지 않고, 앞의 인용에서 본 것처럼 "새로운 혈통을 얻어 보겠다—하는 생각을 하여서는 안 되나" 라고 묻고 망설인다. 이상에게는 벗어나고 싶음, 벗어날 수 없음, 설사 벗어날 수 있다 하더라도 벗어나서는 안 된다는 의식이 있다. 다음 글들에는 가족에 대한 연민이 그득하다.

> '파라마운트' 회사 상표(會社 商標)처럼 생긴 도회 소녀(都會 少女)가 나오는 꿈을 조금 꿉니다. 그러다가 어느 도회(都會)에 남겨 두고 온 가난한 식구(食口)들을 꿈에 봅니다. 그들은 포로(捕虜)들의 사진(寫眞)처럼 나란히 늘어섭니다. 그리고 내게 걱정을 시킵니다. 그러면 그만 잠이 깨어 버립니다.
>
> -「산촌여정(山村旅情)」

> 우리 어머니도 우리 아버지도 다 얽으셨읍니다. 그분들은 다 마음이 착하

십니다. 우리 아버지는 손톱이 일곱밖에 없읍니다. 궁내부 활판소(宮內部活版所)에 다니실 적에 손가락 셋을 두 번에 잘리우셨읍니다. 우리 어머니는 생일(生日)도 이름도 모르십니다. 맨처음부터 친정이 없는 까닭입니다. 나는 외가(外家)집 있는 사람이 퍽 부럽습니다.

-「슬픈 이야기」

결핵 치료 차 친구의 고향인 성천에 갔으나 금방 따분해진 나날을 보내던 어느날 이상은 도회 소녀가 나오는 꿈을 꾼다. 그런데 그는 꿈에서 그 소녀에 렌즈를 맞추어 확대하지 않고 도회에 두고 온 가난한 식구들을 떠올리는데, 그들은 포로들의 사진처럼 나란히 늘어선다. "어느 도회(都會)"의 '어느'가 주는 아련함, "남겨 두고"가 주는 죄송함과 그리움, "포로(捕虜)들의 사진(寫眞)"이 주는 비참함과 쓸쓸함은 마침내 화자를 잠에서 깨어나게 한다. 두 번째 글은 병신인 아버지, 고아로 자란 어머니에 대해 담담히 서술하는데, 여기에서도 작가의 아련하고 슬픈 마음은 진하게 전달된다. 한편의 시를 본다.

나는24세(歲). 어머니는바로이낫새에나를낳은것이다. 성(聖)쎄바스티앙과같이아름다운동생. 로오자룩셈불크의목상(木像)을닮은막내누이. 어머니는우리들삼인(三人)에게잉태분만(孕胎分娩)의고락(苦樂)을말해주었다. 나는삼인(三人)을대표(代表)하여—드디어—

어머니 우린 좀더형제가있었음싶었답니다.

—드디어어머니는동생버금으로잉태(孕胎)하자육개월(六個月)로서유산(流

産)한전말(顚末)을고(告)했다.

그녀석은 사내댔는데 올해는19 (어머니의한숨)

삼인(三人)은서로들알지못하는형제(兄弟)의환영(幻影)을그려보았다. 이만큼이나컸지—하고형용(形容)하는어머니의팔목과주먹은수척(瘦瘠)하여있다. 두 번씩이나객혈(喀血)을한내가냉정(冷情)을극(極)하고있는가족(家族)을위(爲)하여빨리안해를맞아야겠다고초조(焦燥)하는마음이었다. 나는24세(歲)나도어머니가나를낳으시드키무엇인가를낳아야겠다고생각하는것이었다

-「육친(六親)의장(章)」

이 시에서 어머니와 형제들이 둘러앉아 이야기 하는 앞부분의 풍경은 화목한 가정의 모습이다. 다른 동생이 더 있었으면 하고 바랐다는 자식들 말에 어머니는 유산한 아이 이야기를 한다. 그런데 그때 화자는 어머니의 한숨을 듣고 수척한 팔목을 본다. 그러면서 어떤 자식보다도 어머니와 형제들을 염려하는 마음으로 초조하게 생각한다. "냉정(冷情)을극(極)하고있는가족(家族)을위(爲)하여", "어머니가나를낳으시드키" 빨리 아내를 맞고 무엇인가를 낳아야 한다고 생각한다. 그렇지만 화자가 자신의 바람처럼 하기는 결코 쉽지 않을 것이다. 왜냐하면 그는 두 번씩이나 객혈을 한 결핵 환자이기 때문이다. 이 작품은 흔히 생각되는 이상의 작품과는 동떨어진 것처럼 생각될 수도 있다. 하지만 이 작품이 시인 내면의 또 다른 층위에 있을 한 세계를 보여주는 것임에 틀림없다고 생각한다. 가족과 함께 넉넉하고 화목한 생활을 꾸리고 싶은 가장 평범한 일상의

바람 같은 것으로 말이다. 그리고 그것이 성취될 수 없을 때 가족에 대한 연민, 자신 스스로의 결핍감 등이 일렁이고 세계의 벽에 부딪치게 된다. 다음 작품에는 가족에 대한 이중적 심리가 잘 드러나 있다.

> 문(門)을암만잡아다녀도안열리는것은안에생활(生活)이모자라는까닭이다. 밤이사나운꾸지람으로나를졸른다. 나는우리집내문패(門牌)앞에서여간성가신게아니다. 나는밤속에들어서서제웅처럼자꾸만감(減)해간다. 식구(食口)야봉(封)한창호(窓戶)어데라도한구석터놓아다고내가수입(收入)되어들어가야하지않나. 지붕에서리가내리고뾰족한데는침(鍼)처럼월광(月光)이묻었다. 우리집이앓나보다. 그러고누가힘에겨운도장을찍나보다. 수명(壽命)을헐어서전당(典當)잡히나보다. 나는그냥문(門)고리에쇠사슬늘어지듯매어달렸다. 문(門)을열고안열리는문(門)을열려고.
>
> -「가정(家庭)」

이상은 아버지 또는 문벌의 이름으로 자신을 억압하는 것에 극심한 거부 반응을 보인다. 그러면서도 가족의 가난과 불행을 보면서 자신의 책무를 다하지 못하는 것을 괴로워한다. "젖떨어져서 나갔다가 23년 만에 돌아와 보았더니 여전히 가난하게들 사십디다. 어머니는 내 대님과 허리띠를 접어 주셨읍니다. 아버지는 내 모자와 양복저고리를 걸기 위한 못을 박으셨읍니다. 동생도 다 자랐고 막내누이도 새악시 꼴이 단단히 백였읍니다. 그렇건만 나는 돈을 벌 줄 모릅니다. 어떻게 하면 돈을 버나요. 못 법니다"(「슬픈 이야기」)라고 쓰고 있다. 문을 아무리 잡아 다녀도 안 열리는 것이 '안에생활(生活)이모자라'서라고 하는데, 여기서 '안'은 자아의 동일성이 확보되고 가족을 돌볼 수 있을 만큼 충일한 내면일 수 있을 것이다. 그런데 시인은 가족에 대한 책무감을 느끼면서도, 한편으로 그같은 상황을 '밤'으로 인식한다. 오랫동안 친가를 떠나 과중한 기대를 발하는 조부모와 백부 아래에서 자라면서 자유로움과 자폐감, 책무감과 일탈에의 욕망이라는 양가적인 태도가 내면화 된 것이다. 결국 화자는 자신에게 부여된 기대와 역할을 성가시다고 느끼며 제웅같은 희생물이 되어 생명이 감해진다고 생각한다. 집안으로 들어가고 싶어하지만 곤궁하고 불행한 가족들은 서리가 내리는 추운 계절을 맞아 문을 꼭꼭 잠그고 있다. 차가운 밖에서 서리 내린 지붕의 뾰족한 곳에 있는 싸늘한 달빛을 보면서 화자는 집안사람들이 생명을 걸고 하루하루를 앓고 있다고 안타깝게 생각한다. 그리고는 문고리에 매달려 몸부림치며 문을 열려고 한다. 그런데 "식구(食口)야봉(封)한창호(窓戶)어데라도한구석터놓아다고"라거나 "나는그냥문(門)고리에쇠사슬늘어지듯매어달렸다"는 구절들은 다소 아이러니하다. 이 구절들은 자신이 집으로 들어가지 못하는 것이 가족들이 문을 열어주지 않기 때문인 것처럼 표현되어 있다. 허나 그것은 기실 무엇보다 자신 내면에 결합에 대한 자발성이 결핍되어 있고, 가족과 자연스럽게 어울릴 줄 모르며, 끊임없이 자기만의 공간을 추구하려는 자폐적 성격에서 기인한 측면이 강하다고 보아야 한다.

여인, 아내, 삼각형의 욕망

가족을 둘러싼 연민과 바람을 형상화 한 범주에 아내와의 관계를 보여주는 작품들을 포함시킬 수 있다고 생각한다. 이상에게 공식적인 아내는 변동림이 있다. 하지만 서준섭은 이상 작품에서 아내로 지칭되는 여인은 금홍이라고 한다(『한국모더니즘 문학연구』 143쪽). 금홍은 이상과 지독한 또는 특이한 관계를 맺은 여인으로서 이상이 1차 객혈 후 요양을 간 배천에서 기생으로 있던 사람이었다. 이상이 2년여를 동거한 금홍과 기구한 또는 이해하기 어려운 사랑 관계를 맺은 것은 일찍이 부모를 떠나 지내야 했던 성장과정에서 형성된 성격과 일상인으로서 남부럽지 않은 생활을 할 만한 때에 찾아온 결핵의 발병 등과 밀접한 관계를 갖는다고 본다. 이상은 금홍을 마담으로 앉혀 운영하던 다방 '제비'가 파산한 후 인사동에서 인수하여 잠시 경영한 카페 '쓰루(鶴)'에서 만난 여급 권순옥과 1935년 가을 무렵 잠시 연애를 한다. 그러다가 1936년 친구 구본웅의 서모의 동생인 변동림과 6월 초순경 결혼식을 한다. 이러한 여인 관계를 맺었던 이상의 작품에 형상화된 아내의 모습은 흔히 볼 수 없는 것이라고 할 수 있다. 곧 일반적으로 부부는 가장 가까운 거리에서 서로 이해하고 믿고 의지하며 살아가는 관계로 생각된다. 하지만 이상 시에 등장하는 여인 또는 아내의 대부분은 조화를 이룰 수 없는 부정적 이미지로 그려진다.

내키는커서다리는길고왼다리아프고안해키는작아서다리는짧고바른다리
가아프니내바른다리와안해왼다리와성한다리끼리한사람처럼걸어가면아아

이부부(夫婦)는부축할수없는절름발이가되어버린다무사(無事)한세상(世上)이병원(病院)이고꼭치료(治療)를기다리는무병(無病)이끝끝내있다.

-「지비(紙碑)」

앞 시에서 부부 중 한 사람은 왼쪽 다리가 아프고, 다른 사람은 오른쪽 다리가 아프니까 서로 의지하여 한 사람처럼 걸어가면 조화로울 수 있다. 하지만 한 사람은 키가 크고, 다른 사람은 작아서 서로 부축할 수 없는 절름발이가 되어 버린다. 그런데 실은 시인이 보다 심층적으로 하고 싶었던 말은 그 다음에 있다. 무사한 것 같은 세상이 병원이고, 아무 병도 없는 것 같지만 꼭 치료가 필요한 사람이 수없이 많다는 것이다. 서로 다른 다리가 아프니까 의지하면 될 것 같은 부부가 키가 맞지 않아 서로 부축할 수 없는 절름발이가 되는 것처럼 무사한 것 같은 세상에 부조리가 그득하다는 것이다. 다음 작품은 아내에 대한 의심, 기만, 그리고 그것을 대하는 허위의식의 이면에 비켜설 수 없는 두통, 갈등이 상존함을 보여준다.

내두통(頭痛)위에신부(新婦)의장갑이정초(定礎)되면서내려앉는다. 써늘한무게때문에내두통(頭痛)이비켜설기력(氣力)이없다. 나는견디면서여왕봉(女王蜂)처럼수동적(受動的)인맵시를꾸며보인다. 나는기왕(己往)이주춧돌밑에서평생(平生)이원한(怨恨)이거니와신부(新婦)의생애(生涯)를침식(浸蝕)하는내음삼(陰森)한손찌거미를불개아미와함께잊어버리지는않는다. 그래서신부(新婦)는그날그날까무러치거나웅봉(雄蜂)처럼죽고죽고한다. 두통

(頭痛)은영원(永遠)히비켜서는수가없다.

-「생애(生涯)」

어떤 버거움으로 두통을 앓는 화자에게 신부의 장갑이 깊고 탄탄하게 내려앉는다. 신부의 장갑은 결혼을 연상시키고 '정초(定礎)되면서내려앉는다'는 것은 그것이 깊이 스며 자리를 잡는다는 것이다. 화자는 그같은 상황을 기꺼움과 행복함으로 느끼기보다 써늘한 무게로 느낀다. 두통만으로도 버거운 화자는 신부의 장갑을 비켜설 기력이 없어 그것을 견디면서 여왕벌처럼 수동적인 맵시나 꾸며 보인다. 그런데 이같은 견딤이나 수동적 대응은 '기왕(已往)이주춧돌밑에서평생(平生)이원한(怨恨)이거니와'를 볼 때 새삼스러운 것이기보다 이미 바탕으로 자리잡은 것이다. 이런 상황에서 화자는 신부에게 음울한 손찌검을 하는데, 그것은 그녀의 생애를 갉아먹는 것이다. 이는 한 사람의 불행이 타자에게까지 전이되는 모습이다. 그래서 신부는 날마다 까무러치며 죽어가고, 그것을 자책하는 화자는 영원히 두통을 벗어나지 못한다. 이 작품을 이상의 실제 생활과 가깝게 비추어보면, 작품이 《조선일보(朝鮮日報)》에 발표된 때가 1936년 10. 4-9일 사이인데 이때는 이상이 변동림과 결혼을 한 지 넉달쯤 지난 시기이다. '신부(新婦)의장갑'이라는 결혼식의 이미지로 보아 자신의 결혼을 모티프로 한 형상화일 가능성이 있다. 당시 이상의 결혼 자체가 다소 돌연하였고, 그 생활이 그다 행복하지 않았던 것으로 말해지는 바 상관의 개연성은 충분하다. 이상은 결국 결혼 4개월쯤이 지난 10월경, 음력 9월 3일에 동경으로 건너간다. 작품을 좀더 살펴본다.

안해를즐겁게할조건(條件)들이틈입(闖入)하지못하도록나는창호(窓戶)를닫고밤낮으로꿈자리가사나와서가위를눌린다어둠속에서무슨내음새의꼬리를체포(逮捕)하여단서(端緖)로내집내미답(未踏)의흔적(痕跡)을추구(追求)한다. 안해는외출(外出)에서돌아오면방(房)에들어서기전에세수(洗手)를한다. 닮아온여러벌표정(表情)을벗어버리는추행(醜行)이다. 나는드디어한조각독(毒)한비누를발견(發見)하고그것을내허위(虛僞)뒤에다살짝감춰버렸다. 그리고이번꿈자리를예기(豫期)한다.

-「추구(追求)」

너는 어찌하여 네 소행(素行)을 지도(地圖)에 없는 지리(地理)에 두고 화반(花瓣) 떨어진 줄거리 모양으로 향료(香料)와 암호(暗號)만을 휴대(携帶)하고 돌아왔음이냐.

시계(時計)를 보면 아무리 하여도 일치(一致)하는 시일(時日)을 유인(誘引)할 수 없고 내것 아닌 지문(指紋)이 그득한 네 육체(肉體)가 무슨 조문(條文)을 내게 구형(求刑)하겠느냐

그러나 이곳에 출구(出口)와 입구(入口)가 늘 개방(開放)된 네 사사(私私)로운 휴게실(休憩室)이 있으니 내가 분망중(奔忙中)에라도 네 거짓말을 적은 편지(片紙)를「데스크」위에 놓아라

-「무제(無題)」

앞 작품에는 아내와의 갈등과 의심, 기만이 그려진다. 어떤 갈등 가운데 아내를 즐겁게 할 일들을 막아버리려 창문을 닫는데, 그러고도 불안으로 인하여 꿈자리가 사납고 가위에 눌린다. 어둠속에서 무슨 냄새를 맡고는 그것을 단서로 숨겨진 어떤 흔적을 탐색한다. 아내도 그러한 나의 불안과 의심을 알고 있다. 그래서 그녀는 외출에서 돌아오면 방에 들어서기 전에 밖에서의 표정들을 지우려고 세수를 한다. 냄새를 좇아 흔적을 찾던 화자는 드디어 한조각 독한 비누를 발견하고 그것을 감춘다.

<그림 4> 1968년 영화《이상의 날개》 포스터. 이상은 신성일, 금홍은 남정임, 변동림은 문희가 연기했다.

그런데 참으로 아이러니 한 것은 독한 비누를 '내허위(虛僞)뒤에다' 감춘다는 점이다. 여기서 말하는 나의 허위는 무엇일까. 아내가 무엇을 하는지 뻔히 알면서 냄새를 추적하여 독한 비누를 찾아내는 행위일까, 또는 아내의 부정을 알고 가위 눌리면서도 헤어지지 못하는 것일까. 비누를 감추고 꿈자리를 예기하지만, 그 꿈자리도 편안하지 못할 것임은 자명하다. 결국 아내의 허위에 나의 허위를 맞세워 중층화 함으로써 의심과 기만을 더욱 두텁게 했기 때문이다.

두 번째 작품에는 좀더 극단화 된 소외와 허위의 모습이 보인다. 아내는 불순한 소행을 알 수 없는 곳에 두고 꽃잎이 떨어진 줄기 모양으로 꾸며진 냄새와 비밀을 가지고 돌아왔다. 시간을 아무리 헤아려 보아도 무수한 날들이 흘러 일치하는 날들을 알 수 없는데 아내의 육체에는 다른 남자들의 흔적이 무수하다. 비록 내가 무엇인가 부족하거나 잘못한 것이 있더라도 그런 너는 내게 무슨 이유로도 잘못을 물을 수 없다. 그런데 이 작품에서도 역시 다소 돌연한 진술이 이루어진다. 그처럼 부정한 아내에게 이곳을 언제든 떠나고 돌아올 수 있으며 힘들 때는 와서 쉴 수 있는 개인적인 휴게실로 생각하라는 것이다. 그리고 내가 바빠서 자리에 없으면 너의 거짓말을 적은 편지를 책상에 놓으라는 것이다. 이처럼 상식으로는 이해할 수 없는 여성 관계는 이상의 실생활에서도 목도된다. 이상은 요양차 간 배천에서 만난 기생 금홍을 서울로 불러와 동거를 하며 다방 '제비'를 운영하는데, 그는 금홍을 불란서 유학생, 모 변호사 등에게 간음을 시킨다. 그러면서 그는 "금홍이는 내 말대로 禹氏와 더불어 독탕에 들어갔다. 이 독탕이라는 것은 좀 음란한 설비였다. 나는 이 음란한 설비 문간에 나란히 벗어놓은 우씨(禹氏)와 금홍의 신발을 보고 언짢아하지 않았다"고 말한다. 이런 관계를 김승희는 르네 지라르의 논의를 원용하여 '삼각형의 욕망'으로 설명한다(『이상』, 57쪽 이하). 주체는 사랑의 대상을 자발적으로 사랑하는 것이 아니고, 중개자에게 대상을 밀어보내 중개자가 대상을 욕망하는 것을 보면서 그 경

<그림 5> 이상을 모델로 한 유화 〈친구의 초상〉 (1935, 구본웅 작, 국립현대미술관 소장)

쟁의 욕망에서 선취감을 갖는다는 것이다. 그러니까 이것은 결핵환자로써 나의 사랑하는 대상을 건강한 관능성을 지닌 중개자들이 욕망하는 것을 통해 자만하는 허영심리이다. 이 경우 대상과 중개자가 너무 가까워지면 주체는 낭패하게 된다. 다방 '제비'가 파산한 후 인사동에서 인수하여 잠시 경영한 카페 '쓰루(鶴)'에서 만난 여급 권순옥과 잠시 사랑을 하다, 그녀가 이상의 친구 정인택과 결혼한 경우가 이에 근사한 예라고 할 수 있다.

20세기의 환상과 추락

이상에서 필자는 한 사람으로서의 이상과 작품으로 존재를 증명하는 작가 이상의 상호 겨룸 양상을 시를 중심으로 살펴보았다. 이 살핌의 방식은 의도적으로 설정한 관점이다. 글을 시작할 때도 말했지만 이상의 작품을 총체적으로 조명하는 것은 만만한 작업이 아니다. 필자는 당대의 독자들이 오감도 시편 연재에 그리도 반발한 이유가 무엇이며 그에 반응하던 이상이 추구하던 것은 무엇이었을까를 간단히 살피며 글을 마무리하고자 한다. 이상은 한 사람으로서뿐만 아니라 특히 작가로서 자신이 살고 있던 당대 사회와 문화적 환경을 고루한 19세기라고 생각하고 있었다. 그리하여 20세기를 추구했는데 그가 보인 여인들과의 관계를 맺는 방식, 여인들이나 가족과의 관계를 작품화 한다든가 숫자와 도식을 작품에 도입하는 등이 그 한 모습이라고 할 수 있다. 반면에 19세기는 가족주의의 구속과 여성에 대한 순결 관념의 강박 등으로 표상되는 구시대적 관념과 행위들이었다. 그렇다면 이상은 19세기를 극복하고 20세기에 도달했을까. 사회적 인간으로서 한 개인이 거대한 부조리를 극복하고 자신이 원하는 바를 성취하는 것은 그때나 지금이나 당연히 어려운 일일 것이다. 이상 또한 19세기적 현실과 20세기를 향한 의식의 갈등, 그리고 자신이 생각하던 20세기의 모순 앞에서 자신을 소진시키면서 마침내 추락한다. 20세기의 표상이기도 한 동경을 오랜 동안 염원하다 어렵사리 건너간 이상은 그곳에 당도한 지 얼마 되지 않아 김기림에게 다음과 같은 편지를 쓴다.

> 암만 해도 나는 십구세기(十九世紀)와 이십세기(二十世紀) 틈사구니에 끼여 졸도(卒倒)하려 드는 무뢰한(無賴漢)인 모양이오. 완전(完全)히 이십세기(二十世紀) 사람이 되기에는 내 혈관(血管)에는 너무도 많은 십구세기(十九世紀)의 엄숙(嚴肅)한 도덕성(道德性)의 피가 위협(威脅)하듯이 흐르고 있소그려.
>
> -「사신(私信) 칠(七)」

이상은 그토록 염원하던 20세기의 한 복판 동경에 와서야 그것의 허상을 발견하고 당혹해하는 것이다. 이제 이상이 선택할 수 있는 길은 보다 명료해질 수 있었다. 아마 그것은 하루 빨리 귀향하는 것이거나 아니면 동경의 중심을 파헤치며 20세기 근대의 참모습을 파고드는 것쯤이었을 것이다. 물론 이 둘은 어느 경우도 선택이 용이하지 않다. 전자의 경우 지금까지의 글쓰기와 추구를 전면적으로 부정하는 것이고, 후자의 경우 어느 것도 보장되지 않은 상태에서 전면적 투신이 요구되기 때문이다. 결과적으로 이상은 춥고 배고프고 황망한 상태로 동경 거리를 헤매이다 소위 '불령선인(不逞鮮人, 일제 강점기에 일제가 사용한 말로 불온하고 불량한 조선 사람이라는 뜻으로 일본 제국주의자들이 자기네 말을 따르지 않거나 위험할 수 있다고 생각되는 한국 사람을 이르던 말)'으로 검속되어 감방에 수용된다. 그곳에서 결핵이 악화되어 방면된 후 동경제대 부속병원에 입원하여 사망하게 된다. 이상이 경성에서 느낀 좌절감과 일본을 비롯한 해외를 다녀온 작가들에게 지녔던 콤플렉스 등이 결합된 몸부림과 열망의 일환으로 동경으로 건너간 것은 일견 다음과 같은 흉내내기로 귀착되는 것이지는 않았을까.

> 벌판한복판에 꽃나무하나가있소. 근처(近處)에는 꽃나무가 하나도없소 꽃나무는 제가생각하는 꽃나무를 열심(熱心)으로 생각하는 것처럼 열심(熱心)으로 꽃을 피워가지고 섰소 꽃나무는 제가생각하는 꽃나무에게갈수없소 나는 막달아났소 한꽃나무를위(爲)하여 그러는것처럼 나는참그런 이상스러운흉내를 내었소.
>
> -「꽃나무」

근처에 다른 꽃나무는 하나도 없는 벌판에 꽃나무 하나가 있다. 그 꽃나무는 자신이 열심히 생각하던 꽃나무처럼 열심히 꽃을 피워가지고 있다. 세상의 가족들과 여인들과 여타의 사람들로부터 운명처럼 소외되어 있던 화자는 내면 속으로 칩거하여 자신만의 꽃나무, 이상 세계를 가꾼 것이다. 이것을 이상의 실제 행로에 연결해 본다면, 벌판은 내면에 환상화 된 공간이기 때문에 그곳을 벗어나 그토록 열심히 생각한 꽃나무에게로 갈 수는 없다. 결국 이상은 자신이 그렇게도 열망하며 가꾸어 온 꽃이 실현될 수 없는 여전한 소외로서의 환상임을 알고 '흉내를 내었'다고 하는 것은 아니었을는지.

참고문헌

권영민 편저, 『이상문학연구 60년』, 문학사상사, 1998.

김주현 주해, 『이상문학전집－시』, 소명출판, 2005.

서준섭, 『한국모더니즘 문학연구』, 일지사, 1993.

신범순 외, 『이상 문학연구의 새로운 지평』, 역락, 2006.

신주철, 『이상과 김수영 시의 아이러니』, 박이정, 2003.

그림 출처

<그림1> 연작시 「오감도」에 포함된 「시 제4호」

http://www.ohmynews.com

<그림2> 천재, 광인, 모던보이 이상

http://www.segye.com

<그림3> 경성고등공업학교 건축과 재학 시절의 이상

https://namu.wiki

<그림4> 1968년 영화 《이상의 날개》 포스터

http://rikszine.korea.ac.kr

<그림5> 이상을 모델로 한 유화 〈친구의 초상〉

http://www.kookje.co.kr

4. 불우한 예술가의 가슴시린 자화상

유진 오닐, 무명 시절 '흑역사'를 고백하다

<그림 1> 1924년 3월 17일자 〈타임〉 표지에 실린 오닐의 사진

4. 불우한 예술가의 가슴시린 자화상

유진 오닐, 무명 시절 '흑역사'를 고백하다

박정만

무명시절의 자화상, 단막극 『조식 전』

미국 최초의 메이저 극작가 유진 오닐(Eugene O'Neill, 1888-1953)이 미국 연극사에 끼친 영향은 실로 지대하다. 오닐은 19세기까지 미국 드라마에 전무했던 사실주의, 표현주의, 상징주의 등 극 실험을 통해 미국 드라마를 풍요롭게 했다. 그가 남긴 일련의 장막극들(full-length plays)은 미국 드라마의 '정전'(canon)으로 읽히고 있으며, '현대 미국드라마의 아버지'(father of modern

American drama)라는 칭호는 미국 문학사에서 오닐의 위상을 입증한다.

<그림 2> 유진 오닐

오닐의 극은 상당 부분 작가의 자전적 이야기이며, 이런 연유로 오닐의 극은 문학작품으로서 가치는 물론 작가의 생애 연구를 위한 사료적 가치도 인정받고 있다. 대부분의 독자들은 '미국 드라마의 아버지'로서 오닐의 위대함을 칭송하고 그의 문학 작품을 통해 위대함의 실체를 발견하고 이에 감동한다. 한편 오닐에게도 여느 작가들처럼 힘들었던 무명의 시기가 있었으며 작가 스스로도 밝히기를 꺼렸던 어둡고 암울했던 시절이 있었다는 사실을 일반 독자 대중은 잘 알지 못한다. 작가 초년병 시절 오닐의 삶에 대해 독자와 대중의 이해가 비교적 충분치 않은 것이 현실이라면, 작가의 초기극에 대한 연구가 부족했다는 점에서 일정부분 그 원인을 찾을 수 있다. 이러한 형편을 생각할 때, 1916년에 출간된 『조식 전 *Before Breakfast*』은 무명작가 시절 당시 오닐의 삶과 정서를 조망해 볼 수 있다는 점에서 특히 흥미롭고 중요한 작품이다.

『조식 전』은 뉴욕 그리니치빌리지(Greenwich Village)의 허름한 아파트에 사는 부부의 이야기이다. 남편 알프레드 로랜드(Alfred Rowland)는 시인으로 밤마다 술집을 전전하며 예술가들과 사교를 즐기고 아침에는 숙취로 방에 누워있다. 반면, 매일 아침 집안일과 식사준비로 바쁜 로랜드 부인(Mrs. Rowland)은 무위도식하는 남편에게 연신 불평을 늘어놓는다. 극은 특별한 사건 없이 아내의 불만 표출과 그로 짐작할 수 있는 부부의 갈등으로 가득하다. 흥미롭게도 남편은 무대에 등장하지 않는다. 방안에 있는 그는 신음과 면도 소리를 통해 존재감을 간간이 알릴 뿐 관객에게 모습을 드러내지 않는 '보이지 않는' 인물이다. 한마디 대사도 할당받지 못한 그는 관객에게 메시지를 전달할 기회를 갖지 못한다. 부부의 갈등 국면 속에서 관객은 시종일관 아내의 진술로 정황을 판단하며, 그녀의 불만을 일방적으로 받아들여야 한다. 남편은 항변할 기회를 갖지 못하고 아내의 뜻대로 '나쁜 남자'가 된다.

극은 뉴욕 맨해튼 크리스토퍼가(Christopher Street)의 아파트 내부에 대한 장황한 묘사로 시작한다. 부엌겸용 거실, 삼면의 벽과 그 공간을 채우는 싱크대, 스토브, 탁자, 의자 등 집기, 찬장에 진열된 접시와 가재도구, 침실과 복도로 연결된 문에 대한 세밀한 설명은 이 극이 당시 유럽을 풍미한 사실주의 혹은 자연주의 극 실험의 세례를 받았음을 말해준다. 창문으로 내다뵈는 비상구 계단과 방치되어 죽어가는 화분식물은 주변 공간의 분위기를 전한다. 이후 찬장을 메운 식기와 가재도구 역시 로랜드 부인의 손에 꺼내어지고 스토브로 옮겨지고 식탁에 오름으로써 실용성을 드러낸다. 기존의 미국 드라마에서도 무대세트에 대한 상세한 묘사를 발견할 수 있긴 하지만 그들 대부분이 '보여주기'에 급급한 사실성이었던 반면, 오닐의 『조식 전』에서 관객은 비로소 실용성이 더해진 진정한 의미의 사실주의 무대를 만나게 된다.

거실 안으로 로랜드 부인이 초가을 아침 햇살을 받으며 등장한다. 부스스한 모습에 졸린 눈으로 하품을 해대는 그녀는 관성적으로 옷걸이에서 앞치마를 꺼내 두르고 스토브를 켜고 커피포트를 올린다. 그녀는 다시 관성적으로 식탁

<그림 3> 그리니치빌리지 (1913년경)

의자에 털썩 앉아 두통이 있는 듯 이마에 손을 가져간다. 그녀의 아침은 이처럼 뭔가 개운치 않은 아침이며, 집안일로 시작하는 아침이다. 그녀의 관성적 움직임은 이러한 일상의 시작에 이미 익숙해져 있음을 말해준다. 그녀는 남편의 이름을 나직이 부르며 처음 입을 연다.

> 로랜드 부인: (나지막한 목소리로) 알프레드! 알프레드! (옆방에서 아무 대답이 없자 좀 더 큰 소리로 미심쩍은 듯 말을 잇는다.) 자는 척 해도 소용없어. (이번에도 침실에서 아무 반응이 없자, 그녀는 안심한 듯 의자에서 일어나 까치발로 살금살금 찬장으로 다가간다. 그녀는 소리 안 나게 조심하며 찬찬히 찬장 문 한쪽을 열고 접시 뒤쪽 후미진 곳에서 숨겨둔 고든 진 술병과 잔을 꺼낸다. 그 와중에 그녀가 접시더미의 꼭대기를 건드리는 바람에 살짝 달그락거린다. 이 소리에 그녀는 화들짝 놀라 애써 외면하듯 옆

방 문간을 쳐다본다.)

(그녀의 목소리가 떨리며) 알프레드!

로랜드 부인: (그녀는 소리가 더 안 나는지 잠시 귀를 기울인 후, 잔을 들어 술을 가득 붓고 꿀꺽 삼켜버린다. 그리고는 황급히 술병과 잔을 서둘러 원래 자리로 가져가 숨겨놓는다. 그녀는 열 때 그랬던 것처럼 조심스럽게 찬장 문을 닫고는 그제야 안심이 된다는 표정을 지으며 다시 의자에 털썩 주저앉는다.)

-『조식 전』

여기서 부인이 남편의 이름을 부르는 것은 대화를 목적한다기보다 그가 깨어 있는지 여부를 확인하려는 의도를 갖는다. 이는 부인이 자신의 은밀한 놀이를 즐기기 위함인데, 그것은 남편 '몰래' 술을 마시는 것이다. 목적 달성을 위한 부인의 노력–까치발로 걷기, 남편의 인기척 확인, 소음 최대한 줄이기–이 눈물겹도록 가상할 지경이다. 그녀가 목적을 성취하려면 남편이 몰라야 하며 놀이 현장에 끼어들어서도 안 된다. 즉 알프레드는 아내의 놀이 공간에 원천적으로 '부재해야 하는' 인물인 것이다.

취기가 오른 부인은 보다 대범한 놀이를 시도하는데, 그것은 남편의 주머니를 '몰래' 뒤지는 일이다. 부인은 이번에도 남편의 이름을 부름으로써 그로부터의 안전한 거리를 확인하며 자족적 즐거움을 감행한다.

(그녀는 얼굴에 생기가 돌고, 원기를 찾은 듯 보이며, 복수심에 찬 미소를

입가에 띠우고 침실을 뚫어지게 쳐다본다. 그녀의 시선이 급히 거실 방을 훑는가 싶더니 밤새 옷걸이에 걸려있던 남성용 외투와 조끼에 고정된다. 그녀는 문가 통로 쪽으로 살금살금 다가가 방 안에서 볼 수 없는 지점에 서서 남편의 인기척을 엿듣는다.)

로랜드 부인: (반쯤 속삭이는 소리로 부르며) 알프레드! (이번에도 대답이 없다. 그녀는 신속한 동작으로 외투와 조끼를 옷걸이에서 벗겨내고는 의자로 되돌아온다. 그녀는 자리에 앉아 각각의 주머니 안에 든 잡다한 물건들을 꺼냈다가는 다시 급히 집어넣는다. 마침내 그녀는 조끼 안주머니에서 편지 한 통을 찾아낸다.)

로랜드 부인: (필체를 보다가, 찬찬히 혼잣말로) 흥! 내 이럴 줄 알았어.

-『조식 전』

편지를 발견한 부인의 '이럴 줄 알았다'라는 짧으나 의미심장한 반응에서 알프레드가 평소 의심스런 애정행각을 벌여왔으며, 로랜드 부인이 그간 자신의 의심을 입증할 증거를 찾아왔음을 유추할 수 있다. 편지를 읽는 그녀의 얼굴에서 전에 없던 감정 표출이 목격되는데, "분노와 증오"(hatred and rage)로 시작한 부인의 표정은 편지를 다 읽을 무렵엔 "의기양양한 악의"(triumphant malignity)로 가득하고 "입가의 잔혹한 미소"(a cruel smile on her lips)에서 정점에 달한다. 편지와 남편의 옷가지를 원래 자리로 되돌려 완벽한 훔쳐보기를 마친 부인은, 다시 한 번 남편의 이름을 부른다.

(크고 날카로운 목소리로) 알프레드! (옆방에서 이불에 감싸인 피곤한 신음 소리가 들려온다.) 일어나야할 시간이란 거 몰라? 종일 침대에 처박혀 있을 거야? (등을 돌려 자기 의자로 되돌아오며) 만날 침대에 박혀있어야 할 만큼 피곤한 이유를 의심하는 건 아니지만.

-『조식 전』

이번 호칭은 이전과 느낌과 정황을 달리한다. 상대의 약점을 잡은 아내는 남편과의 대결에서 유리한 고지를 점령한 셈이고, 남편을 부르는 '크고 날카로운 목소리'는 그녀의 달라진 입장을 표출한다. 심지어 그녀는 남편이 아침마다 나른해 하는 이유에 대해 '의심하는 건 아니라' 말하면서도 뭔가 알고 있음을 암암리에 과시하는 여유까지 보인다. 은밀한 놀이를 위해 남편의 눈치를 보던 부인은 이제 남편 앞에 당당하다. 전세는 역전되어 눈치를 봐야 할 당사자는 오히려 남편이다. 아내가 무대에 버티고 있는 이상 남편은 감히 방에서 나오지 못하며, 아내가 거실에 상주하는 동안 남편의 부재성은 영구화된다. 부인의 호출에 남편은 전과 달리 인기척으로 답하며, 이러한 반응의 변화는 그의 불리해진 상황을 전한다. 신음 소리는 위기를 모면하기 위해 연민의 정에 호소할 수밖에 없는 그의 궁색한 처지를 강조한다.

분위기를 잡은 부인은 본격적으로 남편을 제압하고 나선다. 그녀는 먼저 남편의 무능력을 지적한다. 남편이 시계를 전당잡히는 바람에 시간조차 알 길 없다는 말로 포문을 연 아내는 급기야 가장으로서 남편의 직무유기를 비난한다. 생계를 책임져야 할 직무를 유기한 남편은 더 이상 가장일 수 없기에, 부인은 밖에 나가 생계를 책임지는 스스로를 가장의 위치에 올려놓는다. 아울러 그녀는 무능력을 예술가 집단 전체의 성격으로 일반화하기에 이른다. 그녀가 보기에 남편과 그의 예술가 친구들은 가장의 직분을 잊고 무위도식하는 인생낙오자들이다.

> 전당포, 전당포, 당신은 전당포밖에 모르지. 일자리 얻을 생각은 않고 전당 잡힐 궁리뿐이라니. 내다 팔 생각 말고 남자답게 일을 하란 말이야. (…) 맹세코 난 내 할 일을, 아니 그보다 더 한 일을 하고 있어. 당신이 광장에서 무위도식하는 예술가 나부랭이들과 술집을 쏘다니면서 알량한 신사 행세를 하는 동안 나는 매일 나가 바느질을 한다구.
>
> -『조식 전』

부인의 비방은 남편을 포함한 예술가 집단의 위선에 대한 고발로 이어진다. 그녀는 집세를 못 내 거리에 나앉을 상황에도 일자리가 없다고 말하는 남편을 '거짓말쟁이'라고 규탄한다. 그녀에게 진실은 일자리가 없는 것이 아니라 '일자리를 구하지 않는 예술가'에 있는 것이다. 부인이 보기에 팔리지도 않는 멍청한 시를 쓰는 예술가는 경제활동과 무관한 존재이며 굶주림과 죽음으로부터 인간을 구제하지 못한다. 상처받은 인간의 영혼을 달래겠다는 예술가의 고상한 포부는 노동의 현실을 외면하기 위한 구실에 불과하다. 부인은 현실로 뛰어들어 돈을 구해오라고 남편을 다그치면서도, 그럴 수 없는 그의 무능력을 조롱한다.

당장 어디가 되었던 가서 당신이 가서 돈을 구해 와. 난 절대 못해. 그럴 생각은 추호도 없어. 제발 정신 좀 차려. 구걸을 하든 빌리든, 아니면 훔쳐서라도 돈을 구해 와. (얕보듯 웃음을 터뜨리며) 헌데 어디에서 구한다지? 나도 궁금해. 자존심에 구걸은 어찌 하고, 대출한도를 넘은 빚쟁이에게 누가 돈을 빌려줄까. 게다가 당신은 훔칠 배짱도 없잖아.

-『조식 전』

무대를 장악한 부인은 남편에게 보다 과감한 태도를 취한다. 그녀는 직접 방에 얼굴을 들이밀고 남편에게 말하며, 이는 남편을 더욱 방 안으로 내몬다. 심지어 부인은 "많은 걸 알고 있다"(I know a lot of things)는 말을 통해 남편의 외도 사실을 알고 있음을 노골적으로 드러내면서 유리해진 입지를 강화한다. 방 안에 몰린 알프레드는 아내의 맹공에 밖으로 나오려는 의지를 완전히 상실한다.

주목할 점은 무대를 장악하고 발언권을 독점하며 남편과 예술가 집단을 비방하는 와중에도 로랜드 부인은 일손을 멈추지 않는다는 것이다. 남편의 무능력을 폭로하는 순간에도 그녀의 손은 식탁 위의 컵과 접시를 과민하게 만지작거리고 있으며, 예술가 집단의 위선을 매도하는 순간에도 그녀는 스토브로 건너가 물이 끓고 있는지 확인한다. 심지어 남편에게 그의 외도 사실을 알고 있음을 노골적으로 드러내는 순간에도 그녀는 찬장으로 건너가 접시와 컵을 꺼내며 아침상을 준비한다. 부인의 이율배반적인 태도는 몸에 베인 습성을 쉽게 떨쳐버릴 수 없음을, 그리고 이런 결과를 초래한 관성적 성역할의 골이 그만큼 크고 깊다는 것을 말해준다. 아침 식사 준비로 바쁜 부인의 모습에서 관객은 식탁에 없는 남편의 존재를 인지한다. 자신을 위한 식탁이라면 출근을 서둘러야 할 그녀가 식사준비로 부산할 이유가 없다. 부인은 빨리 나가야 한다며 호들갑을 떨면서도 '아침식사가 준비되었다'고 말하며 자신이 차리는 밥상이 남편을 위한 것임을 은연중 드러낸다. 이처럼 부인은 시종일관 남편에 대한 의식을 드러내면서 결국 그녀는 남편을 위한 상차림을 완료한다.

> 오늘 아침은 빵과 버터와 커피뿐이야. 그나마 내가 바느질품을 팔았기에 망정이지 이마저도 없었어. (…) 빵에 곰팡이가 피었네. 입맛에 맞길 바라. 더 이상은 바라지도 마. 당신에겐 이것도 감지덕지야. 내가 왜 이 고생을 해야 하는지 몰라도. (…) 커피는 금방 끓을 테니 알아서 마셔. 시중들 생각은 없으니까. (돌연 크게 화를 내며) 왜 이렇게 꾸물대? (그녀는 방문으로 건너가 방 안을 들여다본다.) 그래도 옷은 다 갖춰 입으셨네. (…) 아침 몰골이 그게 뭐야! 제발 면도 좀 해, 면도! 더러워서 정말! (…) (그녀는 스토브로 간다.) 뜨거운 물은 여기 충분히 있어. 변명할 생각 마. (그릇에 커피포트 물을 따라 붓는다.) 여기.
>
> -『조식 전』

위에서 '빵과 버터와 커피뿐'이라느니, 바느질품을 판 덕에 '이마저도 있다'느니, 상한 빵이지만 '그래도 맛있게 먹으라'느니, 자격도 안 되는 남편을 위해 '자기가 왜 고생인가' 등의 표현을 통해 로랜드 부인은 남편을 구박하고 있으나, 이러한 피상적 의미 이면에 남편을 향한 아내의 애증어린 배려가 묻어난다. 부인은 남편에게 '시중들 생각이 없다' 하면서도 실제로 그의 옷매무시를 점검하고 안색을 살피며 씻을 물을 데워준다. 이 지점에서 보이지 않는 남자 알프레드의 정체성은 역설의 연극성을 표출한다. 즉, 부인의 말과 행동이 무대를 지배하는 동안 방안에 갇힌 알프레드가 어떤 상태에 있는지 관객은 확인할 수 없지만, 정작 그는 아내의 입과 몸을 통해 자신의 존재를 관객의 인지 속에 드러낸다. 눈으로 볼 수 없어도 관객은 그가 잠에서 깨어 옷을 거의 다 차려입었고, 수염이 덥수룩해 있음을 안다. 또한 부인이 차리는 아침밥상을 통해 그가 먹을 찬거리의 종류와 상태가 파악된다. 비록 알프레드는 식탁에 없지만, 관객은 그 밥상이 알프레드를 위한 것임을 안다. 이처럼 알프레드는 무대 안에 부재하지만 관객의 인지 속에 분명히 존재한다. 부인이 무대를 장악할수록, 그로 인해 무대 안에서 알프레드의 부재가 강화될수록 그가 관객의 인식에 각인되는 강도는 반대로 커진다.

흥미롭게도 알프레드는 무대에 등장하지 않음으로써 자신의 처지를 관객에게 각인시키고, 또한 불리한 입장에 몰림으로써 관객에게 동정을 호소한다. 아내의 불평과 거친 언사는 발언권을 독점했다는 이유로 과하고 부당한 것으로 들리기 쉬운 반면, 일방적으로 비난을 받아야 하는 남편은 말 한마디 없이 독자의 이해를 구하는데 성공한다. 간헐적으로 터지는 단말마와 같은 신음 소리는 그의 애처로운 상황을 효과적으로 부각하는 장치가 된다. 아내가 거실을 지배한 가운데 말없이 방 안에 갇혀 모습을 드러내지 않는 알프레드는 '남성성 부재'(absence of masculinity) 모티브를 체현한다. 알프레드의 부재성을 가시화하는 극 장치와 이미지들-말과 모습의 박탈, 방 안에 갇힌 남자 등-은 작가의 노련한 계산을 통해 관객의 동정을 이끌어 내고 그들의 인식에 알프레드의 존재감을 각인시키는 상반된 효과를 발생시킨다. 반대로 로랜드 부인은 관객의 동정을 받지 못하는 술독에 빠진 심술쟁이로 내몰리며 남편으로부터 예상치 못한 부재의 역습을 당한다.

불우한 개인사와 죄책감의 투영

오닐의 극 대부분이 작가의 개인사에 기초하고 있음은 주지의 사실이다. 오닐의 전기 작가 노만드 벌린(Normand Berlin)의 표현을 빌리면 "오닐의 극을 모두 합치면 한 편의 자서전이 될" 정도이다. 한 예로 오닐의 대표작이자 가장 자전적인 작품으로 여겨지는 『밤으로의 긴 여로 *Long Day's Journey Into Night* (1956)』는 오닐 가문의 아픈 가족사를 폭로한다. 유명 배우 제임스 오닐(James O'Neill)과 그의 아내 엘라(Ella Quinlan O'Neill) 슬하의 막내로 태어난 유진 오닐은 위로 형이 둘 있었다. 맏형 제임스(James O'Neill, Jr.)와 둘째 에드먼드(Edmund O'Neill)가 그들인데, 에드먼드가 두 살도 안 되어 홍역으로 죽게 되면서 결과적으로 유진이 집안의 차남이 되었다. 『밤으로의 긴 여로』에 등장하는 티론 일가(the Tyrone family)는 실제 오닐 일가를 모델로 하며, 유진의 둘째 형 에드먼드의 죽음에 얽힌 가족의 갈등과 미묘한 애증관계를 극화한다. 홍행배우로 부를 쌓았지만 가족에게 금전적으로 인색

했던 아버지, 약물 중독자였던 어머니, 음주와 방탕을 일삼던 형에 대한 기억뿐만 아니라 결핵에 걸렸던 작가 자신의 어두운 과거사도 작품에 고스란히 드러난다. 극의 시간적 배경은 1912년으로, 오닐의 자전적 인물 에드먼드(Edmund Tyrone)가 결핵 판정을 받은 것은 실제로 작가가 결핵 판정을 받은 시점과 일치한다.

<그림 4>『밤으로의 긴 여로』 브로드웨이 데뷔 공연 포스터 (1956년)

극은 집안의 차남 유진(Eugene Tyrone)의 죽음과 관련하여, 약물 중독자가 된 어머니 매리(Mary Tyrone)의 복잡한 심경을 토로한다. 그녀는 남편의 순회공연을 좇아 다니느라 아이들 곁을 떠나야 했던 죄책감을 버리지 못한다. 특기할 점은, 티론 일가의 장남 제임스의 경우 오닐의 실제 큰형의 이름이 그대로 사용된 반면, 극중 홍역으로 죽은 차남 유진과 오닐의 자전적 인물인 막내 에드먼드의 경우는 오닐의 실제 둘째 형과 자신의 실명이 뒤바뀌어 사용되고 있다는 것이다. 평소 오닐은 둘째 형 에드먼드가 살아있다면 자기가 태어날 이유가 없다고 믿었다. 그는 모친이 약물 중독자가 된 것이 둘째 형의 죽음으로 인한 죄책감 때문이었고, 자신을 임신한 것은 죄책감에서 벗어나기 위한 구실일 뿐이라고 생각했다. 극에서 오닐이 자기 이름과 둘째 형의 이름을 바꿔 놓은 것은, 자신을 대용물로 전락시킨 둘째 형에 대한 원망과 그 대신 자신이 삶을 영위한다는 죄책감이 교차하는 복잡한 심경을 반영한 것이라 하겠다.

<그림 5> 프로빈스타운 플레이어스 시절『카디프를 향해 동쪽으로』
무대 작업 중인 유진, 가장 왼쪽 (1916년)

『조식 전』 역시 오닐의 자전적 작품으로, 이 극이 뉴욕 그리니치빌리지의 허름한 아파트 실내를 배경으로 하며 극중 알프레드의 직업이 작가로 설정되어 있는 점은 실제 오닐의 삶과 그대로 일치한다. 이 극이 집필된 1916년을 전후하여 오닐은 실제로 그리니치빌리지의 아파트 셋방에서 단막극을 쓰며 견습기의 막바지를 보내고 있었다. 또한 극중 알프레드가 백만장자 부친에게 경제적 도움을 받는 것처럼, 이 시기 오닐은 흥행배우로 부를 쌓은 아버지로부터 주급 10달러의 생활비를 원조 받고 있었다. 1916년은 오닐의 문학 이력을 통해서도 매우 뜻깊은 해였다. 그해 여름 오닐은 극단 프로빈스타운 플레이어스(Provincetown Players)의 희곡 공모에 단막극 『카디프를 향해 동쪽으로 *Bound East for Cardiff*』를 제출했는데, 이는 그가 견습기를 청산하고 전업 극작가로 첫발을 대딛는 순간이었다. 『조식 전』이 오닐의 자전적 극임을 말해주는 또 다른 근거들이 작품 곳곳에서 발견된다. 극중 알프레드가 술을 탐닉하는 것처럼, 청년 오닐은 대단한 애주가였다. 그의 폭음은 15세이던 1903년에 이미 시작되었고, 프린스턴대학교 신입생이던 1906년에는 기숙사에서 프랑스산 독주 압생트(absinthe)를 병째 마시는 그의 모습이 목격되기도 했다.

앞서 말했듯이, 오닐의 모친은 차남 에드먼드의 죽음으로 인한 충격과 가책에서 자유롭지 못했다. 그녀는 죽은 자식에 대한 보상심리로 아이를 갖기 원했고, 그 결과가 유진의 출생이었다. 그럼에도 사라지지 않는 에드먼드에 대한 죄책감, 여전한 남편과의 고된 순회공연 동행, 거기에 난산의 힘겨움이 가중되면서 그녀의 육체적·정신적 고통은 악화되었다. 결국 그녀는 출산 직후 모르핀에 의존하기 시작했고 이후 평생을 정신마비 상태로 보내게 된다. 오닐의 출생이 그녀가 약물에 탐닉하게 된 일차적 원인은 아닐지라도, 작가 스스로는 모친이 그런 상황에 이른 것이 자기 탓이라는 죄책감을 버리지 못했다. 『밤으로의 긴 여로』에서 아버지 제임스가 오닐의 자전적 인물 에드먼드에게 던지는 "내가 태어나지 않았더라면"이라는 말, 어머니 매리가 남편에게 건네는 "그 애를 낳지 말았어야 했다"는 말, 그리고 최종적으로 에드먼드가 이에 수긍하며 전하는 "내가 사람으로 태어난 것은 큰 실수였다"는 말은 상기한 오닐의 자책의 감정을 표출한다. 즉 오닐은 죽은 형의 대용물이자 모친을 정신적 황폐함으로 몰고 간 자신을 태어나지 말았어야 할 혹은 '잘못 태어난'(misbegotten) 존재로 여겼다.

이처럼 모친의 약물 중독과 자신의 출생과 관련된 아픈 가족사는 오닐에게 평생의 짐이었다. 어린 나이에 시작된 그의 폭음은 모친의 경우처럼 아픈 기억에서 벗어나기 위한 일종의 도피행각으로 이해된다. 특히 프린스턴대학교를 중퇴한 1906년부터 첫 항해에 나선 1910년 사이, 오닐은 뉴욕에서 싸구려장신구 통신판매점 직원으로 일하면서 큰형 제임스를 따라 술집을 전전했으며, 항해에서 뉴욕으로 돌아온 1911년부터 다시 이어진 그의 주벽은 『조식 전』을 집필한 1916년경에는 생명을 위협하는 수준으로까지 극심해졌다. 오닐이 1934년 금주를 선언하기 전까지 술은 그의 삶에 없어서는 안 될 것이었으며, 이 시기 폭음과 술에 대한 탐닉은 오닐의 암울했던 시절에 대한 표상으로 여겨진다.

극중 알프레드가 섬망증(Delirium Tremens) 의심 환자로 아내의 수발을 받아야 하는 병약한 인물로 설정된 것 역시 오닐의 병상체험에 대한 회고기로서 성격을 갖는다.

> (조롱하듯) 당신 손 떠는 것 좀 봐! 술은 포기하는 게 나을 걸. 몸이 못 견뎌낸다니까. 당신 같은 위인이 섬망증에 딱 걸리기 십상이지. 그랬다간 인생 끝장나는 거야! (바닥을 내려다보며.) 여기 바닥 엉망인 것 좀 봐. 담배 꽁초며 담뱃재가 나뒹구는 꼴을 보라구. 재떨이는 뒀다 뭐해?
>
> -『조식 전』

실제로 오닐은『조식 전』이 출간되기 4년 전인 1912년 결핵 판정을 받고 12월부터 5개월간 요양원에 입원했다. 오닐의 극이 갖는 자서전적 성격을 감안할 때, 극중 알프레드의 병약함은 오닐의 병상 체험에 대한 전조이자 회고일 수 있으며, 아울러 극의 시간적 배경을 오닐이 요양원에 입원한 1912년 겨울 전후부터 극 집필 시점인 1916년경 사이의 어느 하루로 추정해볼 수 있다.

주목할 점은 요양원 생활이 오닐을 극작가로 거듭나게 한 중대 전환기가 되었다는 사실이다. 오닐에게 있어 5개월의 휴식은 과거를 반성하고 미래를 조망하는 값진 시간이었다. 심사숙고 끝에 극작가가 되기로 결심한 그는 유럽 극작가들을 섭렵하며 새 삶을 준비했다. 오닐이 1936년 노벨문학상 수상 연설에서 밝혔듯, 그에게 현대드라마의 비전을 제시한 스웨덴 극작가 아우구스트 스트린드베리(August Strindberg, 1849-1912)를 처음 접한 것도 요양원에서였다. 오닐은 퇴원 직후인 1913년 단막극 9편과 장막극 2편을 써내기까지 했다. 습작들의 수준을 의심한 그는 이듬해 가을 하버드대학교의 조지 피어스 베이커(George Pierce Baker) 교수에게서 극작훈련을 받기 시작했다. 극작가라는 직업에 대해 오닐이 얼마나 진지하게 생각했는지는 대학 입학허가를 받기 위해 그가 베이커 교수에게 보낸 편지 내용에서 확인

<그림 6> 조지 피어스 베이커 (1886년경)

<그림 7> 수잔 글래스펠 (1915년경)

된다. 오닐은 자신이 흔한 날품팔이 극작가가 아니라 진정한 '예술가'가 되겠다는 포부를 밝혔다. 오닐은 극작수업 1년만인 1915년 여름 그리니치빌리지로 돌아와 주점 '황금백조'(Golden Swan)를 출입하며 예술가들과 교류하기 시작했다. 이 중에는 프로빈스타운 플레이어스를 결성한 조지 크램 쿡(George Cram Cook)과 수잔 글래스펠(Susan Glaspell) 부부가 있었다. 상업극에 맞서 순수예술을 표방한 이들과의 만남은 오닐이 직업 극작가 혹은 '예술가'로서 첫발을 내딛게 된 중대한 기회였으며, 그가 희구했던 '예술적' 극작의 첫 가시적 결과가 이 극단에서 발표한 『조식 전』을 포함한 단막극들이었던 것이다.

전기 작가 노만드 벌린은 오닐이 1953년 65세를 일기로 숨을 거두었지만 '예술가' 오닐은 극작을 중단한 55세에 이미 죽었다고 말하면서, "예술가 아닌 그는 아무 것도 아니었다"고 단언한다. 마찬가지로, 예술가를 꿈꾸지만 견습작가에 불과했던 1913년경 25세 청년 오닐 역시 '아무 것도 아닌 존재'였으며, 이러한 작가의 자의식적 부재감은 『조식 전』에서 아내에 의해 쓸모없는 인간으로 폄하되는 시인 알프레드의 부재성으로 표출된다. 견습작가 오닐처럼 그는 아내의 몰이해와 생활이라는 현실적 요구 앞에서 예술적 방향성을 잃고 벌이에 연연하는 흔한 날품팔이 작가가 되어야 한다. 이러한 운명이 두려운, 그리고 예술가이기를 고집하는 알프레드는 결국 방 안에 갇힌 보이지 않는 남성으로 남는다.

오닐의 견습작가 시절은 그가 오랫동안 세상에 드러내기 꺼려했던 또 다른 개인사를 포함하는데, 바로 첫 결혼에 대한 기억이다. 오닐은 평생 세 번 결혼했다. 21세 때인 1909년 캐슬린 젠킨스(Kathleen Jenkins), 1918년(30세) 아그네스 보울턴(Agnes Boulton), 1929년(35세) 칼로타 몬트레이(Carlotta Montrey)와의 결혼이 그것인데, 특히 주목할 것은 첫 번째 결혼이다. 보울턴은 소설가이고 몬트레이는 배우였던 반면, 첫 번째 배우자인 젠킨스에 대해서는 상세히 알려진 바가 없다. 그도 그럴 것이 오닐 자신이 이 여인과의 결혼 사실을 숨기고자 했다. 분명한 것은 첫 번째 결혼이 오닐에게 행복한 생활이 아니었고, 그 자신이 가장의 책임을 심하게 방기했다는 것이다. 결국 오닐은 3년만인 1912년 10월 아내와 이혼하고 그 사이에 난 아들의 양육권도 그녀에게 넘겼다. 오닐의 가족 방치는 결혼 직후인 1910년 봄부터 시작되었다. 남미 온두라스로의 첫 해외여행에서 뉴욕으로 돌아온 오닐은 아내에게 이 사실을 알리지 않았고, 임신 중인 젠킨스는 그해 5월 홀로 아들을 출산했다. 오닐은 생후 한 달을 갓 넘긴 아들을 놔두고 6월 아르헨티나 부에노스아이레스를 향해 생애 첫 항해를 떠나는데, 이는 가족 부양의 부담에서 비롯된 도피행각으로 보인다. 오닐에게 있어 항해 체험은 견문을 넓히고 성숙해지는 기회이자 향후 그의 문학 여정에 글감을 제공할 귀중한 자산이었음에 틀림없지만, 한편 가장으로서 무책임한 선택이기도 했다. 청년기 오닐의 자유분방함을 미루어 볼 때, 그의 첫 결혼은 삶에 대한 진지한 성찰이 부족하던 철부지 시절의 충동적 행위였을 것으로 짐작된다. 오닐 자신이 첫 번째 결혼을 '실수'였다고 표현한 점은 이러한 해석에 신빙성을 더한다. 과거를 반성하고 미래를 계획하는 일은 그가 1912년 젠킨스와 이혼 직후 요양원에 입원하고 나서야 비로소 시작되었다. 오닐이 첫 결혼과 숨겨진 자식에 대해 함구하려 했던 것은, 요양기간 중 비로소 깨달은 철부지 시절의 무모함과 가장으로서의 무책임에 대한 죄책감에서 비롯된 것은 아니었을까?

흥미로운 점은 『조식 전』이 오닐이 비밀에 붙이고자 했던 첫 번째 결혼생활에 대한 극화일 수 있으며, 결과적으로 상기한 질문에 대한 답변 역시 이 극을 통해 탐색 가능하다는 것이다. 이 극이 오닐의 두 번째 결혼 시점인 1918년보다 2년이나 앞선 1916년에 집필되었음을 감안할 때, 극중 부부의 이야기는 첫 번째 결혼생활에 대한 회고일 가능성이 높다. 즉 이 극은 첫 번째 결혼기간(1908-1912년) 중의 어느 초가을 아침을 시간적 배경으로, 오닐이 요양원 생활과 베이커 교수와의 인연 직후 그리니치빌리지의 예술가들과 교류하던 무렵(1915-1916년)에 집필된 것으로 추정된다. 이러한 정황으로 보아, 극중 로랜드 부인은 오닐의 첫 부인 젠킨스를 모델로 한 것이며, 극중 부부의 갈등은 오닐의 첫 번째 결혼 체험에 대한 극화로 유추해볼 수 있다. 이러한 유추해석이 중요한 이유는 극중 부부관계에 대한 분석과 고찰을 통해 잘 알려지지 않은 오닐의 첫 부인에 대한 정보와 첫 결혼생활의 실상, 당시 오닐의 정서 상태 등을 역추적함으로써 베일에 가려진 오닐의 삶에 대한 자서전적 이해를 돕는다는 데 있다.

『조식 전』의 도입부에 묘사된 로랜드 부인의 모습을 통해, 그리고 무대에 등장한 그녀의 자태를 통해 독자와 관객은 오닐의 첫 아내 젠킨스와 대면하게 된다.

> 동그란 머리 꼭대기에 핀으로 찔러 대충 아무렇게나 고정시킨 칙칙한 머릿결. 그녀는 중키에 살이 붙어 몸매가 망가지기 시작한 여인으로, 축 처진 푸른색의 추레하고 헤진 실내복이 그녀의 볼품없는 몸매를 더욱 강조한다. 그녀의 얼굴은 아무런 표정이 없고, 작고 평범한 이목구비와 특징 없는 파란 눈을 하고 있다. 그 녀의 눈, 코, 여린 듯 악의에 찬 입가에서 삶의 옹색

> 함이 묻어난다. 이십대 초반 치곤 나이 들어 뵈는 얼굴이다.
>
> -『조식 전』

오닐의 전기를 집필한 겔브 부부(Arthur and Barbara Gelb)에 따르면, 오닐이 처음 만났을 때 젠킨스는 "크고 파란 눈에, 단정히 틀어 올린 금발머리를 한 이십 세"의 사랑스런 소녀였다. 불과 몇 년 사이 무대에 등장한 그녀는 다른 모습으로 변해 있다. 부스스 흘러내리는 머리를 핀으로 대충 고정한 그녀의 용모는 망가진 몸매를 가리고 있는 추레한 실내복만큼이나 볼품없다. 그녀의 무표정한 파란 눈은 예전의 총기를 잃었고, 그녀의 머릿결도 생기 없이 칙칙해져 있다. 이십대 초반이라 믿기 힘들 정도로 나이 들어 뵈는 그녀의 얼굴에서 옹색한 살림과 삶의 무게가 드러난다.

이어 로랜드 부인은 남편의 출신배경을 언급한다. 그녀는 재력가의 외아들에 명문대학 졸업자라는 유리한 조건을 지녔음에도 사람 구실을 못 하는 남편을 비난한다. 덧붙여 그녀는 여기저기 빚을 지고 죽은 백만장자 시아버지보다 일개 식료품상에 불과하지만 정직한 친정아버지가 훨씬 낫다고 주장한다. 친정식구를 두둔하는 그녀의 태도는 분명 자신의 출신배경에 대한 자부심 또는 자존심을 표출하고 있으나, 반면 남편 알프레드에 대한 계급적 열등감을 은연중 드러낸다.

> 이 모든 생활 이젠 지긋지긋해. (…) 당신 같은 인생 실패자가 또 있을까. 백만장자 로랜드 가문의 외아들, 하버드 졸업생, 시인, 최고의 신랑감, 그게

당신이라니 세상에! (…) 우리 결혼생활은 어떠했던가, 말 좀 해봐. 대단하신 '백만장자' 아버님께서 세상 모든 사람에게 빚을 지고 세상을 떠나기 전부터도 당신이란 사람은 자기 아내한테 요만큼의 시간도 낭비하는 일이 없는 위인이었어. (…) 당신은 그 잘난 친구들 앞에서 나를 창피해했어. 울 아빠가 일개 식료품상이라는 이유 때문에. 당신은 그런 인간이야. 울 아빠는 최소한 정직해. 사람들이 당신 아버지에 대해 뭐라 말하든, 이 점만큼은 울 아빠가 낫다구.

-『조식 전』

부인의 언급은 오닐의 첫 아내 젠킨스의 출신배경이 문학적·문화적 소양을 갖춘 두 번째, 세 번째 아내의 경우와 매우 대조적이었음을 가늠케 하며, 그로 인해 그녀가 남편 오닐에 대해 가졌을 계급적 열등감을 드러낸다. 한편 부인의 말은 극중 알프레드가 가문의 기대에 부응하지 못한 자신에 대해 가졌을지 모르는 열등감과 자괴감을 표출하기도 하는데, 이는 오닐이 부모에 대해 가졌던 불편한 감정—흥행배우인 아버지에 대한 열등감과 그의 인색함에 대한 증오, 약물에 중독된 어머니에 대한 죄책감—을 오롯이 투영한다.

한편『조식 전』의 중간부에 로랜드 부부의 아픈 가족사가 언급되기도 하는데, 그것은 자식의 죽음이다. 그녀는 신혼초기 부부의 결혼을 인정하지 않던 시아버지가 돈으로 회유하여 부부를 떼어놓으려 한 사실을 언급하면서 이에 대해 어정쩡한 태도로 일관했던 남편을 매도한다. 남편의 무책임한 태도에 대한 부인의 비난은 출산 중인 아내 곁을 지키지 못한 남편의 과오에 대한 언급에서 절정에 달한다. 설상가상 태어나자마자 죽어버린 아이의 운명은 남편에게 씻을 수 없는 죄책감을 안겨주었을 것이다. 그런 이유로 "그 불쌍한 것이 죽어 태어난 것이 오히려 다행이다"라는 부인의 한마디는 가장으로서 알프레드의 무책임과 죄책감을 환기시킴과 동시에 "그런 아버지였던" 그의 현존재를 각인시키는 강력한 무기가 된다.

극중 자식의 죽음에 대한 언급은 오닐의 첫 번째 결혼생활과도 관련이 있다. 앞서 언급했듯이, 오닐은 젠킨스와의 사이에 아들 유진(Eugene O'Neill, Jr. 1910-1950)을 낳았고 이혼과 함께 아내에게 아들의 양육권을 넘겼다. 아들은 철학자로 성장해 대학교수가 됐으며 40세의 젊은 나이에 자살로 생을 마감했는데, 이는 오닐이 사망하기 3년 전의 일이었다. 극중 자식의 죽음은 아이러니하게도 훗날 오닐이 실제 겪게 될 아들의 죽음에 대한 전조가 된다. 극중 자식이 태어나자마자 죽게 되는 설정은 부친이 그랬던 것처럼 자신도 가장의 책임을 유기하고 말았다는 오닐의 죄책감이 극대화되어 투영된 것으로 보인다. 아버지 없이 태어나 결국 아버지에게서 버림받은 유진 2세는 자살로 생을 마감하기 전부터 이미 자신을 오닐의 형 에드먼드처럼 죽은 것과 다름없는 존재로 여겼을 지도 모른다. 이처럼 극중 죽은 자식에는 오닐의 죽은 형 에드먼드와 그가 방치했던 첫 아들 유진의 이미지가 중첩된다.

아울러 극중 죽은 아이에 대한 언급은 오닐이 형 에드먼드에게 가졌던 애증의 감정을 투영한다. 앞서 말했듯 오닐은 형 대신 삶을 영위하고 있다는 죄책감과 동시에 자신을 대용물로 전락시킨 형에 대한 원망을 버리지 못했는데, 이 복잡한 심경 속에서 오닐은 스스로를 '태어나지 말았어야 할 존재'

로 여겼다. 오닐의 비관적 자아 인식은 극중 죽은 아이의 존재로 투영되고 나아가 작가의 분신인 알프레드의 자살로 결말지어진다. 극중 로랜드 부인이 죽은 아이를 떠올리며 던지는 "죽어 태어난 게 차라리 다행"이라는 말은 오닐, 알프레드, 죽은 자식을 한데 묶어주는 '잘못 태어난 존재' 혹은 '불출'(不出: the misbegotten)의 정체성을 환기시킨다. 이처럼 극중 부부의 죽은 자식에 대한 언급은 오닐의 형 에드먼드에 대한 애증의 감정에서 비롯된 비관적 자기 정체성, 청년 시절의 방탕과 방종의 삶, 그가 그토록 증오했던 아버지처럼 자신도 자식과 가정을 유기하고 말았다는 자괴감과 부인에 대한 죄책감, 경제적 필요에 의해 숭고한 예술성을 희생시킬 위기에 처한 견습작가 시절의 불안과 절망감을 투영한다.

상처받은 영혼들에 대한 동정과 인간애

『조식 전』은 알프레드의 자살로 막을 내린다. 직접 목격할 수 없으므로 로랜드 부인의 반응과 사건의 정황을 통해 추측해야 하는 것이지만, 오닐 학자와 비평가들은 극의 결말을 알프레드의 자살로 보는데 이견이 없다. 침실에서 면도 중이던 남편은 끝없는 아내의 질타와 책망을 견디다 못해 결국 면도날로 목숨을 끊게 되며, 이것이 어느 햇볕 좋은 초가을 아침 부부가 맞게 되는 '조식 전'의 마지막 풍경이다.

(옆방에서 숨 막히는 신음이 들린다.) 또 베인 거유? 꼴좋네 … (일어나 앞치마를 벗는다.) 자, 난 서둘러 나가 봐야 해. (투정하며.) 가장 노릇 신세라니! 당신 빈둥거리는 꼴 더 이상은 못 참아. (무슨 소리에 그녀는 말을 멈추고 귀를 기울인다.) 저런! 방을 온통 물바다로 만드신 게로군. 아니라는 말 말아. 바닥에 물 떨어지는 소리 다 들리니까. (그녀의 표정에 어렴풋한 불길함이 스민다.) 알프레드! 왜 대답이 없어? (방 쪽으로 천천히 이동한다. 의자가 뒤집히는 소음과 함께 뭔가 쿵 하고 바닥에 떨어지는 소리가 난다. 그녀 두려움에 떨며 서 있다.) 알프레드! 알프레드! 대답해! 뭘 떨어뜨린 거야? 아직 술이 덜 깬 거야? (그녀는 불안감을 더 이상 견디지 못하고 침실 문으로 달려간다.) 알프레드! (그녀 기겁하여 꼼짝달싹 않고 문가에 서서 방안의 바닥을 내려다본다. 이윽고 그녀는 비명을 지르며 다른 문으로 내달려 빗장을 끌러 광포하게 문을 열어젖히고는 바깥 통로를 향해 미친 듯 소리를 지르며 달려 나간다. 막 내린다.)

-『조식 전』

대부분의 오닐 학자와 비평가들은 극단적 선택을 한 알프레드에게 동정의 시선을 견지한다. 이 극을 '악처에 의해 자살로 내몰린 한 남자'의 이야기로 결론짓는 입장은 이러한 정서를 대변한다. 결혼은 알프레드를 파멸과 죽음으로 이끄는 '변덕스런 힘'이다. 분별없이 결정한 결혼은 그를 술과 방탕이라는 일시적 도피처로 탐닉하게 했고, 그를 가난과 병으로 내몰았다. 더 이상 도망갈 곳 없는 알프레드는 자살이라는 마지막 선택을 통해 '변덕스런 힘'과의 인연을 끊는다. 극중 알프레드가 기거하는 방은 더 이상 도망할 곳 없는 막다른 상황에 대한 상징이며, 알프레드 부인은 그를 죽음으로 몰고 가는 '변덕스런 힘'의 상징이 된다. 결과적으로 '당하는' 입장에 선 알프레드는 관객으로부터 동정을 사게 된다.

알프레드의 자살은 실제 오닐의 자살기도를 모티브로 한 것으로 보이는데 이 사건 역시 젠킨스와의 결혼생활 중 발생한 일이다. 9개월의 부에노스아이레스 생활을 마치고 1911년 4월 뉴욕에 도착한 오닐은 가정을 방치한 채 또 다시 배를 타고 남아프리카 더반(Durban)으로 항해를 떠났다. 그 해 10월 맨해튼으로 돌아온 오닐은 여전히 가정에 정착하지 못하고 술집을 전전하던 중, 단골술집 '지미 더 프리스츠'(Jimmy the Priest's)에서 수면제 과다 복용으로 자살을 기도했다가 친구들의 도움으로 간신히 살아났다. 방랑벽에 걸림돌이 되었을 가족의 존재와 가장의 부양 책임에 대한 부담이 오닐에게 견디기 힘든 짐이었던 것으로 보인다. 오닐의 분신인 알프레드 경우에도 예술적 이상의 발목을 잡는 생계라는 현실이 그를 죽음의 도피로 이끈다. 알프레드가 체감하는 결혼생활의 힘겨움은 죽음을 불사할 만큼 견디기 힘든 것이다. 실제 오닐의 삶도 알프레드의 삶과 다를 바 없었다. 오닐의 가족과 동료가 증언하듯, 그의 자살기도는 힘겨운 결혼생활에 대한 심적 고통에서 비롯되었다.

『조식 전』에는 이처럼 오닐의 1912년 요양원 입원을 기점으로 나뉘는 전후의 두 자전적 상황이 교차하고 혼융된다. 첫 번째 상황은 청년기의 방탕과 방종, 결혼생활의 굴레, 방랑벽과 가정의 방치, 자살기도와 이혼, 그리고 발병으로 점철된 암울한 삶이다. 두 번째 상황은 이 극을 집필하던 1916년 무렵까지 작가가 키워온 예술에 대한 열망—요양원에서 싹 터 베이커 교수와의 극작수업을 통해 구체화되고, 프로빈스타운 플레이어스와의 만남을 통해 실현된—이 지배하는 삶이다. 그 결과는 술에 찌들고 병약하며, 가장의 책임과 예술적 이상 사이에서 방황하다 자살로 생을 마치는 작가 알프레드의 모습으로 수렴된다. 바닥에 쓰러져 주검이 된 알프레드와 겁에 질려 밖으로 도망치는 아내의 장면으로 극을 마감하는 방법을 통해, 오닐은 첫 번째 결혼생활과 맞물린 떳떳하지 못한 개인사에 대해 독자의 이해를 도모함으로써 오랜 마음의 짐을 떨어내고자 하는 속내를 드러낸다. 오닐은 알프레드를 경제적 필요에 의해 예술 정신을 희생시켜야 하는 '위기의 작가'로 설정하고, 그에게 자전적 모습을 투영시킴으로써 견습작가 시절의 복잡한 심경을 토로한다.

『조식 전』의 알프레드는 견습작가 시절 오닐을 빼닮았다. 폭음, 병약함, 성급한 결혼과 처자식의 유기, 자살기도. 무대에서 말이 없는 알프레드처럼 오닐 역시 말이 없고 내성적이고 소심한 사람이었다. 극중 커피를 받기 위해 내미는 '섬세하고 가는 손가락'의 가녀린 떨림을 통해 추측되는 알프레드의 외모는 실제 오닐의 모습을 통해 구체성을 띤다. 오닐은 중간 체구에 홀쭉하고 깡마른 얼굴에 우울함이 깊게 밴 우수에 찬 눈빛을 지닌 남자였다. 방 안에 갇혀 모습을 드러내지 않는 알프레드처럼 극작가로 데뷔할 무렵 오닐은 '신비한 기질'을 지닌 청년이었다. 이와 관련하여, 극의 1916년 겨울 초연 당시 오닐 자신이 알프레드 역으로 무대에 섰다는 사실은 두 인물 간의 상호반영 가능성에 무게를 더해준다. 이 극을 집필할 무렵 오닐은 애초부터 자신의 캐스팅을 염두에 두었을 가능성도 배제할 수 없다. 결과적으로 극중 잠깐 스치듯 보이는 알프레드의 '파리하고 연약한 예술가의 손'을 실제 무대에서 제공한 이는 다름 아닌 오닐 자신이었던 것이다.

오닐은 자전적 인물 알프레드를 시종일관 동정적인 인물로 극화함으로써 그가 처한 상황에 대해 관객의 이해를 유도하는 한편, 이 가상 인물에 대한 관객의 동정과 이해를 자신의 몫으로 환원시킴으로써 첫 번째 결혼시절 그의 과오와 그로 인한 죄책감에 대해서도 독자의 이해를 끌어내고자 한다. 오닐은 한 인터뷰에서 자신이 극을 쓰는 이유와 극을 통해 독자와 관객이 얻었으면 하는 바를 밝혔는데, 그것은 바로 세상의 모든 '불운하고 상처받고 억압받는' 자들에 대한 대중의 동정과 인간애였다.

> 나의 관심은 오직 인간애다. 나는 동정심을 일으키고자 한다. 불운한 사람들, 상처받은 사람들, 억압받는 사람들을 위해서. (…) 사람들이 내 극들 중 한 편을 보고 자기보다 불행한 사람들에 대해 일말의 동정의 마음을 안고 극장을 나선다면 난 그로 만족한다.
>
> -『조식 전』

오닐은 극중 자전적 인물의 부재성을 빌어 자신에 대한 세상의 동정과 인간애를 호소한다. 알프레드와 마찬가지로, 청년기 오닐 역시 짐, 고통, 약점으로 점철된 생의 낙오자이자, 동정의 시선으로 바라보고 따스한 인간애로 보듬어주어야 할 불운하고 상처받은 불쌍한 영혼이기 때문이다. 아울러 발병과 요양원 생활, 과거에 대한 반성, 극작에 대한 결심, 프로빈스타운 플레이어스와의 만남

등 오닐에게 있어 인생의 전환기를 메우는 일련의 사건들을 고려할 때, 『조식전』은 극작가로 삶을 시작하는 시점에서 오닐이 지난날을 정리하며 쓴 회고의 극이다. 또한 이 극은 일탈과 방황, 가정의 유기, 등 불우했던 무명작가 시절의 '흑역사'에 대한 반성적 자기고백이다. 마지막으로 이 극은 모친과 죽은 형에 대한 죄책감, 아내와 자식에 대한 가책, 날품팔이 작가와 예술가의 기로에 선 불우한 시절의 방황과 과오에 대한 죄책감을 떨어내려는 '씻김'(exorcism)의 극으로 여겨진다.

* 이 글은 『영어영문학』 58권 2호(2012년)에 게재된 논문 「부재의 연극성: 『조식 전』에서 남성 정체성과 오닐의 자기반영」을 다듬어 정리한 것이다.

유진 오닐 주요작품연보

장막극

1914 『빵과 버터 *Bread and Butter*』

1914 『노역 *Servitude*』

1919 『지평선 너머 *Beyond the Horizon*』

1921 『안나 크리스티 *Anna Christie*』

1921 『황제 존스 *The Emperor Jones*』

1922 『털북숭이 원숭이 *The Hairy Ape*』

1924 『모든 신의 자식들은 날개를 가졌다 *All God's Chillun Got Wings*』

1924 『느릅나무 밑의 욕망 *Desire Under the Elms*』

1926 『라자루스 웃다 *Lazarus Laughed*』

1926 『위대한 신 브라운 *The Great God Brown*』

1928 『이상한 막간극 *Strange Interlude*』

1929 『다이나모 *Dynamo*』

1931 『상복이 어울리는 엘렉트라 *Mourning Becomes Electra*』

1946 『얼음장수 오다 *The Iceman Cometh*』

1956 『밤으로의 긴 여로 *Long Day's Journey into Night*』

해양 단막극

1914 『카디프를 향해 동쪽으로 *Bound East for Cardiff*』

1917 『먼 귀항 *The Long Voyage Home*』

1918 『카리브해의 달 *Moon of the Caribbees*』

기타 단막극

1913 『아내와 바꾼 사랑 *A Wife for a Life*』

1913 『그물 *The Web*』

1913 『무모한 운전 *Recklessness*』

1913 『갈증 *Thirst*』

1913 『경고 *Warning*』

1914 『안개 *Fog*』

1914 『낙태 *Abortion*』

1914 『무비맨 *The Movie Man*』

1916 『조식 전 *Before Breakfast*』

1917 『고래 *Ile*』

1918 『몽아 *The Dreamy Kid*』

1918 『밧줄 *The Rope*』

1919 『씻김 *Exorcism*』

1961 『휴이 *Hughie*』

참고문헌

Berlin, Normand. *Eugene O'Neill*. London: Macmillan, 1982.

Bird, Carol. "Eugene O'Neill: The Inner Man." *Theatre* 39 (1924): 9, 60.

Byrd, Robert E. "Unseen, Unheard, Inescapable: Unseen Characters in the Dramaturgy of Eugene O'Neill." *Eugene O'Neill Review* 24.1&2 (2000): 20-27.

Cargill, Oscar, N. Bryllion Fagin, and William J. Fisher. *O'Neill and His Plays: Four Decades of Criticism*. New York: New York UP, 1961.

Carpenter, Frederick I. *Eugene O'Neill*. New York: Twayne, 1964.

Gelb, Arthur, and Barbara Gelb. *O'Neill*. New York: Harper & Row, 1962.

Grecco, Stephen R. "High Hopes: Eugene O'Neill and Alcohol." *Yale French Studies* 50 (1974): 142-49.

Miller, Jordan Y. *Eugene O'Neill and the American Critic: A Summary and Bibliographical Checklist*. Hamden & London: Archon Books, 1962.

O'Neill, Eugene. "Before Breakfast" (1916). *The Provincetown Plays, Third Series: The Two Sons, Liman Beans, Before Breakfast*. New York:

Frank Shay, 1916. 193-207.

______. *Long Day's Journey Into Night*. New Haven: Yale UP, 1956.

Sheaffer, Louis. *O'Neill: Son and Playwright*. Boston: Little, Brown and Company, 1968.

그림 출처

<그림 1> 1924년 3월 17일자 〈타임〉지 표지에 실린 오닐의 사진, http://content.time.com/time/covers/0,16641,19240317,00.html

<그림 2> 유진 오닐, https://en.wikipedia.org/wiki/Eugene_O%27Neill

<그림 3> 그리니치빌리지 (1913년경), https://www.pinterest.com/pin/575194183637235816/

<그림 4> 『밤으로의 긴 여로』 브로드웨이 데뷔 공연 포스터 (1956년), https://en.wikipedia.org/wiki/Long_Day%27s_Journey_into_Night

<그림 5> 『카디프를 향해 동쪽으로』 무대 작업 중인 오닐, 가장 왼쪽 (1916년), http://www.provincetownplayhouse.com/history.html

<그림 6> 조지 피어스 베이커 (1886년경), https://en.wikipedia.org/wiki/George_Pierce_Baker

<그림 7> 수잔 글래스펠 (1915년경), https://en.wikipedia.org/wiki/Susan_Glaspell

5. 말은 사라지지만 글은 영원히 사라지지 않으리라

가오미(高密)를 사랑했던 모옌(莫言)의 문학세계

<그림 1> 『홍까오량 가족』을 원작으로 한 영화 《붉은 수수밭》 포스터. 1987년.

5. 말은 사라지지만 글은 영원히 사라지지 않으리라

가오미(高密)를 사랑했던 모옌(莫言)의 문학세계

이 혁

중국 최초의 노벨 문학 수상자

2012년 가을, 스웨덴의 한림원으로부터 노벨 문학상 수상자의 소식이 전해졌다. 그는 일본의 무라카미 하루키와 우리나라의 고은 시인과 함께 유력한 노벨 문학상 수상 후보 중 한 명이었던 중국의 소설가 모옌(莫言)이었다. 스웨덴 한림원은 2012년 노벨 문학상 선정 이유를 다음과 같이 밝히고 있다.

모옌은 옛 중국문학과 구전 전통에서 출발점을 찾는 동시에 환상과 현실, 역사적 관점과 사회적 관점을 혼합함으로써 그 복잡성의 측면에서 윌리엄 포크너와 가브리엘 가르시아 마르케스의 작품에 담겨 있는 세계를 연상케 하는 하나의 세계를 창조해 냈다.

국내 언론의 기사마다 모옌의 노벨상 수상 선정 이유를 환상적 리얼리즘(Hallucinatory Realism)을 민간 구전 문학과 역사, 그리고 동시대와 융합시켰다고 전했고, 단어의 표현은 조금 다르지만, 그 외 '환상적 사실주의', '매직 리얼리즘', '마술적 리얼리즘' 기법을 소설에 잘 접목시킨 것으로 평가하였다. 중국 기사 역시도 '마환현실주의(魔幻現實主義)', '허환현실주의(虛幻現實主義)'라는 표현으로 그 맥을 같이하였다. EBS 교육방송의 노벨 문학상 강연 방송에서는 "민간 설화와 역사, 현대사를 결합해 '환상적 사실주의'를 이룬 것으로 평가받아 노벨 문학상을 수상하게 되었다고 전하고 있다." 해외 기사에서는 〈퍼블리셔스 위클리 *Publishers Weekly*〉가 만약 중국에 카프카가 있다면, 그는 단연코 모옌일 것이며, 카프카처럼 모옌 또한 다양한 시각과 창조적 상상력, 교묘한 변형을 통해 현재 사회를 시험대 위에 올리는 능력을 갖추었다고 기사화했으며, 〈타임〉(*Time*)지는 모옌은 수많은 단편소설과 장편소설에서 마술적 사실주의와 통찰력 있는 풍자를 맛깔나게 버무려 지난 세기의 중국 사회 현실의 문제를 날카롭게 꼬집고 있다고 말했다.

중국인으로서는 이미 지난 2000년 중국 태생의 가오싱젠(高行健)이 노벨 문학상을 받은 적이 있기는 하지만 그는 프랑스 국적을 취득했기 때문에 중국 국적으로 노벨 문학상을 수상한 사람은 모옌이 최초이다. 비록 국적은 다르지만 중국이 2000년대 들어와 두 명의 노벨상 수상자를 보유했다는 것은 우리나라의 입장에서 보면 부러움의 대상이자 질투의 대상이 될 수도 있다. 노벨 문학상을 수상한 모옌의 작품은 수상하기 이전부터 우리나라에 번역된 작품이 꾸준히 출판되었으나, 큰 호응은 받지 못했다. 비록 노벨상 수상 후광으로 모옌의 소설을 찾는 모옌 소설 붐이 잠깐 일었지만 아직도 우리나라의 독자들에게 모옌의 소설, 나아가 중국문학은 여전히 낯설기만 한 먼 산이다. 모옌과 모옌의 소설 작품을 통해 중국문학과 한 걸음 더 친해지기를 바라면서 모옌의 문학세계를 소개해 본다.

입은 있지만 말하지 않는 아이

<그림 2> 작가 모옌의 인물 사진.

모옌은 1955년 중국 산둥성(山東省) 가오미현(高密縣) 허야구(河崖區) 다란향(大欄鄉) 핑안촌(平安村)의 가난한 농촌 가정의 서쪽 방에서 태어났다. 정원이 딸린 옛 집에는 두 개의 방과 방 옆으로 돼지우리와 화장실이 딸려 있다. 본명은 관모예(管謨業)이나 글로만 뜻을 표현할 뿐 '말하지 마라!'는 뜻의 모옌이란 필명을 쓴다. 모옌의 어머니는 그에게 항상 말을 줄이라고 하면서 과묵하고 침착하며 대범한 아이가 되길 바라셨다고 한다. 모옌의 소설 「소 牛」에는

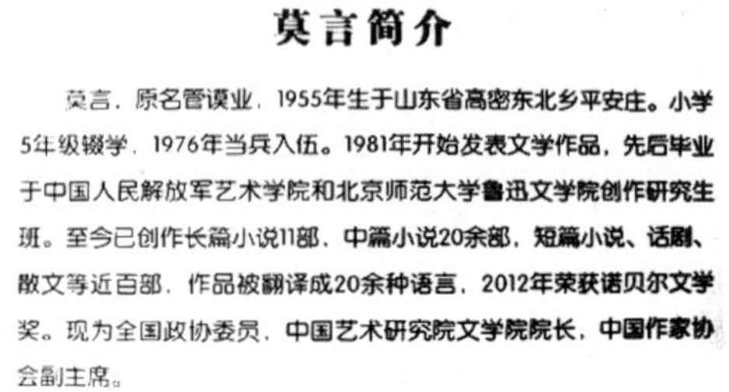

莫言简介

莫言，原名管谟业，1955年生于山东省高密东北乡平安庄。小学5年级辍学，1976年当兵入伍。1981年开始发表文学作品，先后毕业于中国人民解放军艺术学院和北京师范大学鲁迅文学院创作研究生班。至今已创作长篇小说11部，中篇小说20余部，短篇小说、话剧、散文等近百部，作品被翻译成20余种语言，2012年荣获诺贝尔文学奖。现为全国政协委员，中国艺术研究院文学院院长，中国作家协会副主席。

<그림 3> 가오미 모옌 문학관에 소개된 모옌 약력

말이 많아 마을 사람들에게 미움 받는 아이가 나오는데 그것 역시도 모옌의 유년 시절이 반영된 이야기이다. 어쩌면 그의 필명이 모옌인 것은 중국의 시대적 아픔과 맥락을 같이 하고 있을 지도 모른다. 말을 하고 싶어도 말할 수 없는 시절에 태어나고 자라왔기에, 말하고 싶은 것이 있어도 말하지 말라는 뜻을 담고 있다.

초등학교 5학년 때 문화 대혁명이 일어나자 학업을 중단하고 귀향하여 수년간 농촌 생활을 하다가 소학교를 중퇴한 뒤 열여덟 살이 되던 해에 면화 가공 공장에서 직공으로 일했다. 1976년 스무 살이 되자 고향을 떠나 중국 인민해방군에 입대해 군 복무 중 문학에 눈을 뜨기 시작하면서 1978년 소설을 처음으로 쓰기 시작했다. 1984년 해방군 예술 학원 문학과에 입학하여 본격적인 문학 수업을 받았으며, 1986년에 문학과를 졸업하였다. 이후 베이징사범대학교와 루쉰 문학창작원에서 문학 석사 학위를 받았다.

1981년 문학 격월간지 『연지 蓮池』에 단편소설 「봄밤에 비는 소리 없이 내리고 春夜雨霏霏」를 발표한 후 왕성한 작품 활동을 펼치기 시작하며, 1984년 발표한 「황금색 빨간 무 金色的紅蘿卜」가 좋은 평가를 얻게 되면서 문단의 주목을 받기 시작한다. 이후 이 책은 루쉰 문학상 수상 작가 쉬화이중(徐懷中)이 좋은 작품이라 찬사를 보내며 제목을 1985년에 「투명한 빨간 무 透明的紅蘿卜」로 개작한다. 1987년 대표적인 장편소설 『홍까오량 가족 紅高粱家族』을 발표해 중국 문학계에 반향을 일으켰고, 그 작품의 일부분을 장이머우(張藝謀) 감독이 영화《붉은 수수밭》으로 제작해 1988년 베를린 영화제에서 황금곰상을 수상했다. 이는 모옌의 작품이 전 세계 20여 개국으로 번역 출간되는 계기가 되었으며 이후 장편소설『톈탕 마을 마늘종 노래 天堂蒜薹之歌 (1988)』,『열 세 걸음 十三步 (1988)』,『술의 나라 酒國 (1993)』,『풀 먹는 가족 食草家族 (1993)』,『풍유비둔 豊乳肥臀 (1995)』,『탄샹싱 檀香刑 (2001)』,『사십일포 四十一炮 (2003)』,『인생은 고달파 生死疲勞 (2006)』 등을 발표하였고,『환락 歡樂』,「꽃을 품은 여자 懷抱鮮花的女人」,「폭발 爆炸」,「사부님은 갈수록 유머러스해진다 師傅越來越幽默」 등의 중편소설과「백구와 그네 白狗秋千架」,「메마른 강 枯河」,「엄지 수갑 拇指銬」,「빙설 미인 氷雪美人」 등의 단편소설을 발표하며 활발한 활동을 보여주고 있다. 위의 작품들 중「사부님은 갈수록 유머러스해진다」는 2000년도 장이머우 감독에 의해 영화《행복한 날들 幸福時光》로 제작된 바 있고,「백구와 그네」는 2003년도 훠젠치(霍建起) 감독에 의해 영화《놘暖》으로 제작되었다.

가오미 둥베이 향의 토종개는 워낙 온순한 성격에 색이 흰 커다란 개들이었지만 여러 대를 거치고 나서는 이제 순종을 찾아보기가 힘들어졌다. 지금 농가에서 기르고 있는 개들은 거의 대부분이 잡종이다. 간혹 흰 털을 가진 개들을 볼 수도 있지만 대부분 몸의 한 부분에 다른 색 털이 섞여 있어 혼혈임을 알 수 있다. 그러나 잡색 털이 적고 그리 눈에 띄는 부분이 아니라면 사람들은 그냥 습관적으로 '백구'라고 부르지 구태여 어느 품종인가를 따지지 않는다.

-「백구와 그네」 중에서

모옌은 다양한 중국의 문학사조 가운데 뿌리찾기문학(尋根文學), 선봉문학(先鋒文學, 전위파), 신역사주의문학(新歷史主義文學)의 작가로 분류된다. 모옌의 작품 성격상 어느 특정한 문학사조로 분류하기 어려운 것이 사실이다. 모옌 소설은 독특한 개인적 풍격을 지닌 신화세계와 언어세계를 형성했으며, 그 독특한 감각으로 현대 중국어에 주목할 만한 왜곡과 변형을 더해 독특한 개인 문체를 만들었으며 시의 언어를 소설에 도입하였다고 천쓰허는 평가하고 있다. 일부에서는 굳이 현대 중국의 문학사조로 따져 본다면, 1985년부터 다시 불어오기 시작한 서구 모더니즘의 여향을 받은 선봉문학 계열의 작가로 보는 면도 있다. 사회주의 리얼리즘은 물론이고 신시기 초기 상흔(傷痕)문학과 반성(反思)문학에

<그림 4>『홍까오량 가족』 국내 번역판

<그림 5>『紅高粱家族』

<그림 6> 영화로 각색된 《붉은 수수밭》

서 벗어나 '삶의 문제'를 주제로 한 문학 본연의 사명으로 돌아가는 한편 「붉은 수수」의 경우처럼 전통적인 서술방식보다 의식의 흐름 기법이나 판타지 기법을 활용하고, 나아가 『인생은 고달파 生死疲勞』에서 볼 수 있는 중국의 전통적인 소설 형식인 내용이 긴 이야기를 여러 장(章)이나 회(回)로 나누어 서술한 장회체를 사용하여 새롭고 다양한 실험적인 형식을 추구했다는 점에서 그러한 문학사조로 분류할 수 있다.

모옌의 작품을 살펴보면 우리나라의 독자들에게 비교적 잘 알려진 『홍까오량 가족』은 제임스 조이스의 『율리시스 *Ulysses*』와 같이 일종의 의식의 흐름을 따라 소설의 플롯이 전개된다. 이야기인 화자인 '나'의 아버지와 할아버지가 일본군을 습격하러 나서는 장면에서 시작된다. 두 명이 일본군을 맞으러 가는 길에는 온통 붉은 수수로 가득하다. '나'의 어머니와 아버지를 비롯하여 가족들은 모두 고량주 만드는 일을 한다. 나아가 마을 전체, 씨족 전부가 고량주 만드는 일을 하는데, 붉은 수수는 만병통치의 약이자, 영혼의 양식이었다.

모옌의 소설에 단골로 등장하는 주술적이고 몽환적이면서 환각적인 이야기도 몇 군데 등장한다. 열여덟 번 칼에 찔리고도 '붉은 여우'의 영험으로 목숨을 건진 노인, 족제비 귀신에 씌어 죽은 후에도 광적인 행동을 계속했던 둘째 할머니, 죽은 지 2년이 지나 치러진 장례식을 위해 시체를 파내던 순간에 아버지가 보았다는 '눈부신 할머니의 모습'들까지 어느 부분이 진실이고, 어디부터가 환각인지 구분하기 어려운 모호함이 오히려 이야기의 신빙성을 높이는 기묘한 효과를 만드는 작품이다.

이 작품이 장이머우 감독에 의해 영화 《붉은 수수밭》으로 만들어지고 베를린 영화제에서 황금곰상을 수상한 후 가오미 정부는 허야에서 핑안춘까지의 거리 이름을 '붉은 수수거리'라고 지었다. 현지의 한 상인은 거기에 한 수 더 떠서 『홍까오량 가족』 속의 할머니인 '쥬얼(九兒)'의 이름을 따서 술을 생산했다.

이 책의 번역자는 『홍까오량 가족』은 중국 대륙의 근현대사를 엮는 산둥성 가오미 둥베이향을 주 무대로 다루고 있지만 가난으로 얼룩진 농민들의 애환을 다룬 것이 아니라 이 고장 사람들의 현실관과 내세관 그리고 우주관을 보여주는 작품이라는 측면에서 모옌의 그 어느 작품보다 작가의 세계관과 인생관을 뚜렷하게 나타내 보이고 있는 작품이라고 평가하고 있다.

술의 나라에서 산아제한까지

모옌의 또 다른 환각적 리얼리즘 소설인 『술의 나라 酒國』는 크게 세 가지 이야기로 구성되어 있다. 국내에는 2003년에 2권의 책으로 나뉘어 번역되어 출간되었다. 아이를 잡아먹는 쥬궈시(酒國市)를 소재로 한 소설가의 소설과 쥬궈시에서 술에 관한 박사 학위논문을 준비하는 학생 리이더우(李一斗)와 가상의 모옌이 주고받는 편지, 그리고 리이더우의 습작 소설 8편 등이 환상적이고도 복합적으로 그려진다.

이야기의 주요 무대인 쥬궈는 중국의 경제 개방정책 이후에 온갖 독특한 술과 요리를 개발해 부를 축적해가는 도시다. 이 작품의 중심축이 되는 소설 속 모옌(가상인물)의 소설은 쥬궈시에서 어린아이를 요리해 먹는다는 소문의 진상

<그림 7>『술의 나라 1』
국내 번역판

<그림 8>『술의 나라 2』
국내 번역판

<그림 9>『술의 나라(酒國)』
원서

을 파악하기 위해 파견되는 검찰청 수사관 딩걸(丁鉤兒)의 이야기다. '딩걸'이라는 인물은 영웅적인 수사관의 모습과는 조금 다르다. 선을 구하고 악을 벌해야 할 그가 믿는 건 자신의 가방에 있는 권총 한 자루뿐이다. 하지만 쥬궈시에 도착하기도 전에 그는 자신의 분신인 권총을 잃어버린다. 이후 그는 점차 자신감을 잃어가지만, 장난감 총을 진짜 총인 체하며 내세우는 인물인 쥬궈시의 고위 간부들과 접촉하는 데 성공한다. 그들은 그를 맞이하여 술로 유명한 도시답게 끊임없이 술을 권하고 음식을 대접한다. 하지만 달콤한 술은 그의 자제력을 빼앗고 맛있는 음식은 주의력을 만들었다. 그리하여 그는 어린아이를 주재료로 한 문제의 요리인 치린쏭즈(麒麟送子)를 먹고 만다. 만취 상태에서 깨어난 그는 자신이 치린쏭즈를 먹었다는 사실에 괴로워하다 술을 마시게 되고 결국 환각 상태에 빠져 황망하게 생을 마감한다.

이 작품은 현실주의 문학에서 크게 벗어나 환각적 리얼리즘의 문학관을 추

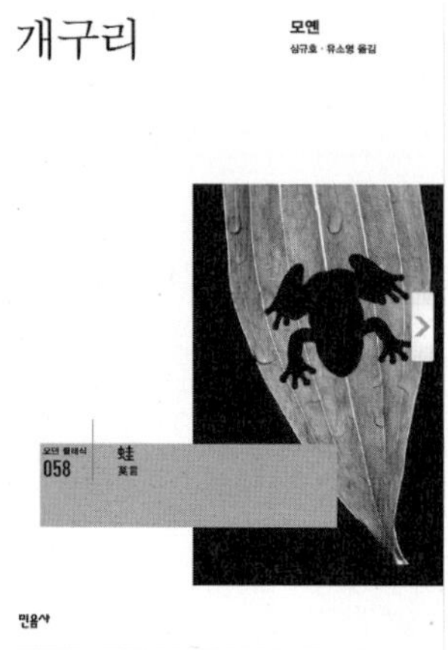

<그림 10>『개구리』 국내 번역판

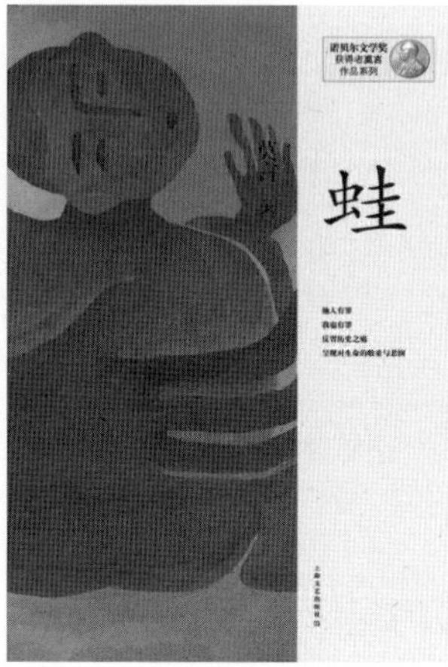

<그림 11> 노벨문학상 수상 이후 재출판된『蛙』

구한다. 작품에 등장하는 주요 인물인 딩걸은 실제 모옌에 뿌리를 두고 있는 가상의 모옌으로 아이들을 잡아먹는 한 광산촌의 풍경을 희화적으로 그려내었다. 마치 루쉰의 광인일기에서 미치광이가 아이들을 잡아먹는 장면이 떠오를 법한 작품이라고 할 수 있다.

또 다른 작품인『개구리 蛙』는 "생명의 본질을 추구하면서 인간성에 대한 뜨거운 사랑을 보여 주는 작품"이라는 찬사를 받으며 2011년 마오둔 문학상(茅盾文學賞)을 수상하였다. 마오둔 문학상은 4년에 한 번 시상하며, 루쉰 문학상(魯迅文學賞)과 함께 중국의 대표적인 문학상이다.

『개구리』는 중국의 산아제한 정책인 '계획생육(計劃生育)'의 실무자로서 농촌 마을을 돌아다니며 임산부를 납치해 강제로 임신중절수술을 해야 했던 한 산부인과 의사의 이야기이다. '계획생육'이란 중국에서 만혼(晩婚), 만육(晩育), 소생(小生), 우생(優生)을 통해 계획적으로 인구를 통제하자는 정책이다. 다시 말해서

한 가정에 한 자녀만을 낳아 잘 기르자는 한 자녀 정책이라고 할 수 있겠다.

모옌은 중국에서 가장 많은 부작용과 논란을 양산하고 있는 이 문제에 최초로 문제 제기를 했고 커다란 반향을 일으켰다. 중국 관영 〈차이나 데일리 中國日報〉는 "중국인에게 가장 민감한 주제를 다룬 대담한 소설"이라고 평했고, 중국의 대표적인 진보성향 주간지로서 2009년 미국 대통령인 버락 오바마 방중 당시 유일하게 인터뷰한 매체인 〈난팡저우모 南方周末〉는 이 책이 "넓고 깊은 감성으로, 역사가 수많은 이들에게 입힌 아픈 상처를 품어 주고 있다"라고 극찬한 바 있다.

형식적으로 『개구리 蛙』는 작가 자신의 일인칭 소설이면서 실제 주인공은 고모이며, 소설의 형식을 하고 있으나 작가가 수신자인 스기타니 요시코에게 보내는 네 통의 장문 편지글이다. 소설 제목 '개구리'에서 볼 수 있듯이 개구리는 강한 생식력을 가진 다산의 상징이다. 자연의 섭리에 인간의 삶을 맡기는 것이 나은 지, 국가 윤리에 순응하고 정책을 집행하는 것이 나은지는 소설을 읽어 본 독자라면 쉽게 답을 알 수 있다.

『풍유비둔 豊乳肥臀』 작품은 1930년대 일본의 침략으로 인한 중국의 비참한 역사에서 시작된다. 청나라 말기에 태어난 어머니 루(魯) 여인은 어린 시절, 전족의 고통을 겪으면서 소녀로 성장하고, 결혼한 뒤에는 무기력한 상관서우시(上官壽喜)를 만나 시어머니의 구박 속에서 짐승처럼 살아간다. 아들을 낳아야 상관 집안에서 인간대접을 받을 수 있다는 것을 알게 된 어머니 루 여인은 아들을 낳기 위해 수많은 아이들을 잉태하는데, 그 아이들의 아버지는 고모부이기도 하고, 우연히 마을로 들어온 오리장수이거나 떠돌이 의사일 수도 있다. 9남매나 되는 아이들이 성장하면서 겪는 사건들은 20세기 중국의 여러 정치 세력과 아주 밀접한 관련을 가지게 된다.

이 소설의 화자는 상관 루의 아들, 아버지는 스웨덴 목사인 마뤄야(馬洛亞)이다. 루 여인의 아들 진퉁(金童)은 태어날 때부터 비극적 운명을 가지고 태어난다. 진퉁이 태어나는 날 일본인들이 마을을 진입하고, 진퉁의 누나들은 강가에서 소름 끼치는 전쟁을 목격하게 된다. 전쟁과 출생, 신생적인 희열과 죽음의 재난이 한 가정의 마당에서 동시에 벌어진다. 진퉁이 잉태되는 순간부터 비극은 시작되며, 바로 문화적 숙명이 된다. 진퉁은 점차 커가면서 여자의 젖가슴에 집착하는 행동을 보이며, 사체 강간범으로 징역을 살게 되기도 하는 기이한 모습을 보인다. 작가는 소설에 혼혈아인 상관진퉁을 통해 중국인의 몸에 기생하고 있는 문화의 이원성을 말하고자 한다.

『풍유비둔 豊乳肥臀』은 그의 창작 상 최고조에 오른 작품으로 평가받고 있으며, 『톈탕 마을 마늘종 노래 天堂蒜薹之歌』는 1980년대 중국의 개혁·개방의 전성기를 배경으로 농촌 마을과 관료 사회의 부패 양상을 탁월한 주제의식과 기교로 그려낸 걸작이라는 평가를 받고 있다. 이외에도 많은 희곡과 텔레비전 드라마 극본을 썼는데, 1997년 창작한 희곡 『패왕별희 霸王別姬』는 무대에 올려져 중국 대도시를 중심으로 두 달간 연속 공연되면서 대중들에게 인기를 끌기도 했다. 1993년에 출간된 『술의 나라』는 프랑스, 독일, 일본 등 여러 나라에 소개되어 큰 호평을 받았고, 그는 데뷔 후 중국 최고의 문학상인 다자(大家)문학상을 비롯하여, 프랑스 루얼 파타이아 문학상, 이탈리아 노니로 문학상, 프랑스 예술 문화 훈장상, 홍콩 아시아문학상, 일본 후쿠오카 아시아 문화대상 등 다수의 문학상을 수상한 바 있다.

『탄상싱 檀香刑』 작품은 열강 세력에 의해 지배당할 수밖에 없었던 역사적 난관을 극복하면서 인간의 존엄성을 지켜낸 중국의 역사를 토대로 씌어졌다. 연극배우 쑨빙(孫丙)의 연극 같은 낭만과 혁명의 비장한 삶과 고을 현령 첸딩(錢丁)의 법과 양심의 괴리, 그리고 민중적 사랑, 망나니 자오자(趙甲)의 잔혹한 법 질서와 사형의 미학, 쑨빙의 딸이자 자오자의 며느리인 쑨메이냥(孫眉孃)의 자유분방한 사랑 등을 그린 이 작품은 중국 대륙의 역사와 문화, 그리고 삶과 죽음의 파노라마 잔혹한 형벌을 통해 보여주고 있다.

「사부님은 갈수록 유머러스해진다 師傅越來越幽默」는 해학이 넘치는 스토리텔링 속에 풍자와 현실을 넘나드는 비판의식이 숨겨진 모옌의 단편 소설이다. 사십삼 년 동안 농기계 수리만 해 온 사부님은 한 평생 기계를 수리만 해서인지 몸 한군데 성한 곳이 없다. 매일 오래된 자전거로 출퇴근하고 애를 못 낳은 마누라와 이제껏 근근이 살아오기만 했다. 그런 그에게 은퇴까지 한 달 남은 무렵, 농기계 수리제작창이 문을 닫는다는 청천벽력 같은 소식이 떨어진다. 저축한 돈도, 농사지을 땅도 없이 기술만 가진 늙은 사부님은 앞길이 막막하다. 공장 문을 닫는다는 소식을 전하는 임원들은 체로키 지프차를 끌고 와 우는 척하며 공장 동지들을 위로한다. 눈앞이 캄캄해진 사부님은 시청으로 가서 울며 하소연 하지만 해결책은 없었다. 마음을 단단히 먹고 시장바닥에서 장사를 할까 사기를 칠까 고민을 하다 기발한 아이디어가 생각났다. 산속에서 남녀가 몰래 사랑을 나누는 것을 우연히 보게 된 것이다. 그 순간 '연인들을 위한 숲 속의 아담한 휴게를 만들자'는 아이디어가 떠올랐다. 폐차된 버스를 개조해서 만든 휴게소를 이용해 시간 당 돈을 받는 것이다. 처음에는 불안한 마음에 잘 될지 걱정했는데 창피함을 무릅쓰고 홍보를 했더니 돈이 쏠쏠하게 들어온 것이다. 그 돈으로 담배도 사서 피우고 맛있는 음식도 먹으며 신명나게 일을 했다. 하지만 사부님은 돈이 모이면 모일수록 마음 한 구석에 무언가 찜찜함을 느낀다. 결국 어릴 적에 농사를 짓고 공장에서 일했다는 작가 모옌의 경험이 이 소설 곳곳에 나타나 있는 것이다.

이 작품은 중국 사회를 직설적이진 않지만 곳곳에 풍자적인 요소를 가미해 비판하고 있다. 먹고 살기 힘든 농민들을 위로하고 중국 사회에 만연된 모순을 지적하는 작가의 눈은 예사롭지 않았다. 지금 우리 역시 21세기 최첨단 시대에 살고 있지만 그때의 노동자도 지금의 노동자이고 배고픔도 여전히 현재 진행 중이기에 크게 다르지 않게 느껴진다.

「투명한 빨간 무 透明的紅蘿卜」는 온몸이 검고 고통을 참는 초인적인 능력을 가진, 말 못하는 아이 '헤이하이(黑孩)'가 문화 대혁명 때 어느 인민공사가 지배하고 있는 마을에서 사람들을 강제 동원해 헤이하이의 마을 근처에 있는 댐 확장공사를 시작하는 것이 소설의 발단이다. 주인공인 헤이하이의 집은 삼대가 계속해서 빈농이고 아버지는 동북지방으로 간 채 소식이 끊어졌으며 계모는 술만 마시면 소년에게 폭력을 가한다. 그래서 가정은 몰락하고 붕괴되어 간다. 마을 사람들은 소년의 이름을 잊어버리고 검은 아이라는 뜻의 헤이하이라고 부른다. 소년은 소설 전체에서 한마디의 말도 하지 않는다. 말 못하는 말라깽이 아이를 통해 그 아이의 눈에 비친 참혹한 현실 세계를 그려내고 그 안에서 희망을 찾는 내용이다.

그 말 못하는 아이는 모옌의 모든 소설을 대표하는 영혼이자 대표적 인물이다. 말은 전혀 못하지만, 형형색색의 인물들을 이끄는 역할을 맡으며 가오미 마을이란 무대에서 최대한 역할을 발휘한다. 모옌은 소설에서 많은 인물을 창조했지만 그 아이보다 자신의 영혼과 가까웠던 인물은 없었다고 밝혔다. 모옌 소설 중 가장 상징적이고 의미 깊은 작품이라고 본인 스스로 평가하는 작품이기도 하다.

나의 사랑 나의 어머니

스웨덴의 한림원에서 노벨 문학상 수상 연설을 하게 된 모옌은 연설 제목을 '이야기꾼'이라 정하고 돌아가신 어머니에 대한 그리움을 제일 먼저 이야기한다. 모옌의 어머니는 1922년에 태어나 1994년, 우리나라 연세로는 향년 73세에 돌아가셨다. 어머니의 유해는 마을의 동쪽 복숭아밭에 모셨지만 2011년 기찻길이 생기는 바람에 묘를 더 먼 곳으로 이장할 수밖에 없었다고 한다. 이장을 위해서 묘를 파 보니 관은 이미 썩었고, 유골은 진흙과 한데 섞여 형체를 알아볼 수 없었다. 할 수 없이 그 진흙을 담아 와서 새로운 묘를 세웠고 모옌은 그때부터 '대지의 일부'를 자신의 어머니라 생각하게 되었다고 말한다. 그래서 땅에다 자신의 심정을 털어놓으면 어머니에게도 곧 닿을 것이라 말했다.

막내아들인 모옌은 어머니에 대한 자신의 오래된 기억 중에 한 일화를 이야기했다. 어느 날 집에 딱 하나 있는 보온병을 갖고 공공식당에 온수를 받으러

갔는데 제대로 못 먹어 힘이 없었던 그는 보온병을 떨어뜨려 깨고 말았다. 겁에 질린 모옌은 짚더미로 들어가 하루 종일 나오지 못했다. 저녁이 되자 그의 이름을 부르는 어머니의 목소리가 들렸고, 혼이 날 걸 각오하고 짚더미에서 나올 수밖에 없었다고 한다. 그러나 어머니는 모옌을 때리지도 혼내지도 않았고 그저 머리를 쓰다듬으면서 한숨을 길게 내쉬었다고 한다.

어머니에 대한 가슴 아픈 기억도 강연 중에 이야기했다. 하루는 보리 이삭을 줍는 어머니를 따라간 적이 있었는데 파수꾼에게 발각되자 사람들은 모두 도망을 갔지만 전족을 한 어머니는 얼마 못 가 잡히고 말았다. 건장한 체구의 파수꾼은 어머니의 뺨을 후려쳤고 어머니는 휘청거리며 땅에 쓰러졌다. 파수꾼이 자신들이 주운 이삭을 빼앗지는 않고 휘파람을 불며 사라진 순간, 어머니는 입가에 피를 흘리며 땅바닥에 앉아계셨는데 그때 절망에 찬 어머니의 표정은 지금도 잊을 수가 없다고 말했다. 시간이 흘러 모옌과 어머니는 백발노인이 된 파수꾼과 시장에 마주친 적이 있었는데 그는 복수하고 싶었지만 어머니는 그때의 파수꾼과 저 노인은 다른 사람이라며 오히려 그를 말리셨다고 한다.

모옌은 본래 외모가 못생겨서 마을 사람들의 놀림을 받았다. 학창 시절에는 불량한 친구들에게 못생겼다고 맞고 우는 일이 다반사였다. 어느 날 어머니는 속상해서 울고 있는 모옌에게 다가가 '넌 못생기지 않았단다. 코도 있고 눈도 있고 사지육신 다 멀쩡한데 네가 어디가 못생겼니? 그리고 착한 일을 많이 하면 외모는 얼마든지 변할 수 있단다'라고 말하며 모옌을 위로했다고 한다. 나중에 도시에 가서 배운 사람들과 만났을 때도 외모 때문에 놀림을 받았지만 어머님의 말씀을 떠올리며 평정심을 찾을 수 있었다면서 어머니의 자식에 대한 사랑과 교육이 지금의 '이야기꾼'이 될 수 있었음을 강연장에서 밝혔다.

소설가로서의 모옌은 자신의 어릴 적 어머니에 대한 기억과 책이 없는 고통과 유년 시절의 배고픔과 외로움, 초등학교를 다 마치지 못한 채 양과 소를 방목하는 일을 했을 때 소에게 느꼈던 연민을 한데 섞어 수많은 상상을 소설 속에 녹여내었다.

모옌 소설의 소재는 대부분 그의 고향 산둥성 가오미 둥베이향을 배경으로 삼고 있다. 모옌의 고향 가오미 마을이란 단어는 그의 소설 『추수 秋水』에 처음으로 등장한다. 어머니가 결혼 패물을 팔아서 마련해 주신 '중국통사간편' 네 권을 갖고 애증이 뒤섞인 고향을 떠나 도시로 갔다. 지난 30년 동안 중국 사회가 거대한 발전과 진보를 이루지 못했거나 개혁과 개방이 없었다면 오늘날 모옌이라는 작가는 존재하지 않았을 것이다. 초창기 모옌은 좋은 사람이나 훌륭한 일, 영웅에 대한 글을 쓰는 것이 문학이라 생각했다. 이때의 소설은 문학적 가치가 형편없다고 생각해 해방군예술학원 문학과에 입학해 쉬화이중 선생님의 지도 아래 「메마른 강 枯河」, 「투명한 빨간 무 透明的紅蘿卜」, 『홍까오량 가족 紅高粱家族』 등의 중단편 소설을 쓰게 된다.

모옌은 스스로를 떠돌던 농민이 자기 땅을 가진 것처럼 '문학 유랑민'인 자신이 편히 쉴 안식처를 찾았는데, 그곳이 바로 문학적 영지인 가오미 마을이다. 여기에서 모옌은 작가인 윌리엄 포크너와 가브리엘 마르케스의 영향이 매우 컸다고 노벨상 수상 강연에서 밝히고 있다.

글 쓰는 이야기꾼

모옌은 문단 데뷔 이후 삼십 년 동안 자신의 고향과 닮은 중국의 농촌을 배경으로 한 소설을 창작하며 전통과 현대, 농민과 관료 사회의 현실과 갈등을 탁월한 주제의식과 강렬한 필치로 자신의 소설 속에 녹아내었다. 모옌의 과거는 매우 가난하여 어린 시절의 중국을 비판하지만 역으로 현재를 살아가는 작가의 입장에서 현실을 비판하고, 과거를 사랑하는 역설적인 소설을 창작하고 있다. 현실 자체를 재미있게 꾸며서 독자들에게 들려주는 역할을 담당하고 있다. 천부적인 이야기꾼인 그는 자기 자신이 제법 잘 읽히는 작품을 쓰는 잘 알려진 작가라는 것에 대한 자부심이 대단하다.

모옌은 노벨 문학상 수상 소감문에서 다음과 같이 말했다. "자신의 이야기에는 한계가 있어서 자신의 이야기를 다 했으면 타인의 이야기를 들려 줄 수 있어야 한다. 친척이나 마을 사람들의 이야기, 어르신들에게 들은 조상들의 이야기 등등 마치 집합 명령을 받은 군인처럼 기억 깊은 곳에서 그 이야기들을 쏟아내야 한다"고 말이다. 모옌의 소설에는 자신의 할아버지부터 할머니, 아버지, 어머니, 형, 누나, 고모, 숙부, 아내, 딸까지 모두가 자신의 작품 속에서 등장인물이 되며, 나아가 가오미 마을 사람들 역시 작품의 인물이 된다. 물론 이들을 그대로 등장시킨 것은 아니고 문학적인 인물로 재탄생시켰다. 그 예가 바로 『개구리 蛙』에 나오는 모옌의 고모이다. 모옌의 고모는 실제로 그가 노벨상을 수상한 뒤 많은 기자들이 고모를 인터뷰했다. 고모는 인내심을 가지고 인터뷰에 응했지만 너무 많은 인터뷰 요청에 나중에는 번거로워 아들집으로 피하기까지

할 정도였다. 어머니가 직접 겪은 경험을 소재로 사용한 『풍유비둔 豊乳肥臀』은 '가오미 마을'을 넘고 중국을 넘어 세계의 축소판으로 만들고 싶은 오만한 야심이 있었다고 밝혔다. 꿈에서 시작됐든 현실에서 시작됐든 개인의 경험과 결합해야 독특한 개성을 가질 수 있고, 생동감 있는 수많은 섬세함을 통해 전형적인 인물과 다채로운 언어와 독특한 구조가 있는 문학작품으로 탄생할 수 있다.

작가들의 창작과정에는 각자의 특색이 있는데 모옌 역시 책마다 영감을 얻는 방식이 다르다고 했다. 「투명한 빨간 무 透明的紅蘿卜」에서는 꿈에서 영감을 얻었고, 『텐탕 마을 마늘종 노래 天堂蒜薹之歌』는 실생활에서 생긴 사건에서 시작된 책이다.

선배 작가인 선충원(沈從文) 선생 덕분에 인생이란 큰 책을 좀 더 앞서 읽을 수 있는 행운을 얻어서인지 모옌의 문체는 읽는 이에게 말끔한 시골 풍경을 선명하게 보여주기도 하고 더할 나위 없는 막막함을 던져주기도 한다. 모옌은 쉽게 이해하기 어려운 평범하지 않은 사람들을 등장시켜 그 특유의 문체와 애정어린 뭉클함으로 독자들에게 다가선다.

멀게는 문화 대혁명에서 가깝게는 천안문 사건을 정점으로 급변하는 중국사회 상황 속에서 작가 자신만이 가진 이해와 해석을 통해 평범할 수 없는 중국인의 의식세계를 독특한 인물들을 등장시켜 이야기를 전개하고 있다.

소설가는 사회 구성원의 한 사람으로서 자신만의 입장과 관점을 가지고 있어야한다. 그러나 글을 쓸 때는 모든 사람을 인간답게 하는 입장에 서야 한다. 그래야만 문학은 사건의 발단인 동시에 사건을 뛰어넘을 수 있고 정치에 관심을 두면서 정치를 뛰어넘을 수 있다. 어쩌면 모옌은 오랫동안 어려운 생활을 해왔기에 사람을 더 잘 이해하는 것일지도 모른다. 진정한 용기가 무엇인지 진정한 연민이 무엇인지 잘 알고 있다는 그는 모든 사람의 마음속에는 옳고 그름, 선과 악으로 정확히 구분할 수 없는 모호한 지대가 존재한다고 힘주어 말한다. 모순에 가득 찬 마음속 모호한 지대를 정확하고 생동감 있게 묘사한 소설이라면 정치를 초월한 우수한 문학 작품이 될 수 있다고 말이다.

모옌은 초기 작품에서는 현대적 이야기꾼으로서 텍스트 뒤에 숨어 있었지만 『탄샹싱 檀香刑』부터는 무대 앞으로 나왔고, 초기 작품은 독자를 신경 쓰지 않고 혼잣말을 한 것이라면 『탄샹싱』을 포함한 이후 작품들은 광장에 있는 수많은 대중 앞에 홀로 서서 생동감 있는 이야기를 들려주었다. 이것은 세계적으로 소설이 가진 전통이며 특히 중국 소설에서는 이 전통이 두드러진다. 『탄샹싱』과 이후 소설은 중국 고전소설의 전통을 계승하면서 서양 소설의 기법도 함께 사용하였다. 자국 문학의 전통과 외국 소설의 기법을 혼합할 뿐만 아니라 소설과 다른 예술 장르의 혼합의 산물을 소설 분야의 혁신이라고 생각하고 있는 모옌은 자신의 초기 소설들은 미술, 음악뿐 아니라 곡예에서 영양분을 흡수한 경우도 있다고 말했다.

마지막으로 『인생은 고달파 生死疲勞』의 소설 제목은 불교에서 나온 것으로 이 제목의 번역을 놓고 여러 국가의 번역가들이 골머리를 앓았는데, 모옌이 이 제목을 쓰게 된 이유는 불교 사상 대부분이 보편적인 지식이라고 생각했기 때문이라고 생각한다. 인간 세상에서는 끊임없이 분쟁이 일어나지만 불교에서 보면 그것은 아무 의미가 없는 것으로, 높은 곳에서 내려다보면 인간은 사실 한

없이 불쌍한 존재이다. 모옌은 인간의 운명과 감정, 인간의 한계와 관용, 행복을 얻고 신념을 지키는 데 필요한 노력과 희생에 대해 소설로 나타낸 것이다.

'말은 사라지지만 글은 영원히 사라지지 않는다'는 모옌의 말을 되새기며 가까운 시일 내에 우리나라에도 모옌과 같은 노벨 문학상 수상자가 탄생하기를 기대해 본다.

* 이 글은 세계문학비교학회 2017년 봄 정기학술대회에서 발표된 논문「노벨문학상 수상을 통해 본 모옌(莫言)의 문학세계」를 수정하여 정리한 것이다.

모옌(莫言)의 주요작품연보

소설집

1981 『봄밤에 비는 소리 없이 내리고(春夜雨霏霏)』

1982 『못생긴 병사(醜兵)』

1983 『민간음악(民間音樂)』

1985 『투명한 홍당무(透明的紅萝卜)』

1985 『백구와 그네(白狗秋千架)』

1987 『홍까오량 가족(紅高粱家族)』 노벨문학상 수상 작품

1988 『티엔탕 마을 마늘종 노래(天堂蒜薹之歌)』

1988 『열 세 걸음(十三步)』

1992 『술의 나라(酒國)』

1993 『풀 먹는 가족(食草家族)』

1995 『풍유비둔(豊乳肥臀)』

1999 『사부님은 갈수록 유머러스해진다(师傅越来越幽默)』

2003 『사십일포(四十一炮)』

2004 『박달나무 형벌(檀香刑)』

2004 『달빛을 베다(月光斬)』

2006 『인생은 고달파(生死疲勞)』

2009 『개구리(蛙)』

산문집

2002 『맑은 정신의 몽상가(清醒的說夢者)』

2002 『어떤 냄새가 가장 아름다운가(什麼氣味最美好)』

2007 『말해 봐, 모옌(說吧, 莫言)』

참고문헌

모옌 지음, 박명애 옮김, 『탄샹싱 1』, 중앙M&B, 2003

모옌 지음, 박명애 옮김, 『술의 나라 1』, 책세상, 2003

모옌 지음, 박명애 옮김, 『풍유비둔 1』, 랜덤하우스코리아, 2004

모옌 지음, 박명애 옮김, 『홍까오량 가족』, 문학과 지성사, 2007

모옌 지음, 이욱연 옮김, 『인생은 고달파 1』, 창비, 2008

모옌 지음, 심규호 옮김, 『개구리』, 민음사, 2012

모옌 지음, 심혜영 옮김. 『붉은 수수밭』, 문학과 지성사, 2014

전형준 지음, 『언어 너머의 문학』, 문학과 지성사, 2013

모옌 지음, 심규호, 유소영 옮김, 『모옌 중단편선』, 민음사, 2016

吳秀明, 『當代中國文學六十年』, 浙江文藝出版社, 2009

莫言, 『我的高密』,中國青年出版社, 2011

莫言, 『檀香刑後記』, 當代世界出版社, 2004

그림 출처

<그림1> 『홍까오량 가족』을 원작으로 한 영화 《붉은 수수밭》 포스터. 1987년.

https://en.wikipedia.org/wiki/Red_Sorghum_(film)

<그림2> 작가 모옌의 인물 사진.

가오미 문학관 방문시 직접 찍음

<그림3> 가오미 모옌 문학관에 소개된 모옌 약력.

가오미 문학관 방문시 직접 찍음

<그림4> 『홍까오량 가족』 국내 번역판

http://book.daum.net/detail/book.do?bookid=KOR9788932018157

<그림5>『紅高粱家族』

http://product.dangdang.com/22919593.html

<그림6> 영화로 각색된《붉은 수수밭》

http://movie.daum.net/moviedb/main?movieId=10479

<그림7>『술의 나라 1』 국내 번역판

http://book.daum.net/detail/book.do?bookid=KOR9788970133898

<그림8>『술의 나라 2』 국내 번역판

http://book.daum.net/detail/book.do?bookid=KOR9788970133904

<그림9>『술의 나라(酒國)』원서

http://product.dangdang.com/22885911.html

<그림10>『개구리』 국내 번역판

http://book.daum.net/detail/book.do?bookid=KOR9788937490583

<그림11> 노벨문학상 수상 이후 재출판된『蛙』

http://product.dangdang.com/22885907.html

6. 글짓다 지은 집, 집짓다 지은 글

토마스 베른하르트

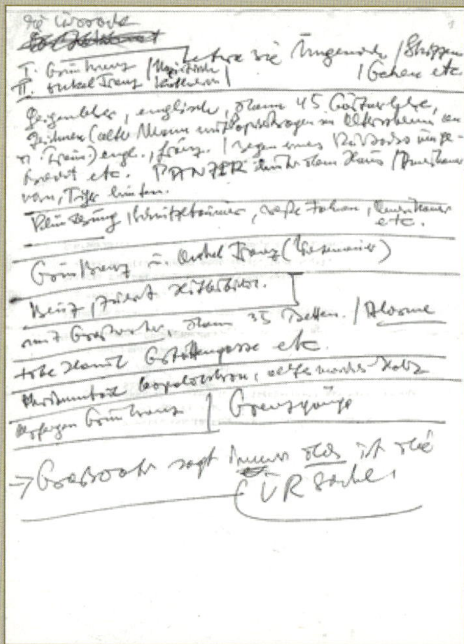

<그림 1> 베른하르트의 자전적 소설
『원인 *Die Ursache*』 콘셉트 원고

6. 글짓다 지은 집, 집짓다 지은 글

토마스 베른하르트

장은수

"mein Haus ist auch ~~ähnlich~~ eigentlich wie ein
riesiger Kerker - ich habe das sehr
gern - möglichst kahle Wände
es ist kahl und kalt - das wirkt sich auf
meine Arbeitx sehr gut aus. Die Bücher,
oder was ich schreib gleicht ganz dem -
worin ich hause"

내 집은 사실 감옥이나 다름없다.

난 그게 정말 좋다.

가급적 차갑고 텅빈 벽.
그게 내 창작에 좋다.
내가 쓴 글과 책은
내가 살고 있는 집과 똑같다.

-토마스 베른하르트, *Die Presse*, 24. Dezember 1965

토마스 베른하르트(Thomas Bernhard)는 우리나라에서는 아직 마니아층 사이에서만 회자되지만, 노벨 문학상 후보에도 수차례 거론되었던 독일어권 대표작가이다. 오스트리아 출신의 작가 토마스 베른하르트는 한마디로 문단의 별종이었다. "과장의 대가", "세계 종말론자", "알프스의 베케트" 등 별명도 많은 그는 지독한 독설가였다. 그런데 그의 독설은 한번 들으면 잊기 어렵다는 묘한 마력이 있었다.

독일 연출가 클라우스 파이만(Claus Peymann)은 "모차르트 음악이 세박자만 들으면 금방 알아챌 수 있듯이, 베른하르트의 문학도 세 문장만 읽으면 알아챌 수 있지요."라고 했다. 과장과 생략, 반복으로 독자적 글쓰기를 즐겼던 베른하르트는 과연 문학계의 모차르트라 불릴 만하다. 현재 베를린앙상블의 대표로 장기집권하고 있는 연출가 파이만은 보쿰과 비인에서 활동하던 시절 베른하르트와 런닝메이트로 활동했었고, 그가 쌓은 명성의 반은 바로 두 사람의 공동작업에 기반하고 있다 해도 과언이 아니다. 그는 20여 편에 달하는 베른하르트의 희곡을 도맡아 초연에 올리다시피 했다.

문체도 독특했지만, 신조어도 많이 만들어낸 것으로 유명하다. 예를 들면

<그림 2> 토마스 베른하르트

'natürlich(물론)'이라는 말 대신에 늘 'naturgemäß(자연스럽게)'라는 말을 애용해서 한동안 유행어가 되었다. "물론"이라는 말이 'natur(자연)'에 형용사어미를 붙인 것인데, 습관적으로 쓰다 보니 사실 어원의 뜻은 사라진지 오래다. 그런데 'naturgemäß'라는 신조어의 생소화 효과로 '자연'이 다시금 강조되고 철학적 냄새까지 풍기게 만든 것이다. 독일어권 신문지상에서는 지금도 이 표현을 자주 접할 수 있고, '베른하르트 식으로 말하면(a la Bernhard)'이라고 유머러스하게 강조하기도 한다. 그만큼 그의 독특한 언어구사와 문체는 문화계 저널리스트들에게 엄청난 파급효과를 일으키며 전염되었다.

베른하르트는 대학시절 잘츠부르크의 한 사회주의 신문에서 아르바이트로 기자생활을 몇 년 했고 이때의 기사들은 그의 문체적 특성을 이미 드러내 주고 있다. 한편 그의 언어적 특징인 과장법은 사실은 기자시절에 터득한 기술이라고 그가 비꼬아 말한 적도 있다. 사실을 보도하는 신문에서 과장법을 배웠다는 말이 이상하게 들리는 사람은 일간신문 사회면 한쪽만 펼쳐 보라!

사실적 보도의 허위성에 식상한 베른하르트는 기자생활을 청산하고 문학이라는 허구를 통해 사실에 비판적으로 접근하는 시도를 시작한다. 그의 작품발표가 비단 문예계의 활동에 국한되지 않고 온 나라를 떠들썩하게 하는 사건으로 번진 것도 따지고 보면 발표 몇 달 전부터 온갖 억측과 가설로 독자의 관심을 자극시킨 매스컴 덕분이었다. 더구나 70년대에 들어서 베른하르트가 매년 소설과 더불어 연극작품도 주로 무대공연을 통해 한편씩 발표하면서 그는 전통적 연극도시 비인과 잘츠부르크 매스컴의 공격대상 1호가 된다.

베른하르트의 문학이 뿌리 내리고 있는 토양은 우리에게도 이미 많이 소개되어 있는 잉게보르크 바하만(Ingeborg Bachmann)과 페터 한트케(Peter Handke)의 그것과 같다고 볼 수 있다. 한 세대 앞서 살았던 바하만은 청년 베른하르트에게서 일찍이 비판적 사고와 탁월한 언어구사력을 발견했고 유럽의 60년대 학생운동의 저항정신을 업고 등장한 한트케의 사회에 대한 비판적 태도도 그와 같은 맥락에 서 있다.

그러나 이들이 무엇보다도 확실하게 보여주는 공통점은 바로 언어자체에 대한 집중적 관심과 사고이다. 언어철학의 전통이 오래된 오스트리아에서는 비인서클(Wiener Kreis)등을 중심으로 철학과 문학에서 언어에 대한 관심이 각별했고 특히 비트겐슈타인(Ludwig Wittgenstein)의 언어철학이 위에 언급된 작가들에게 끼친 영향은 절대적인 것이었다.

우리는 이제 베른하르트의 작품이 가진 몇 가지 특성을 구체적으로 살펴보려 한다. 아울러 그의 문학을 이해하는 데 빼놓을 수 없는 수용사도 단편적이

나마 소개하고자 한다. 베른하르트 작품에 대한 독자들의 의견 대립은 종종 문학비평계의 지상논쟁(誌上論爭)을 통해서, 더 나아가서는 정치권과 매스컴의 개입으로 열기를 더해 베른하르트 필화 사건으로 확대되곤 하였다.

시골 벽촌 올스도르프를 문학동네로 탈바꿈시킨 베른하르트의 집

베른하르트는 1950년대 말부터 발표하기 시작한 시집과 단막극을 비롯해 1989년 임종시까지 소설과 드라마를 아우르는 모든 장르에 걸쳐 60여 권이 넘는 작품을 남겼다. 그는 청년시절 전위 예술가들과 함께 생활하던 몇 년을 제외하고는 어느 그룹에도 소속되지 않았고, 때로는 자기가 속한 사회의 이방인이기를 자처했으며 심지어는 이를 즐기기까지 했다는 인상마저 준다.

1965년에 브레멘 문학상(Literaturpreis der Freien Hansestadt Bremen)을 받았는데, 이때 받은 상금에 융자를 보태어 시골에 집을 하나 마련했다. 이 은둔처 역시 베른하르트 신화 만들기를 부채질했는데, 그의 고향에서 멀지 않은 오스트리아 서북부의 올스도르프 (Ohlsdorf)라는 작은 마을에다가 몇 채의 농가를 사들여 평생을 거처할 곳으로 삼게 된 것이다. 베른하르트의 주변사람들은 베른하르트가 집짓는 재주가 글짓는 재주를 능가할 정도라고 놀라워했다. 그가 사들인 다쓰러져 가던 폐가들은 하나같이 중세에 지어진 오래된 집들이었는데, 수리된 후에는 문학의 집으로 손색이 없는 훌륭한 건축물로 탈바꿈했다. 베른하르트에게는 중세의 성처럼 단단하고 견고한 집의 골격을 찾아내고 이를 되살

<그림 3> 올스도르프 오버나탈 (Obernathal) 소재 베른하르트의 집

리는 남다른 재주가 있었다.

그는 작품 하나를 쓰기 시작하면, 일체 외부와의 연락을 피하고 전화도 끊었다고 한다. 글쓰는 동안은 완성될 때까지 몇 달이건 자신이 지은 집에 은둔했다. 관계자들은 전보에 의존할 수밖에 없었고 때로는 편지에도 답장없이 침묵하는 이 '인간 혐오 작가'의 변덕에 희생될 것을 각오해야 했다 한다. 이 때문에 그의 괴팍함은 종종 대중매체의 표적이 되었고, 책하고 담을 쌓고 지내는 사람들도 이 괴짜작가에 관한 한두 가지 에피소드는 알고 있기 마련이었다. 올스도르프는 그래서 더 유명해졌다. 은둔 작가가 궁금해진 사람들은 그의 집을 찾아 순례길에 나서는 바람에 조그만 촌동네 올스도르프는 일약 관광명소가 되었다.

더 재미있는 사실은 베른하르트는 스페인이나 영국 등지로 많이 나가다녔고, 글을 쓸 때 조차도 다른 나라의 호텔로 잠적하는 일이 많았다는 점이다. 그래

<그림 4> 오버나탈 (Obernathal) 소재 베른하르트의 집

서 베른하르트의 팬들이 올스도르프에서 그를 만날 확률은 거의 제로에 가까웠다. 베른하르트는 연출의 명수였다. 그는 연극작품에서뿐만 아니라 작가로서의 일상에서도 자기연출을 즐겼다. 어쩌면 그것은 냉정하고 솔직한 인간관찰자로서 작가적 역할을 철저히 수행하기 위한 생존전략이기도 했다.

성악가를 꿈꾸던 시인

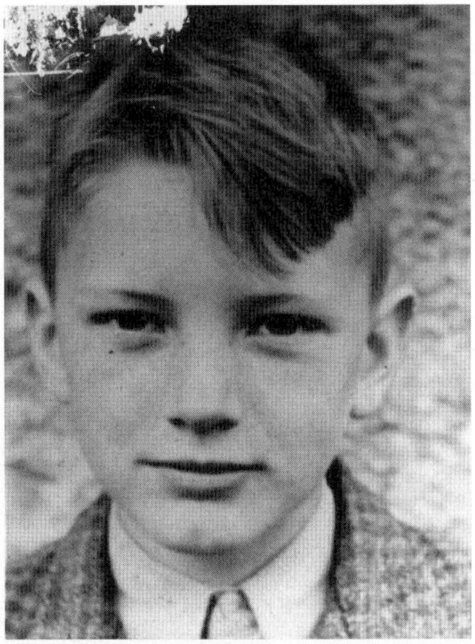
<그림 5> 유년기의 토마스 베른하르트

베른하르트는 1932년 네덜란드의 마스트리히트(Maastricht) 근교 헤를렌(Heerlen)에서 태어났고, 생후 일년 뒤 부모의 고향인 오스트리아의 잘츠부르크(Salzburg)로 돌아오지만 미혼모인 그의 어머니가 양육비를 벌기 위해 그를 외가에 맡긴 이후 줄곧 조부모 밑에서 성장한다. 특히 당시 향토소설가로 잘 알려져 있던 외조부 프로임비흘러(Johannes Freumbichler)의 교육과 철학이 그에게 끼친 영향은 그의 세계관 및 문학관 형성에 결정적인 역할을 한다. 틀에 박힌 학교교육을 마땅치 않게 여기던 그의 조부는 일찍부터 베른하르트의 재능을 발견해 문학과 철학을 가르치는 한편, 바이올린과 성악교습으로 그의 음악적 재능을 적극 키워준다.

원래 성악가를 꿈꾸던 베른하르트는 그의 정신적 지주이던 조부와 어머니가 잇따라 사망하면서 인생의 전환기를 맞게 되는데, 당시 그 자신도 폐병에 걸려 요양소에서 암울한 나날을 보내고 있었기에 그가 체험한 죽음의 모습은 더욱 처절하고 아플 수밖에 없었을 것이다. 베른하르트는 극적으로 살아나지만 평생동안 폐병과 그에 따른 합병증에 시달려야 했고, 그가 글을 쓰기 시작한 것도 죽음의 고통과 요양원생활의 무료함을 잊으려는 의도에서였다고 한다. 그에게 있어서 문학은 곧 끊임없이 위협해 오는 죽음과의 대결이었고, 그러기에 그의 문학은 자신의 고통스런 운명을 극복하기 위한 처절한 도전이기도 했다. 그의 작품의 극단성과 주제상의 고유성 역시 이러한 맥락에서 이해되어야 할 것이다.

베른하르트는 『원인 *Die Ursache*』, 『지하창고 *Der Keller*』, 『추위 *Die Kälte*』, 『호흡 *Der Atem*』, 『어느 아이 *Ein Kind*』 등 다섯 권에 걸친 자전적

<그림 6> 어린 시절 외조부 프로임비흘러와 함께
© Fotoarchiv Thomas Bernhard

소설에서 어린 시절의 기억과 더불어 2차 세계대전으로 쑥대밭이 되었던 고향의 참상과 나치의 권력횡포 및 국교인 카톨릭의 위선적 권력결탁행각을 날카롭게 고발하고, 아울러 그의 인격형성에 영향을 준 가족과 친지들의 이야기를 현실감 있게 그려내고 있는데, 특히 조부를 통해 인생이라는 연극과 그 무대 이면의 세계를 어떻게 관찰할 것인지 터득하게 되는 과정에 대한 묘사는 감동적일 뿐만 아니라 독자로 하여금 베른하르트의 문학세계를 근본적으로 이해할 수 있게 해 준다.

시인으로서는 별로 빛을 보지 못했던 그가 첫 소설 작품인 『서리 *Frost* (1963)』와 그에 뒤따른 『혼란 *Verstörung* (1967)』의 발표로 주목된 이래 독어권에서 선풍적인 인기를 모으며 읽혔고, 그의 작품 중 상당수가 프랑스, 이태리 등 서구 각지에도 번역되어 널리 소개되었다. 베른하르트 사망을 전후해 그의 인기가 절정에 달했을 때는 그의 작품이 일년 365일 공연되지 않고 지나는 날이 하루도 없다는 말이 돌 정도였다.

그의 수상경력도 화려한 만큼 유별난데, 독일의 권위 있는 문학상인 뷔히너 상을 비롯해 프랑스의 세기에 문학상(Prix Seguier), 이탈리아의 세계 문학상(Premio Mondello)등 다수의 상을 받는 한편, 수상기관이나 상의 성격이 맘에 들지 않을 경우 이를 거절하는 것은 물론 공개서한으로 비판적인 공박을 가하곤 했다.

스캔들로 점철된 수용사

베른하르트가 그의 작품에서뿐만 아니라 공개 석상에서 극단적으로 사회비판과 특정그룹이나 개인에게 독단적 언사를 서슴없이 퍼부었던 것은 잘 알려진 사실이다. 그로 인해 베른하르트의 수용사는 명예훼손죄 논쟁과 재판의 역사라해도 과언이 아닐 것이다. 그 첫 사건으로는 1968년을 꼽을 수 있다.

토마스 베른하르트가 자신의 소설 『혼란 *Verstörung*』으로 오스트리아 문학대상을 받게 되었을 때에, 당시 감격어린 어조의 수상소감을 기대하고 앉아 있던 문화계 인사들은 수줍은 청년작가가 내뱉는 어처구니없는 독설에 아연실색하지 않을 수 없었다: 「세상엔 찬양할 아무 것도 없고, 저주할 것도, 고소(告訴)할 것도 없습니다. 다만 우스꽝스런 것이 많이 있을 따름 입니다; 죽음을 생각하면 모든 것이 우스꽝스럽기만 합니다.」

<그림 7> 여자 친구 헤드빅 슈타비아니체크 (Hedwig Stavianicek)와 함께
© Fotoarchiv Thomas Bernhard

<그림 8> 여자 친구 헤드빅 슈타비아니체크와 함께 © Fotoarchiv Thomas Bernhard

이런 세계관적 기본명제로 시작된 베른하르트의 연설은 곧 오스트리아에 대한 자성적 비판으로 이어졌고, 그의 신랄한 비난을 더이상 참고 들을 수 없게 된 문화성 장관이 격분해서, "그래도 우리는 자랑스런 오스트리아인이오!"라고 소리치며 식장을 나가는 바람에 시상식장은 아수라장이 되었다. 덕분에 당시까지만 해도 무명이었던 베른하르트는 급기야 도전적 신예로 부상하는 화제의 인물이 되었다.

문화성 장관의 때아닌 애국심을 부추키는 데는 베른하르트의 출생지도 한몫을 했는데, 그가 전형적인 오스트리아가문 출신임에도 불구하고, 네덜란드인으로 잘못 소개되어, 졸지에 외국인 대접을 받게 되었던 것이다. 이러한 오해는 베른하르트를 사생아로 낳게 된 그의 모친이 주위의 눈을 피해 네덜란드의 헤를렌(Heerlen)에서 출산한 사실에 기인하기도 하는데, 이는 그가 오스트리아 현대문학을 대표하는 작가였음에도 불구하고 문학계에서 자주 이방인으로 취급

당해야 했던 아이러니컬한 운명을 단적으로 시사해 주기도 한다.

등단 시부터 베른하르트가 열광적으로 수용되었던 반면에 그와 똑같은 강한 강도로 그의 작품에 거센 반발을 표명하는 독자층이 있던 것도 특기할 만한 사실이다. 이에는 아마도 그의 작품에 다루어지는 주제의 극단성과 그를 더욱 첨예하게 부각시켜주는 독특한 형식적 기법에 그 원인이 있다고 본다.

베른하르트와 국내 정치인들과의 대립은 후일에도 그의 작품 속에 부당하게 사회·정치를 비판하는 내용이 들어 있다는 이유로 심화되었는데, 특히 1984년 발표되고 1985년 잘츠부르크 연극제에서 초연된 『연극쟁이 Theatermacher』, 1985년 발표된 소설 『옛 거장 Alte Meister』에서 절정을 이룬다.

<그림 9> © Fotoarchiv Thomas Bernhard

<그림 10> 오트낭(Ottnang)에서 베른하르트

한편 그의 작품들을 둘러싼 찬반양론의 열띤 토론은 매스컴이 편승해 더욱

부채질하곤 했는데, 『옛 거장』의 경우 당시 문교부 장관이 베른하르트는 문예학계보다는 정신심리학쪽의 연구대상으로 적합하리란 말로 간접적인 정신치료까지 추천하였다. 하지만 아이러니하게도 훗날 베른하르트가 사망하고 난후 이 문교부 장관은 그와의 각별한 친분을 회고하는 회고록을 내기도 했다.

베른하르트 작품을 둘러싸고 크고 작은 스캔들이 자주 있었는데, 특히 그의 작품에 나오는 인물들이 바로 자기라며 작가를 명예훼손 및 모함죄로 고소하는 일이 빈번했다. 예를 들면 1975년 잘츠부르크에서 사제로 봉직하고 있던 프란츠(Franz Wesenhauer) 신부는 베른하르트의 전기적 소설 『원인』에 나치 신부로 등장하는 인물 프란츠(Onkel Franz)가 자신자신을 왜곡한 것이라며 고소했다.

1984년 발표된 『벌목 *Holzfällen*』 역시 발표 직후 한동안 오스트리아 전역에서 화제거리가 되었다. 우선 작곡가 람퍼스베르크(Lampersberg)는 이 소설이 자신을 명예훼손했다고 주장하며 작가를 고소했다. 비평가와 메스컴은 이 소설을 실화소설이라며 '누가 누구? who is who' 찾기에 발동을 걸어 세인의 관심이 집중되었다. 그 덕분에 베른하르트는 이제까지의 정치적 성격의 스캔들과는 또다른 형태의 물의를 일으키는 주인공이 되었다.

람퍼스베르크는 『벌목』에 그로테스크하게 표현되고 있는 아우어스베르크(Auersberg)가 자신을 왜곡해서 그리고 있으며, 자기 부인 역시 부당하게 모함하고 있다며 베른하르트를 고소했다. 법정공방전에서 1심 재판은 당시 이미 시판이 되고 있던 이 소설을 강제회수 및 판금지조치하도록 판결을 내린다. 이렇게 되자 문인그룹은 예술의 자유를 들어 작품구제운동을 펼치기도 했다. 흥미로

<그림 11> 크리스티안(Krystian Lupa) 연출, <우드커터(소설 "벌목"을 각색한 공연)>
서울국제공연예술제공연(2017) @장은수

운 것은 오스트리아에서 판금조치가 내려지자 다른 인접국의 판매부수가 급격히 늘어났다는 점이다. 판결시행권 권외에 있던 독일에서는 오스트리아의 법원의 판매금지조치 2주 만에 3만부가 팔리는 이변이(?) 초래되기도 한다.

재판은 결국 항소심에서 작품의 허구성을 들어 반론을 편 베른하르크의 승소로 끝이나 강제회수조치가 취하되기에 이르는데, 이 작품이 문제를 일으키게 된 것은 근본적으로 볼 때는 정치적 스캔들에 휘말렸던 여타의 작품들과 다를 바가 없다. 개인이든 정치적 상황이든 사실이 부당하게 묘사되고 왜곡되어 있다는 비난은 그의 작품이 특징적으로 갖고 있는 과장적 문체에서 연유하기 때문이다. 하지만 이 과장법이야말로 베른하르트가 자기의 체험을 허구화시키는 결정적 문학도구라는 점을 감안할 때, 이러한 과장과 허구로 창작된 작품 속에서 실제의 인물들이 거울을 들여다보듯 자신을 발견하는 것은 그의 작품이 지닌 진실성을 역설적으로 반증하는 것도 된다. 많은 이들이 그의 작품에 광하는 것도 바로 이러한 허구적 진실이 가진 매력에 있지 않은가 싶다.

인위적 예술성 – 창작이란 언어라는 각목으로 집짓는 일

베른하르트의 문학적 기본명제를 밝히는 데 자주 인용되는 말이 있는데, "내 책에 쓰인 것은 모두 예술적 허구지요"라는 표현이다. 베른하르트는 문예론적 에세이는 한편도 발표하지 않은 반면, 가끔 예외적으로 응해준 인터뷰에서 마치 자기 작품의 주인공들과 똑같은 어조로 장시간의 독백을 했다.

위에서 언급된 문장은 『사흘 *Drei Tage*』이라는 독백적 인터뷰에서 인용된 것으로, 그 제목은 독일의 영화 제작자 라닥스(Ferry Radax)와 함께 함부르크에서 3일 동안 촬영한 데서 기인한다. 『사흘』은 그 밖에 두 차례의 스페인 여행에서 만들어진 텔리비전 인터뷰인 『마요르카에서의 독백 *Monolog auf Mallorca*』 및 『원인은 나 자신이다 *Die Ursache bin ich selbst*』와 더불어 베른하르트의 세계관과 문학관을 이해하는 기본 자료가 되고 있다.

베른하르트는 창작하는 자신을 집짓기 놀이하는 어린아이에 비유하면서, 창작이란 언어라는 각목으로 집을 지어보고 맘에 들지 않으면 다시 부수는 것과 같다고 한다. 그에게 있어 중요한 것은 '무엇을 Was' 짓느냐보다 '어떻게 Wie' 짓느냐에 있다고 강조한다. 이와 더불어 인위적 허구성을 설명하기 위해 자신의 작품을 연극무대에 비유한다.

말하자면, 문학작품의 사건과 인물이 사면으로 한정된 연극무대에서 존재한다고 비유적으로 설명하면서, 사건과 인물이 일단 현실세계를 초월해 하나의 독립적으로 폐쇄된 작품세계 속의 맥락에서 관찰되어야 함을 강조하는 것이다. 여기서 특히 주목할 점은 무대가 어둡게 설정되어, 이 어두움을 통해 더 뚜렷한 윤곽이 얻어진다는 사실인데, 이는 베른하르트의 미학적 방법인 과장과 생략에 대해 시사하는 바가 크다. 즉 베른하르트가 그리는 인물은 현실적인 인물이 아니고, 어둠을 통해 그 윤곽만이 드러나는, 그러기에 더욱 그 윤곽의 특징이 뚜렷이 부각될 수 있는 그런 현상이다. 이는 인물뿐 아니라 작품 내 사건과 언어에도 적용될 수 있다. 과장을 통해 언어가 가진 전달의 한계성을 극복한다는 베른하르트의 명제는 『소멸』의 주인공 무라우(Murau)의 독백에도 반영된다. "사람들이 알아듣게 하려면, 과장을 해야만 합니다."

베른하르트의 작품에 나타나는 과장의 기법은 크게 세 가지 형태로 나누어 볼 수 있는데, 첫째, 최상급 내지 절대 최상급의 용어를 많이 써서 극단적 표현이 나오게 하고, 둘째, 부정수사를 이용한 배타적이고 총괄적인 용어들, 예를 들면 모두, 항상, 어쨌든, 전부, 끝없이, 절대적으로 등이 자주 쓰인다. 셋째, 동음이어(同音異語)와 일정 표현들의 거듭된 반복을 통한 강조를 들 수 있다.

커리커처를 좋아하는 사람이라면 모두 아마 베른하르트의 작품을 즐겨 읽을 것이다. 왜냐하면 그가 사용하는 과장과 생략의 기법이 바로 이 커리커처 기법의 근저를 이루는 것이기도 하기 때문이다. 특징적인 것을 더욱 과장해서 눈에 띄게 하고 개성 없는 것을 무시해버림으로써 대상을 그로테스크(grotesk)하고 우스꽝스럽게 왜곡하지만, 그럼에도 불구하고 감상자로 하여금 실상의 본체를 풍자적으로 알아보게 하는 커리커처는 베른하르트의 문학이 지닌 비판성과 유머를 공유한다.

그밖에 들 수 있는 베른하르트 언어의 특징으로는 또한 수사학적 반복형식(두운, 각운)을 통한 음악적 효과 그리고 은유를 이용한 언어유희 및 코믹효과를 지적할 수 있다. 이렇게 해서 소설 『옛 거장』에서는 하이데거(Heidegger)가 프라이펜에서 갓 구워진 음식으로 은유되어 점심식사에 독일철학자들의 셰리술과 함께 은쟁반으로 받쳐져서 차려진다고 비꼬기도 한다.

베른하르트가 사실적 묘사를 포기하는 대신 예술적 인위성을 강조하고 나온 것은 물론 그에게서만 볼 수 있는 새로운 현상은 아니다. 이미 아도르노(Adorno)도 그의 『미학 이론 *Ästhetische Theorie*』에서 쇤베르크(Schönberg)의 말을 인용해 예술의 주소지를 밝힌 바 있다: "나는 그림을 그리는 거지 의자를 그리는 게 아냐."

베른하르트는 또한 자신의 주관적 문학이 갖는 한계성을 분명히 하는데, 말하자면 문학을 통해 세상을 개선할 수 있다는 가능성을 부정하는 것이다. 베른하르트의 극작가적 자기 성찰이 많이 담긴 희곡 『목적지에서 *Am Ziel*』에서 관객인 어머니의 질문에 대한 작가의 대답 역시 마찬가지다. 불가능하다는 인식에도 불구하고 시도하는 게 중요하다는 작가의 말은 카뮈 Camus의 시지포스 신화를 연상시킨다.

「어머니: 우리 사회를 변화시키려 하세요

문필가: 우리 사회는 변화될 수 없어요

어머니: 거 보세요

<그림 12> 크룩카(Krucka) 소재 베른하르트의 집

문필가: 하지만 그래도 시도는 항상하게 되지요

어머니: 맞아요

문필가: 시도한다는 게 중요한 거예요

-『목적지에서』 중에서

희극과 비극

그렇다면 우리의 현실을 근거로 베른하르트가 만들어내는 연극은 과연 희극인가? 비극인가?

이에 대한 대답에 앞서 베른하르트가 분명한 소설임에도 불구하고 굳이 희극 Komödie라고 장르 구분을 어울리지 않게 붙여놓은 소설 『옛 거장 *Alte Meister*』을 살펴보자. 이 소설의 주인공 레거 Reger는 《타임즈 *The Times*》지의 음악 평론가로 예술사 박물관에 앉아 옛 고전 거장들의 걸작품들을 하루 종일 바라보는 게 취미이다. 그가 그렇게 앉아서 화자 아츠바허(Atzbacher) 면전에서 독백하는 사색의 내용은 베토벤에서 슈티프터(Stifter)에 이르기까지 모든 예술분야의 고전대가들을 도마 위에 올려놓고 난도질하는 것이다. 그리고 그는 결국 다음과 같은 결론에 이른다.

우리가 생각하고 말하지 못할게 뭐가 있겠소. 그러면서 우리는 완벽하다고 믿는거지요. 하지만 사실은 그렇지 못하잖아요. 이게 바로 코메디요. 그리고, 그렇다면 앞으로 어떻게 될 것인가? 하고 자문하면 이게 바로 비극이지요. 아츠바커씨.

- 『옛 거장』 중에서

그렇기 때문에 인간의 불완전성을 가장 극적으로 폭로해 주는 '죽음' 앞에서 인생은 코메디로 보일 수밖에 없고, 이는 이미 언급된 "죽음을 생각하면 모든 것이 우스꽝스러울 따름입니다" 라는 말을 상기시킨다. 결국 코미디와 비극은 인생이 가진 양면적 속성인데, 단지 어느 관점에서 이를 바라보느냐에 따라 그 장르가 결정된다. 베른하르트의 작품에서는 주인공의 입을 통해 희비극의 상대적 관점이 자주 언급되고 있는데 예를 들면 『혼란』에서는 "인간의 우습고 희극적인 요소는 그의 고통에서 가장 뚜렷하게 나타나고, 이는 고통스런 요소가 우습고 희극적인 상황에서 가장 뚜렷한 것과 마찬가지다" 라고 말한다. 희비극의 상대성은 허구성과 실제성처럼 그의 작품구조에 유희적으로 발 반영되어 있고, 이러한 작품구조를 통해 일정한 수용미학적 효과를 의도하고 있음도 『지하창고』에 시사되고 있다: "(···)희극인지 비극인지 여기서 알아보기 어렵죠. 이게 바로 관객을 당혹스럽게 만들고요."

그러면 이제 구체적으로 이러한 상대적 효과를 보이는 작품구조를 살펴보기 위해 초단편집 『소리 모사꾼 *Der Stimmenimitator*』에 실려 있는 한 작품 『진담 *Ernst*』을 소개해 본다.

진담

수십 년간 웃기는 것으로 공연 때마다 객석을 빈자리 하나 없이 꽉 채웠던 희극배우가, 어느 날 갑자기 잘츠부르크의 명소 페르데슈벰메(Pferdeschwemme) 위에 있는 절벽 위에 출연한 것은, 당시 소풍 나와 있던 바이에른(Bayern)관광객들에게 오랫동안 기다려왔던 대단한 선풍이었다.

이 관광객들 앞에서, 희극 배우는 입고 있던 가죽바지와 티롤Tirol식 모자 차림의 우스꽝스런 모습 그대로, 절벽 아래로 뛰어 내리겠다고 말했다. 그러자 삶들은 언제나 그래왔듯이 모두 박장대소하며 웃어댔다. 그런데 희극배우는 그게 진담이라면서 그 순간 정말로 절벽 밑으로 뛰어내렸다고 한다

-『소리 모사꾼』 중에서

이 짧은 희극배우의 일화가 우리에게 시사하는 것은 무엇인가? 한 마디로 그것은 코미디와 심각한 진실의 상호 교환성이라 할 수 있을 것이다. 그런데, 이 초단편은 두 가지의 해석을 가능하게 한다. 첫째로 우리가 희극배우의 진담을 그대로 믿는 해석이다. 절벽에서 뛰어내려 자살을 하는 희극배우의 입장은 비극적 진실이 아닐 수 없지만, 구경꾼들은 이를 습관상 우스꽝스런 코메디로 받아들인다.

희극배우에 대한 고정관념 때문에 구경꾼들은 그의 행동에서 현실이 아닌 연극을 그것도 우스꽝스런 코미디를 기대하는 것이다. 이로써 결국 희극배우의 비극적 진실이 희극으로 오해 받는다는 해석이 가능하다. 마지막 단락에서

급작스럽게 전환되는 상황에 의해 당황하게 되는 것은 비단 허구 속의 구경꾼뿐만 아니라 이 글을 수용하는 독자의 경우도 마찬가지이다. 바로 이러한 급작스런 전환을 수반하는 짧고 충격적인 종말은 베른하르트의 단편소설과 드라마에 자주 나타나는 구조적 특징이기도 하다.

둘째로는 우리가 연극배우의 '진담'조차도 연극행위로 받아들이는 입장의 해석 방법이다. 희극배우는 관광객들을 야외에서 만나지만 이는 다분히 연극적인 행위로 배우와 관객의 만남으로 보인다. 그의 의상 역시 오스트리아 민중극의 전통 광대인 한스 부르스트(Hans Wurst)를 연상시키고 이러한 우스꽝스런 옷차림으로 절벽에서 뛰어내리겠다는 어울리지 않는 협박조 코믹에 관객들은 폭소를 터뜨릴 수밖에 없다. 그렇다면 그가 정말로 절벽에서 뛰어내려 죽고 마는 행위는 연극인가? 현실인가? 두 번째 해석의 입장에서 본다면 이 역시 죽음까지도 불사하며 대본과 연극에 충실한 광대의 연기로 받아들여야 할 것이다. 다만 죽음의 순간은 연극인 동시에 돌이킬 수 없는 현실로 희극적 연극과 진지한 현실이 한자리에서 만나는 순간이기도 하다. 베른하르트는 상당히 역설적으로 들리는 표현으로 이러한 상관관계를 밝혀준다: "희극은 항상 진지한 것이죠, 희극배우가 자살을 하는 순간까지 말입니다."

여기서 연극적 허구성과 현실적 사실성을 공동보유하는 죽음의 순간에 허구 속 관객의 반응이 어떠한지 언급되지 않고 있는 것은 작품 수용시 현실과 허구와의 만남을 열어주려는 의도적 수법이라 볼 수 있다. 이로써 현실의 관객인 독자가 바로 허구 속 관객의 자리를 넘겨받게 되기 때문이다. 여기서 또 주목할 만한 것은 화자와, 그가 서술하고 있는 이야기의 관계이다. 이 작품의 마지막 문장은 간접화법으로 쓰여 있다. 따라서 이제까지 삼인칭 시점에서 화자가 직접적으로 서술하던 것이 희극배우가 떨어지는 것을 묘사하는 마지막 부분에서 전환됨으로써 화자의 직접적인 체험이 아니라 단지 남에게서 들은 것을 인용하는 것이 된다. 말하자면, "희극배우가 그게 진담이라면서 그 순간 정말로 절벽 밑으로 떨어져 내렸다고 한다"는 인용체가 화자 내지 작가가 전달·보고하는 이 말의 사실성 여부를 모호하게 만드는 것이다.

이렇게 볼 때 이 짧은 작품 하나에서도 러시아의 바흐친(Michail Bakhtin)이 그의 대화이론을 통해 집중 조명시켰던 소설의 다성성이 확인됨을 볼 수 있다.

바흐친은 언어가 일정한 문맥에서의 대화로서만 규명될 수 있다는 특징을 '언어의 사회성'이라고 밝히며, 모든 언어적 요소는 마치 하나의 희곡이나 시나리오처럼 상연 혹은 상영된다고 본다. 따라서 그는 소설의 언술을 권위적이고 일방적인 단음조의 행위로 보지 않고, 등장인물 혹은 사건의 단계적 가치들, 그 가치와 작가의 관계, 독자와 작가의 사이라는 복합적 문맥에서 이뤄지는 대화성(Dialogizität)에 초점을 두고 작품을 분석한다.

김욱동 역시 「포스트모더니스트로서의 바흐친」(김욱동 편: 『바흐친과 대화주의』, 나남, 1990)에서 바흐친의 이론을 빌어 다성적 소설을 설명하고 있는데, 특히 작가의 목소리와 작중인물의 목소리는 서로 복잡하고 미묘하게 결합되어 있기 때문에 과연 어느 것이 누구의 목소리인지 구별하기란 거의 불가능한 일이라며, 다양한 시점을 이용한 다성적 소설의 특징을 유희적 개방성으로 규명한다.

그의 마지막 작품인 『영웅광장 *Heldenplatz*』에서 나치의 횡포에 시달리는 유태인 주인공 로베르트와 더불어 베른하르트는 부르짖는다.

작가들이 쓰는 것은
현실세계에 비해서 아무것도 아니에요.
네, 그들은 물론 이렇게 쓰죠,
모든 게 썩어 빠졌고 타락했다고
모든 게 파멸로 치닫고 있다고,
모든 게 절망적이라고,
하지만 그들이 쓰는 것은 모두
현실세계에 비하면 아무것도 아니에요.
현실세계는 너무나 나빠서
도저히 표현될 수 없거든요.
어떤 작가도 현실을 현실적 상황 그대로
표현해 낼 수 없었죠.
그게 바로 통탄할 노릇이지요.

-『영웅광장』 중에서

베른하르트는 1989년 2월 10일 지병이었던 심장병으로 사망했다. 현실이 너무나 극적이어서 사실성 있게 묘사하는 게 불가능하다고 개탄했던 과장의 대가 베른하르트는 그의 삶도 상당히 극적으로 마무리했다.

임종 직전 그는 자신의 죽음을 사후 2주 동안 절대로 발설하지 말 것과 비밀리에 장례를 치를 것을 부탁하고 공개유언장을 남긴다. 그로 인해 인기작가의 임종이란 특보를 놓친 매스컴은 뒤늦게서야 이를 확인하고 흥분하며 '베른하르트의 매스컴에 대한 마지막 보복'이란 말까지 하기도 했다. 진짜 보복은 그러나 유언장에 있었으니 그가 저작권을 발휘해 자신의 모든 작품을 국내에서 출판 내지 공연하는 것을 금지한 것이다. 저작권 유효기간이 70년이므로 이 기간에 그의 연극을 보려는 이는 결국 외국으로 찾아 나서야 한다는 얘기가 된다. 실제로 그의 마지막 작품인 『엘리자베트 2세』는 베를린에서 초연되었고 비인 연극축제공연 참가때도 인접국인 유고슬라비아의 극장에서 대리공연되어 관객이 관광버스로 수송되는 촌극을 빚기도 했다.

이처럼 임종마저도 극적으로 장식했던 베른하르트는 '죽은 자는 말이 없다'는 진리를 무색케 하는 작가의 대열에 이제 끼게 되었다. 그의 생전시보다 오늘날 더 많이 공연되고 꾸준히 읽혀지는 작품과 함께 그는 아직 건재함을 과시하며, 인간의 허위와 권력의 치부를 공박하고 있다. 현재 그에 대한 논문과 연구서적들은 수를 헤아리기 힘들다.

아인슈타인과 베른하르트 그리고 '비엔나 커피'

비인이 카페의 도시로 유명해진 것은 '비엔나 커피'로 불리는 카페 라떼 덕분이다. 최고의 커피 맛을 발전시켜준 것은 사실은 그곳을 드나들던 단골손님들 덕분이다. 19세기말 세기말(fin de siecle) 시대부터 유달리 입맛 까다로운 작가들은 카페에서 작품의 영감을 얻었다. 합스부르크황가의 전통이 살아있는 대도시 비인 한복판에서 신문도 보고 서양장기도 두며 하루를 소일하다가 영감이 떠오르면 그 자리에서 시를 긁적였던 것이다. 시내 한 복판의 카페 무제움(Cafe Museum)엔 오늘도 장기팀과 신문팀의 구역이 정해져 있다. 첸트랄 카페(Cafe Zentral)에 들어서면 19세기말의 단골작가 알텐베르크(Peter Altenberg)의 석상 옆자리를 현재는 20세기말의 단골작가들이 채워 주고 있다. 그의 친구들은 "알텐베르크가 집에 없으면 첸트랄 카페에 가면 있다"고 했다.

비인 시청 뒤 비인대학 기숙사 근처 아인슈타인(Cafe Einstein)에는 아인슈타인이 있다. 그곳은 문학의 꿈을 키우는 학생들의 단골집이기도 했는데, 이 카페 한 쪽 벽에 크게 걸려있던 아인슈타인의 유명한 사진 때문이었다.

현대 과학과 정신세계의 표상인 그가 혀를 쭉 내밀어 보이고 있는 그 사진만큼 더 멋지게 지혜로운 현자와 자유로운 광대의 이상적인 조합을 제시하는 표상은 없을 것이다. 이 사진은 그의 노년에 찍힌 것이지만, 이미 1933년 독일이 히틀러의 정권 진입으로 점점 나치의 수렁으로 빠져들고 있을 때 유럽에 등을 돌리고 미국으로 떠나야 했던 그의 운명을 상기시켜 주기도 한다. 그의 아이러니컬한 표정에서 자신의 고향을 등질 수밖에 없었던 이의 착잡함과 동시에 그들에 대한 저항적 비난의 조소를 읽을 수 있다.

베른하르트의 1986년 소설 『소멸 *Auslöschung*』에서 주인공은 이 사진의 의미를 논한다. 650여 쪽에 달하는 방대한 분량의 이 소설이 어떤 시각으로 세상을 바라보는지에 대한 은유이기도 하다. 소설의 주인공 무라우 Murau에게는 아인슈타인이 상대성 이론을 발견한 천재 과학자이기에 앞서 '혀 내밀기'를 빼

놓고는 생각할 수 없는 존재가 된다.

> 아인슈타인이 혀 내밀고 있는 그 유명한 사진만 해도 그래요. 난 말이요, 혀 내미는 그 모습 없이는 아인슈타인을 생각할 수 없어요, 감베티씨, 하고 그에게 말했다. 그의 혀를 떠올리지 않고는 아인슈타인을 생각할 수가 없어요. 그가 온 세상에, 아니 온 우주 삼라만상에다 대고 내미는 그 심술궂고 꾀많은 혀 말이요.
>
> -『소멸 *Auslöschung*』 중에서

이렇게 말하는 무라우는 아인슈타인을 흉내 내서 어느 날 거울 앞에서 혀를 내밀고 거울 속의 자기 자신을 관찰하며 혼자서 광대짓을 해보인다. 무라우는 혀를 내고 있는 자신을 "노광대(alter Narr)"라 자칭하면서 모순과 허위, 부조리에 가득 찬 세상을 조소한다.

베른하르트의 작품은 실제로 여러 가지 면에서 아인슈타인을 상기시켜준다. 특히 허구성과 실제성에 대한 그의 입장은 아인슈타인의 상대성 원리와 많이 닮아있다. 베른하르트 사후 추모사에서 동료 로트 Gerhard Roth가 그를 "진리의 상대론자"라 지칭했다. 실제로 베른하르트의 문학관은 '진리 뒤집어 보기'라는 기본 원칙에서 비롯된다. 베른하르트는 1979년(6월 29일자) 독일의 대표적 신문인《디 차이트 *Die Zeit*》지를 위해 뮐러(Andre Müller)가 청했던 인터뷰에서 그는 상대론을 다음과 같이 펼치고 있다 모든 사물은 아름다운 동시에 추하며, 죽어 있는 동시에 살아 있고, 멋진 동시에 촌스러운 것이다. 매사는 단지 우리가 그때그때 어떤 것을 받아들이느냐에 달려 있다. 무엇이든 우리의 관심을 끌 소지는 다 가지고 있는 것이니. 내 입장에서 보면 모든 것이 동등가치를 지니고 있다. 해서 죽음 역시 내겐 별난 문제가 아니다. 그러기에 죽음에 대하여도 다른 이들이 밥먹는 얘기하듯 그렇게 말하고 있다.

-『숲은 광활하고 어둠 역시 끝없다』 중에서

모든 고정관념과 절대적인 가치관들에 끊임없이 혀를 내미는 그의 작품들은 실로 광대의 자유를 철저히 고수하고 지배할 줄 알았던 한 작가의 얼굴이기도 하다. 현실이 하도 극적이어서 재현불가능하다고 했던 그가 현실을 극복하는 방법은 바로 과장과 풍자였다.

<그림 13> 베른하르트가 집필하던 타자기
© B. Judex

글쓰기를 집짓기에 비유했던 그는 일생동안 그가 지어낸 독특한 집들처럼 독자적인 문학세계를 구현해냈다. 베른하르트는 어느 모로 보나 매스컴 시대가 만들어 낸 대표적 작가다. 동시대의 작가들 중 베른하르트 만큼 저널리즘을 잘 이해하고 또 잘 이용했던 작가도 없을 것이기 때문이다.

베른하르트는 집을 설계하는 건축가처럼 작품을 설계했고, 철저한 자기 극복 아래 벽돌을 쌓아 올리듯, 황토를 바르듯 문장들을 구성해 그 만의 독보적인 집을 지어냈다. 문학작품은 작가의 손에서 완성되지 않는다는 것을 일찍 간파했던 그는 독자와의 소통에서도 노련한 솜씨를 보였다. 작품에서 뿐만 아니라 작가로서의 모습까지도 철저하게 연출해낼 줄 알았던 그는 자신의 삶마저 글 쓰듯 지어나간 진정한 글쓰기의 장인이었다.

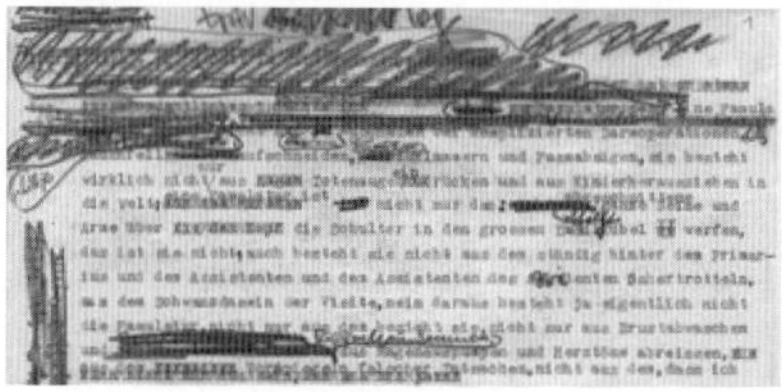

<그림 14> 베른하르트의 수정 원고

* 이 글은 『독어독문학』 36권 1호(1995년)에 게재된 논문 「토마스 베른하르트의 열린 문학」의 내용을 이 책의 주제에 맞게 수정 보완한 것이다.

토마스 베른하르트의 주요작품연보

시

1957 『지상과 지옥 *Auf der Erde und in der Hölle*』

1958 『무쇠달빛아래 *Unter dem Eisen des Mondes*』

1962 『미친 놈과 갇힌 놈 *Die Irren. Die Häftlingen*』

1981 『베르길의 기도 *Ave Vergil*』

소설

1963 『혹한 *Frost*』

1964 『암라스 *Amras*』

1967 『혼란 *Verstörung*』

1967 『산문집 *Prosa*』

1968 『운게나흐 *Ungenach*』

1969 『바텐게임 *Watten*』

1969 『사건 *Ereignisse*』

1969 『수목의 경계에서 *An der Baumgrenze*』

1970 『석회광산 *Das Kalkwerk*』

1971 『이탈리아인 *Der Italiener*』

1971 『걷기 *Gehen*』

1975 『교정 *Korrektur*』

1975 『원인 *Die Ursache*』

1976 『지하창고 *Der Keller*』

1978 『호흡 *Der Atem*』

1978 『예스 *Ja*』

1978 『소리 모사꾼 *Der Stimmenimitator*』

1981 『추위 *Die Kälte*』

1982 『아이 *Ein Kind*』

1982 『콘크리트 *Beton*』

1982 『비트겐슈타인의 조카 *Wittgensteins Neffe*』

1984 『벌목 *Holzfällen*』

1985 『옛 거장 *Alte Meister*』

1986 『소멸 *Auslöschung*』

희곡

1959 『황무지의 장미 *Die Rosen der Einöde*』

1970 『보리스를 위한 축제 *Ein Fest für Boris*』

1972 『무심자와 미치광이 *Der Ignorant und der Wahnsinnige*』

1974 『사냥모임 *die Jagdgesellschaft*』

1974 『습관의 힘 *Die Macht der Gewohnheit*』

1975 『대통령 *Der Präsident*』

1976 『유명인 *Die Berühmten*』

1977 『미네티 *Minetti*』

1978 『임마누엘 칸트 *Immanuel Kant*』

1979 『세계 개선자 *Der Weltverbesserer*』

1980 『정년퇴임 앞두고 *Vor dem Ruhestand*』

1981 『목적지에서 *Am Ziel*』

1984 『연극쟁이 *Der Theatermacher*』

1985 『리터, 데네, 포스 *Ritter, Dene, Voss*』

1986 『단순 복잡 *Einfach kompliziert*』

1987 『엘리자베트 2세 *Elisabeth II*』

1988 『영웅광장 *Heldenplatz*』

참고문헌

Dreissinger, Sepp (Hg.): *Thomas Bernhard. Portraits - Bilder und Texte.* Weitra: Bibliothek der Provinz 1991.

Dreissinger, Sepp (Hg.): *Von einer Katastrophe in die andere. 13 Gespräche mit Thomas Bernhard.* Weitra: Bibliothek der Provinz 1992.

Fialik, Maria: *Der Charismatiker*. Thomas Bernhard und die Freunde von einst. Wien: Löcker 1992.

Fellinger, Raimund; Huber, Martin; Ketterer, Julia (Hg.): *Thomas Bernhard – Siegfried Unseld. Der Briefwechsel*. Frankfurt/Main: Suhrkamp 2009.

Fleischmann, Krista: *Thomas Bernhard. Eine Begegnung. Gespräche mit Krista Fleischmann*. Wien: Edition S 1991 (auch: Frankfurt/Main: Suhrkamp 2006).

Fleischmann, Krista (Hg.): *Thomas Bernhard. Eine Erinnerung. Interviews zur Person*. Wien: Edition S 1992.

Hennetmair, Karl Ignaz: *Ein Jahr mit Thomas Bernhard. Das versiegelte Tagebuch 1972*. Salzburg, Wien: Residenz 2000.

Höll, Joachim: *Thomas* Bernhard. 2. Aufl. München: Deutscher Taschenbuch Verlag 2003.

Höller, Hans: *Thomas Bernhard*. Reinbek bei Hamburg: Rowohlt 1993.

Honegger, Gitta: *Thomas Bernhard. „Was ist das für ein Narr?"* München:

Propyläen 2003.

Huguet, Louis: *Chronologie. Johannes Freumbichler – Thomas Bernhard.* Weitra: Bibliothek der Provinz o. J. [1995].

Judex, Bernhard: *Der Schriftsteller Johannes Freumbichler 1881-1949. Leben und Werk von Thomas Bernhards Großvater*. Wien, Köln, Weimar: Böhlau 2006.

Mittermayer, Manfred; Veits-Falk, Sabine (Hg.): *Thomas Bernhard und Salzburg. 22 Annäherungen. Begleitbuch zur Sonderausstellung im Salzburger Museum Carolino Augusteum*. Salzburg: Otto Müller 2001.

Mittermayer, Manfred: *Thomas Bernhard*. Frankfurt/Main: Suhrkamp 2006 (BasisBiographie 11).

Schmied, Wieland; Schmied, Erika: *Thomas Bernhard. Leben und Werk in Bildern und Texten*. St. Pölten, Salzburg: Residenz 2008.

Waitzbauer, Harald: *Thomas Bernhard in Salzburg. Alltagsgeschichte einer Provinzstadt 1943-1955*. Wien, Köln, Weimar: Böhlau 1995.

7. 사랑과 낭만을 찾아 방랑한 영원한 보헤미안

쉬즈모(徐志摩)의 시와 인생

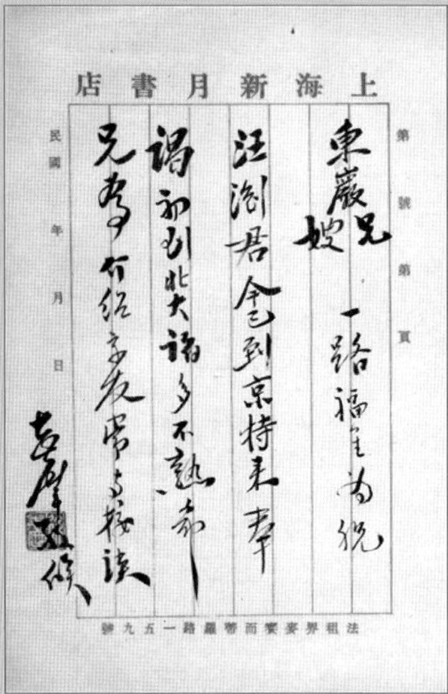

<그림 1> 쉬즈모의 필체

7. 사랑과 낭만을 찾아 방랑한 영원한 보헤미안

쉬즈모(徐志摩)의 시와 인생

박남용

중국의 로맨티스트 시인을 찾아서

20세기 중국현대시사에서 가장 독자들의 관심과 사랑을 받는 시인이 있다면 당연히 쉬즈모(徐志摩, 서지마: 1897-1931) 시인을 들 수 있다. 그는 한 인간으로서, 한 시인으로서 사랑과 낭만을 찾아 세계를 방랑한 영원한 보헤미안 같은 시인이었다. 그 누구도 따라올 수 없는 인생 이력 속에서 사랑과 이별, 그리고 죽음으로 자신의 생애를 마감하였다. 그리하여 중국 고전시 하면 이백과 두보를 최고의 시인으로 간주한다면 현대시 하면 쉬즈모를 최고의 시인으로 간주한다.

<그림 2> 쉬즈모

쉬즈모는 중국뿐만 아니라 한국, 일본에서도 가장 유명한 시인으로 자리잡으며 중국현대시사의 중요한 자리를 차지하고 있다. 그는 한국의 김소월 시인처럼 근대 자유시의 내용과 형식을 잘 조화시켜 새로운 신시를 발전시켰다. 즉 중국 고전시의 5언과 7언의 문언문의 정형된 시가 형식에서 벗어나 자유로운 백화 신시가 발전하였다. 후스의 백화문학론 주장과 실험적인 백화시 창작에 힘입어 신월파(新月派)의 쉬즈모로 그 흐름이 계승됨으로써 새로운 신시가 발전하게 되었다. 하지만 쉬즈모의 시창작 인생에서 가장 주목할 만한 것은 연애와 사랑에 대한 자유로운 인생에서 찾아볼 수 있다. 부인 장여우이(張幼儀)와의 결혼과 이혼, 린후이인(林徽因)과의 사랑과 이별, 그리고 친구 부인 루샤오만(陸小曼)과의 재혼 등 세 여인과의 사랑 속에서 베이징으로 가는 비행기 추락 사고로 사망하기까지, 그의 사랑과 죽음은 한 편의 영화나 드라마 같은 인생이었다고 할 수 있다.

쉬즈모의 죽음 이후, 중국의 신문학가들은 많은 평론과 글로 그의 죽음을 애도하였다. 특히 상하이에서 그와 함께 문학창작과 문학활동을 하던 후스는 그의 일생에 대해 '사랑, 자유, 미'라는 세 가지 단순신앙론으로 제기하였으며, 동시대의 주즈칭(朱自淸)은 "신시 최초 10년의 제2단계를 대표하는 시인"이라고 평했으며, 마오둔(茅盾)은 '중국 문단에서 걸출한 대표자', '부르주아의 대표적 시인'이라고 평하였다. 이와 같은 평가를 볼 때, 그의 삶은 신시단에 새로운 활력을 불어넣은 신월파의 대표적인 부르주아 시인이라고 할 수 있을 뿐만 아니라, 사랑과 자유와 아름다움을 추구하며 예술적 순수성과 이상을 갈구했던 시인이라고 할 수 있다. 이러한 쉬즈모의 시와 사랑, 그리고 죽음에 대해 당시 식민지 조선에서도 크게 주목하였다. 한국의 정래동은 1932년에 「서지마(徐志摩)의 시(詩)」란 글을 써서 그의 시 2편을 번역하며 서두에 "그의 시는 순 백화로 쓴 것으로써 유명하며, 백화시로 많은 새 시형과 리듬을 발견하였고, 시어를 잘 구사하는 것으로 중국시단에서 제일위에 간다. 중국 신시단에 있어서 그는 궈모뤄(郭沫若)와 같이 이대 시인으로 아낌을 받는다. 불행히도 그는 시재를 다 발휘하지 못하고 이 세상을 떠났다"고 애도하고 있다. 식민지 독립투사이자 광야의 시인이었던 이육사 시인도 그의 죽음을 전해 듣고 그를 애도하는 글을 쓰기도 하였다. 이육사는 1941년 《춘추》 6월호에서 「중국 현대시의 일단면」이란 글을 발표하며 쉬즈모의 시와 인생에 대해 소개하며 「배헌(拜獻)」과 「재별강교(再別康橋)」 두 편의 시를 번역 소개하고 있다.

하지만 쉬즈모의 안타까운 사랑과 이별, 그리고 죽음에 대한 기억은 오늘날까지도 지속되고 있지만 문화 대혁명 당시에는 그가 부르주아 시인이라고 하여 그의 무덤까지 파헤쳐지는 일도 벌어졌고 후대의 문학사에서 오랫동안 잊혀지기도 하였다. 이러한 그가 1980년대 이래 다시 독자들의 관심과 사랑을 받게 되어 그의 시전집이 새롭게 간행되고 있는 것을 보면 시인의 시에 대한 영원불멸성을 다시 한 번 돌아보게 한다. 그가 지금도 중화권에서 가장 뜨거운 시인이자 독자의 가장 큰 사랑을 받고 있는 베스트셀러 작가라고 할 때, 우리는 그의 시와 인생에서 어떤 의미를 찾아볼 수 있는지, 그의 인생과 후대의 평가가 어떤 연관성을 지니고 있는지 새삼 다시 묻지 않을 수 없다. 이러한 쉬즈모의 시와 인생 이야기를 통하여 젊은 청춘들의 삶의 위로와 영혼의 안식을 추구해 보기로 한다.

쉬즈모의 생애와 시창작

쉬즈모는 중국현대시사의 시가 유파인 신월파의 가장 대표적인 시인이었을 뿐만 아니라 후대에 가장 큰 영향을 준 시인이라고 할 수 있다. 그는 1897년 중국 저장성(浙江省) 하이닝현(海寧縣)의 부유한 가정의 독자로 태어났다. 아버지 쉬선루(徐申如)는 절강 지역에서 유명한 사설금융업, 간장공장, 방직공장, 직물업, 화력발전소 등을 운영하는 경영자였다. 집안의 미래를 위해 아들을 미국과 영국으로 유학 보내 집안의 문벌을 갖추려고 하였다. 그에 대한 아버지의 기대와 꿈은 그를 미국과 영국으로 보낸 것으로도 짐작할 수 있다. 당시 서구 유학을 자비로 떠난 것은 그만큼 대부호가 아니면 안 되었던 상황이다. 1933년 조선의 정래동은 「서지마(徐志摩)를 조(弔)함」이란 글에서 다음과 같이 쉬즈모의 인생 약력을 소개하고 있다.

徐志摩는 12세부터 시를 쓰기 시작하였다 한다. 그는 중국에서 상해대학·

북양대학 법예과에 학적을 둔 일도 있고, 민국2년 (혹은 1919년)에 북경대학에 입학하여 졸업한 뒤, 미국에 가서 어벌린칼레지와 콜롬비아대학에서 수업을 하고, 구주를 유람하였다 한다. 미국에 가서는 은행학을 배우다가 흥취가 없어서 정치학을 배웠다고 한다. 런던에 가서는 러스키 교수에게 정치학을 더 연구하고, H.G 웰스, 버나드 쇼, 럿셀 등과 교유가 있었으며, 그들의 영향을 많이 받았다고 한다.

-「서지마(徐志摩)를 조(弔)함」

쉬즈모가 이와 같이 미국과 유럽을 떠돌며 학업을 하였다는 것은 당시의 지식인들에게 큰 축복이었다. 신문학 주창자였던 후스가 미국으로 유학을 다녀오고 현대파 시인 따이왕수(戴望舒)와 30년대 대시인인 아이칭(艾青)이 프랑스로 유학을 다녀오고 대작가 루쉰(魯迅)과 궈모뤄(郭沫若)가 일본 유학을 다녀온 것을 보면 쉽게 알 수 있다. 중국 현대의 많은 작가들이 일본과 서구로 유학을 떠나 당시의 시대적 과제인 계몽과 구망의 이중 주제를 위해 많은 서구의 문물과 사상을 체험하며 받아들였다. 쉬즈모의 인생도 이와 마찬가지였다. 미국에서 경제학 석사학위를 받고 영국 케임브리지로 건너가서 키츠, 셸리, 워즈워스, 토마스 하디, 바이런 등 영국의 낭만주의 시인들에게서 깊은 영향을 받았다. 이러한 그의 인생 체험들은 그로 하여금 5·4 시대의 인간의 개성과 자유와 낭만을 추구하는 시대적 조류를 자연스럽게 표출시켰다. 따라서 그의 문학사상의 내면에서 인도주의·자유주의·낭만주의 등이 혼재되어 나타났다. 그는 일생동안 모두 4권의 시집을 창작하였는데, 『즈모의 시(志摩的詩)』, 『피렌체의 밤(翡冷

翠的一夜)』, 『맹호집(猛虎集)』, 『떠도는 구름(雲遊)』 등이 있다. 하지만 그의 시가 창작은 영국 유학 초기의 시창작에서, 부인 장여우이(張幼儀)와의 결혼과 이혼, 린후이인(林徽因)과의 사랑과 이별, 그리고 세 번째 여인 등과 매우 밀접한 관련을 맺고 있다. 함께 신월파를 이끌어 가는 가장 중요한 시인이었다. 그럼에도 이 두 시인은 서로 풍격이 달랐다고 황시우지(黃修己)는 『중국현대문학발전사』에서 말하고 있다. "그의 시의 사상 예술경향은 비교적 원이뚜어에 접근되어 있다. 그러나 시의 풍격은 상당히 다르다. 원의 시가 기본상 남성적이면서 강하다고 말한다면 쉬의 시는 여성적이며 부드러운 맛에 접근되어 있다"고 하였다. 한국의 저명한 중국문학가이자 시인이자 수필가인 덕계(호) 허세욱 교수는 쉬즈모에 대해 『중국현대시연구』에서 다음과 같이 흠모의 사랑을 나타내었다. 그는 쉬즈모를 '성령 자유의 시인'으로 규정하며, 그의 "인생이나 시의 이상은 성령의 자유에 두었고, 그의 목적은 성령의 자유를 구현하는 것"이었으며, "그의 생명과 시의 창작은 곧 성령의 추구로 보인다"고 하였다. '성령'이란 말은 중국 명대 공안파(公安派) 문학의 핵심을 일컬을 때 쓰이는 용어로 글이란 "오로지 영혼을 써야 하며, 일정한 틀에 얽매여서는 안된다(獨抒性靈, 不拘格套)"고 말하고 있다. 이런 공안파 문학은 바로 명대 초기 진한 시대의 산문을 계승하고 당나라 시대의 이백과 두보의 시풍을 계승 발전시키자는 복고파의 문학주장에 반발하여 새롭게 문학 기풍을 창조해 나가자라는 의도에서 사용되었다. 이러한 표현으로 볼 때, 쉬즈모 문학의 핵심을 한 마디로 '성령'으로 이해하고 있다는 것은 그만큼 그의 문학을 영혼의 자유에서 찾고 있다는 것이다. 자유로운 낭만적 감정의 소유자로 보헤미안적 방랑과 사랑을 추구하며 순수한 시적 정신을 추구하였다.

최근 한국의 이경하 교수는 『쉬즈모 시선』이라는 쉬즈모의 시선집을 번역하며 해설에서 "그는 문학이 삶과 유리될 수 없다고 여기며, '삶'과 '예술' 사이의 긴장의 끈을 놓지 않았다. 스스로 "아마도 나는 천성적으로 감성적인 사람일 것이다"라고 고백한 것처럼, 쉬즈모는 풍부한 상상력과 예민한 감수성으로 사랑을 노래하고, 자연의 소중함과 도시 문명의 폐해를 표현한 시인이었다"라고 평가하였다.

자연예찬과 아름다운 사랑에 대한 추구

쉬즈모의 시세계는 기본적으로 영국 낭만주의의 영향 속에서 자연과 이상에 대한 예찬으로 나타난다. 영국에 유학하면서 그는 바이런, 셸리, 키이츠, 워즈워드, 그리고 토마스 하디의 영향을 많이 받고 그들의 시를 중국에 번역 소개하였다. 낭만적 서정과 자유로운 상상력을 추구하며 자연에 대한 서정적 정서를 토로하고 있다. 그가 처음 시창작을 시도한 것도 영국 케임브리지대학 유학 시절인 1921년 11월 23일, 「풀잎의 이슬(草上的露珠兒)」이란 시를 창작하면서부터이다. 쉬즈모의 첫 시집 『즈모의 시(志摩的詩)』는 1925년 8월 중화서국에서 출판되었는데 1928년 신월서점에서 개정판이 출판되었다. 초창기의 시에서는 비교적 자연에 대한 시어를 중심으로 청춘과 낭만에 대한 서정을 노래하고 있다. 그는 영국에 유학하며 「봄(春)」, 「청춘의 노래(青春雜咏)」, 「여름날의 전원풍경

(夏日田間卽景)」, 「케임브리지 서쪽 들판의 저녁풍경(康橋西野暮色)」, 「달밤에 바이올린 소리 들으며(月夜聽琴)」, 「밤(夜)」 등의 시를 창작하였는데, 대부분이 자연서정에 대한 작가의 송가였다. 예를 들면 「여름날의 전원풍경」에서는 "남풍은 향기롭고 /초목은 푸르고 /대지에는 따뜻한 햇살 가득히 /하늘에는 흰구름 노란구름 가득히 /저 보리물결 사이로 /농부 부부의, 은은히 속삭이는 소리 들린다"라고 하거나, 「달밤에 바이올린 소리 들으며」에서는 "어느 집의 노래소리와 /슬픈 바이올린 소리인가 /아득한 별빛 아래, 소나무 그림자 사이로 /나 홀로 걸으며 조용히 듣는다"라고 하였고, 「밤」에서 "밤이여, 모든 것을 품은 밤이여, 나는 그대를 찬미하리라!"라고 하였다. 쉬즈모의 초창기 영국에서의 시 창작은 이처럼 자연에 대한 시어들이 많이 등장하며 시간적 추이에 따른 청춘의 감상적 서정이 주된 분위기를 이루고 있다.

<그림 3> 쉬즈모와 첫 번째 부인 장여우이

하지만 쉬즈모의 일생에서 가장 주목할 만한 것은 세 여인과의 만남이었다. 그것은 1915년 장여우이(張幼儀)와 결혼하였다가 1922년 이혼하고, 케임브리지대학에서 량치차오(梁啓超)의 아들 건축가 량쓰청(梁思成)과 이미 약혼한 린후이인(林徽因)을 좋아했지만 이루지 못한 짝사랑, 그리고 친구 왕경(王賡)의 부인 루샤오만(陸小曼)을 사랑하여 유부녀와 재혼하는 등 당시의 중국 사회를 초월한 사랑의 흔적을 남기었다. 이러한 쉬즈모의 사랑과 결혼 이야기가 사람들에

게 많은 관심을 끌게 된 것은 5·4 신문화 운동 이후 개성 해방과 자유로운 연애와 이혼을 주장했음에도 불구하고 여전히 봉건사회적인 사회적 습관이 남아 있었기 때문에 그의 이러한 애정행각은 보통 사람으로서는 불가능한 것이었다. 하지만 시인의 자유롭고 호방한 기질 속에 방랑과 풍류를 아는 멋진 귀공자 같은 쉬즈모의 경우에는 그 어떠한 것도 구속됨이 없었던 것이다.

첫 시집에서 가장 주목할 만한 시는 바로 「눈꽃의 즐거움(雪花的快樂)」이란 시이다. 이 시는 1924년 12월 30일에 써서 1925년 1월 17일 《현대평론》 제1권 제6기에 실린 작품이다.

만일 내가 눈꽃이라면,
훨훨 허공 속에 날리라,
 나는 나의 길을 알아---
 날고, 날고, 날아 가리라---
이 땅에는 나의 길이 있으니.

저 춥고 적막한 깊은 골짜기에는 가지 않으리,
저 처량한 산기슭에는 가지 않으리,
 황량한 거리로 가서 슬퍼하지도 않으리---
 날고, 날고, 날아 가리라---
그대여 보라, 내게는 나의 길이 있으니!

허공에서 나풀나풀 춤추고 날며,
저 맑고 고요한 거처를 알았네,
  그녀가 화원으로 찾아오길 기다리며---
  날고, 날고, 날아 가리라---
아, 그녀에게 나는 붉은 매화 향기여!

그때 나의 가벼운 몸을 빌어,
서로 엉키며, 그녀의 옷을 적시리,
  그녀의 부드러운 물결 같은 가슴에 달라붙어---
  사르르, 사르르, 사르르 녹으리---
그대의 부드러운 물결 같은 가슴에 녹아들리라!"

-「눈꽃의 즐거움(雪花的快樂)」

이 시를 통해 볼 때 쉬즈모 자신의 자유와 사랑에 대한 심정을 잘 살펴볼 수 있다. 자신을 눈꽃으로 비유하며 하늘을 맘껏 떠돌아다니며 마지막 사랑하는 여인의 가슴에 닿아 녹아들리라 하는 애절하면서도 잔잔한 심정을 노래하고 있다. 이처럼 그의 사랑하는 여인에 대한 갈구는 낯선 이국땅에서 유학하는 젊은 청춘의 이성에 대한 욕망에서 비롯되었음을 알 수 있다.

쉬즈모는 1915년 결혼하였다가 새로운 여인을 사랑하기 위해 부인과의 이혼을 요구하게 되었다. 그는 1922년 3월 장여우이(張幼儀)와 독일 베를린에서 이혼하며 「웃으며 번뇌의 매듭을 풀고—여유이에게(笑解煩惱結—送幼儀)」라는 시를 발표하였다.

이 번뇌의 매듭, 어느 집에서 물끝을 단단히 묶었는지 풀기 어렵구나?

이 천갈래 만갈래 번뇌의 매듭은 어느 집에서 인내하며 짠 것인가?

이 매듭에 얼마나 많은 눈물과 핏자국이 많은지, 질푸르게 변했구나!

충효절의(忠孝節義)—아, 충효절의가 그대에게 감사하나니,

4천년 역사의 갈래가 끊어지지 않고 이어지며,

인도(人道)와 영혼을 가루로 갈아버린 것에 지나지 않는 듯,

황해는 물결치지 않고, 곤륜산이 탄식하나니,

4억 민중의, 정신이 죽을 지라도, 중원에 귀신이 우는구나!

아, 충효절의여!

(생략)

어떠한가! 마침내 풀렸구나, 번뇌의 어려운 매듭, 번뇌의 괴로운 매듭.

그래! 지금은 활짝 웃고, 손을 잡고 위로하리;

지금부터 맑은 바람, 높은 태양, 자유로운 길 풍경도 아름답구나.

등 뒤의 환호 소리 들으리, 매듭이 풀렸다고,

번뇌가 사라졌다고

-「웃으며 번뇌의 매듭을 풀고—여유이에게(笑解煩惱結—送幼儀)」

이 시는 쉬즈모가 부인과 이혼한 뒤 부인에게 보내는 시이다. 부인과 합의 이혼한 뒤에도 서로 만나 함께 지내기도 했던 쉬즈모가 이런 시를 보낼 수 있다는 것이 얼마나 자유로우며 놀랄 만한 일인가. 당시의 많은 작가들이 봉건적 결혼을 한 후 나중에 자유로운 연애를 통하여 결혼하고 이혼하기까지 새로운 현대적 사고방식이 자리하게 되었다. 이렇게 부인과 이혼한 후 케임브리지대학에서 이미 정혼자가 있던 린후이인을 짝사랑하였던 것이다. 하지만 그 사랑은 그야말로 이루어질 수 없는 사랑이었는데 린후이인에게는 쉬즈모가 생각하는 특별한 애정 감정이 없었다고 전해지기도 한다.

<그림 4> 쉬즈모 연인 린후이인

그는 1921년부터 1922년까지 케임브리지대학에서 린후이인과 사랑에 빠져 이렇게 부인과의 이혼을 적극 요구하였다. 린후이인은 1904년 6월 10일 저장성 항저우(杭州)에서 태어났으며, 쉬즈모와 약 7살 정도이 차이가 있다. 그녀의 아버지는 린창멘(林長眠)으로 영어와 일어를 공부한 관료 출신이었으며, 어머니는 세 아이를 낳았지만 모두 죽고 린후이인만 남았다. 집안에서는 향후 그녀를 중국 사회를 이끌어갈 전문적인 지식을 갖춘 위대한 건축학자로 키우기 위해 청말 문학계의 대학자인 량치차오의 아들 량쓰청과 정혼하며 16살에 영국 유학을 떠났던 것이다. 그녀는 영국 유학 시절 쉬즈모를 만나 문학적 감수성을 키워 가며 쉬즈모와 함께 신월시인이 되었다. 쉬즈모는 린후이인의 아버지와 교

제하며 자연스럽게 그녀의 딸에게 관심을 가지며 우정과 사랑을 나누게 되었다. 하지만 린후이인은 이미 결혼한 쉬즈모가 유부남이었기에 일정정도 거리를 두며 우정 관계를 넘지 않았다. 그리하여 그녀는 쉬즈모의 열렬한 구애를 받아들이지 않으며 그에게 시 창작의 상상력의 원동력이 되었다. 따라서 쉬즈모의 영국 유학 시기 창작한 초창기의 시들에서는 린후이인과의 사랑과 연애시가 다수 포함되어 있다. 예를 들면 「사랑하다 죽으리(情死)」에서 "그대의 아름다움은 그대의 운명! /그대는 다가와 매혹적인 빛깔과 향기로 다시 한 영혼을 정복했으니---나는 그대의 포로라네!"라고 표현하며 린후이인을 아름다운 장미꽃으로, 자신을 그녀의 포로로 간주하고 있다. 또한 이 두 사람간의 애정 관계에 대해서는 사랑이다, 아니다, 그저 쉬즈모의 일방적인 짝사랑이었다, 아니다 쌍방간의 뜨겁게 사랑한 연인관계가 맞다 여러 설들이 있지만 일반적으로 쉬즈모가 일방적으로 좋아하였고, 린후이인에게는 그저 삼촌이나 오빠 같은 관계였다고 전해진다. 그럼에도 불구하고 린후이인이 1934년 5월『학문(學文)』창간호에 발표한 「그대는 세상의 사월 하늘이어라(你是人間的四月天)」이란 시에서 '그대(你)'라는 시적 대상이 쉬즈모라고 이경하 교수는 생각하고 있다.

그대가 세상의 사월 하늘이라고 나는 말하리라
사방에서 바람 같은 웃음소리 불어오니, 생동하게
봄빛의 농염함 속에서 춤추며 변해가네

그대는 사월 아침 하늘의 안개구름

석양에는 바람이 부드럽게 불어오고, 별들이
무심코 반짝이며, 가랑비가 꽃 앞에 흩날리네
사뿐히, 아름다운, 그대는 곱디곱구나
모든 꽃의 면류관을 그대가 쓰고 있는 듯, 그대는
천진하고, 장엄하며, 그대는 밤의 보름달 같구나

눈이 녹은 후 옅은 노란빛, 그대는, 신선하게
막 싹을 띄우는 푸른 잎처럼, 그대는 부드럽게 기뻐하니
물빛이 그대 꿈속에서 기대하는 하얀 연꽃처럼 흔들거리네

그대는 한 나무 한 나무처럼 꽃이 피고, 제비처럼
대들보 사이에서 지저귀는데—— 그대는 사랑, 따뜻함,
희망이어라, 그대는 세상의 사월 하늘이어라!

-「그대는 세상의 사월 하늘이어라(你是人間的四月天)」

이러한 두 사람간의 아름다운 시들을 통해 당시의 이와 같은 자유연애와 사랑의 방식은 새로운 신시대의 사조에 부합하는 것으로 5·4 이후 인간의 발견과 개성해방에서 비롯되고 있다. 그럼에도 두 사람이 이룰 수 없는 사랑을 한 것은 한 사람은 유부남이었고, 한 사람은 정혼한 여자였기에 서로 넘을 수 없는 벽이 존재했던 것은 아닐까 짐작해 본다. 더구나 쉬즈모는 그녀의 아버지와 거의 친구 같은 사이가 아니었던가. 이런 안타까운 쉬즈모의 사랑은 결국 세 번째의 여인

루샤오만과의 만남으로 잊혀지게 된다.

사랑과 이별, 죽음에 대한 보헤미안 랩소디

쉬즈모는 영국 유학을 마치고 중국으로 돌아오며 사랑했던 여인 린후이인과도 이별하게 된다. 그리하여 그는 「우연(偶然)」과 「다시 케임브리지를 떠나며(再別康橋)」란 두 편의 명시를 창작하게 된다. 「우연」에서는 아래와 같이 노래하였다.

나는 하늘의 한 조각구름,
우연히 그대의 물결치는 마음에 그림자를 드리우노니---
　그대는 놀랄 필요도 없고,
　기뻐할 필요도 없으리---
순식간에 그림자도 사라질테니.

그대와 내가 밤바다 위에서 만났으나,
그대는 그대의, 나는 나의, 길이 있으니;
　그대는 기억해도 좋고,
　그대는 잊는 게 제일 좋으리,
만났을 때 비추던 빛줄기를!"

-「우연(偶然)」

이 시는 1926년 5월 중순에 쓴 작품으로 짝사랑 린후이인에게 준 사랑의 시다. 하지만 서로 걸어갈 인생의 길이 달랐기에 서로 헤어지며 서로 잊게 되었지만 예전에 비추던 한 줄기 빛줄기만은 변함없이 자신을 비추고 있음을 표현하고 있다. 이와 같은 쉬즈모의 심정은 「다시 케임브리지를 떠나며」 이란 시에서도 그대로 보여지고 있다.

살며시 나는 떠나리,
  내가 살며시 온 것처럼;
살며시 손을 흔들며,
  서쪽 하늘 구름과 이별하네.

강변의 저 버들개지,
  석양 속의 신부;
물빛 속의 아름다운 그림자가,
  내 마음 속에 흔들거린다.

진흙 위에 핀 푸른 연꽃,
  유유히 물밑에서 흔들거리네:
케임브리지 강의 부드러운 물결 속에
  내 마음은 수초가 되리!

저 버드나무 그늘 아래 연못,
  맑은 샘이 아니라, 하늘 위 무지개
부초 사이로 부서져 버리며,
  무지개 같은 꿈을 깊이 드리우리.

꿈을 찾는가? 긴 장대로 노저으며,
  푸른 풀보다 더 푸른 곳으로 거슬러가리,
별이 빛나는 배에 가득 싣고
  별빛 찬란히 노래 부르리.

내가 노래 부를 수 없으나
  조용한 이별의 퉁소소리;
여름벌레도 나를 위해 침묵하는데,
  침묵은 오늘밤의 케임브리지!
조용히 나는 떠나리,
  내가 조용히 온 것처럼;
내가 옷소매 흔들며,
  구름 한 조각 가져가지 않으리.

-「다시 케임브리지를 떠나며(再別康橋)」

이 시는 1928년 11월 6일, 영국을 방문하였다가 중국으로 돌아오는 해상에서 쓴 시로, 케임브리지대학에서 린후이인과의 만남과 이별을 표현하고 있다. 쉬즈모의 이러한 사랑의 연시들은 그의 시와 인생을 잘 집약시켜 주고 있다. 하지만 그의 낭만과 이상에 대한 추구는 당시의 혼란한 중국 사회의 현실 속에서 많은 고민과 갈등으로 표출되었다.

그는 상하이로 돌아와 후스와 같은 사람들과 함께 신월사를 설립하고 『신월(新月)』이란 잡지를 창간하여 신월파의 대표 시인으로 유명해진다. 이 잡지의 이름은 당시 인도의 작가 타고르가 노벨문학상을 받으며 중국 베이징을 방문했던 것을 기념하여 만들어졌다. 이 당시 타고르의 통역을 쉬즈모와 린후이인이 담당했었다. 또한 신월서점을 운영하며 『시간(詩刊)』이란 잡지를 창간하기도 하였다. 쉬즈모는 이와 같은 문단에서의 활동과 함께 1926년 루샤오만과 재혼하며 광화대학, 난징 중앙대학과 베이징대학에서 교수생활을 하며 인생 후반기를 맞이하게 된다. 1927년을 전후로 하여 중국 현대문학은 문학혁명에서 혁명문학으로 전환되는 시기이자, 많은 작가들이 혁명문학의 대열에 합류하며 1931년 중국좌익작가연맹으로 뭉쳐지게 된다. 당연히 당시 문단의 대표적인 작가였던 루쉰, 궈모뤄, 마오둔, 바진 등 대부분의 작가들이 사회 현실의 모순을 파헤치며 비판적인 글쓰기를 시도하고 있다. 이러한 계몽과 구망의 시대적 사명 앞에서 쉬즈모는 비교적 낭만주의적 입장을 견지하며 사회현실과 일정정도 거리를 두는 순문학적 창작세계를 보여주고 있다. 그것은 기본적으로 그의 집안 배경과 외국 유학을 경험한 부르주아적 지식인의 한계를 벗어나지 못했다는 점이다. 하지만 루샤오만과의 재혼 생활은 그다지 편안하지 않았다고 전해지며 그의 죽음도 이와 무관치 않아 보인다. 허세욱 교수는 이에 대해 『중국현대시연구』에서 다음과 같이 말하고 있다.

> 서지마(徐志摩)의 최후 2년은 경제적·사회적·문학적·감정적인 여러 면에서 '궁(窮)·군(窘)·고(苦)·건(乾)'했다고 어느 강연을 통해 자인 했었다. 서지마(徐志摩)가 조난되기 열달 전 북경대(北京大) 영문과의 교수직을 얻었으나 육소만(陸小曼)은 북경으로의 이사를 기피, 사실상 별거에 들어갔는데 당시 육소만(陸小曼)은 신병에 타성 도벽, 아편 중독, 극광(劇狂)에 사교벽 등 건전치 못한 습벽으로 서지마(徐志摩)를 내조할 수 없던 바, 심지어 호적(胡適)은 서지마(徐志摩)에게 두 번째의 이혼을 권하기도 했었지만 서지마(徐志摩)는 끝내 책임과 사랑을 다했다.

<그림 5> 쉬즈모의 두 번째 부인 루샤오만

쉬즈모는 1920년대 후반부터 시적 풍격이 변화하기 시작하는데 초기의 여성적인 화자로 자연과 사랑을 예찬하던 비겁하면서도 유약한 시풍에서 후기의 결혼생활에 대한 고뇌로 인하여 현실적이며 암울한 시풍으로 점점 변해가고 있다. 이러한 가운데 그의「떠도는 구름(雲游)」과「바람이 어느 방향에서 부는지 모른다(我不知風是在哪一個方向吹)」(1929),「사랑의 영감(愛的靈感)」 등의 작품 속에 자신의 고뇌하는 심정이 잘 드러나 있다.「바람이 어느 방향에서 부는지 모른다」에서 "나는 바

람이 /어느 방향에서 부는지 모른다 /나는 꿈 속에 있는데 /어둡고 희미한 것은 꿈속의 찬란함"이라고 표현하였다. 꿈 속에서 그녀의 따뜻함에 흠뻑 도취되었던 달콤함도 이별의 슬픔을 남기고 한 줄기 찬란함처럼 어둠 속으로 사라져 버렸다는 시적 인식이 표현되고 있다. 이러한 시를 통해 볼 때 쉬즈모의 인생 후반기는 이미 괴로움의 연속이었다고 할 수 있다. 그리하여 그는 「사랑의 영감」에서 죽음을 감지하는 듯한 영감의 세계를 보여주고 있다.

그가 죽은 뒤 그의 동료 시인 천몽자(陳夢家)가 그의 유고시들을 묶어내는데, 예전 1931년 8월 전에 지었던 그의 시 「헌사(獻詞)」를 「떠도는 구름(雲游)」으로 새롭게 제목을 바꾸어 이 시집 제목으로 하며 첫 시로 수록하고 있다. 이 작품은 세상 하늘가를 떠도는 구름처럼 한없이 유랑하며 자유로운 이상과 삶을 꿈꾸었던 쉬즈모의 인생을 잘 대변해 주고 있다.

그날 그대는 훨훨 하늘가를 떠도는 구름처럼,
자유자재로, 경쾌하게, 그대는 본래 머무르고 싶지 않은 듯
하늘 어느 곳이나 지상 어디에도
그대는 막힘 없이 소요하는 즐거움.

그대는 비루한 땅에는 더더욱 뜻이 없는 듯
시냇물처럼 흘러가며, 그대의 아름다움이
길을 갈 때 그의 공허한 영혼을 물들일지라도,
그를 놀라게 하며, 그대의 고운 그림자를 꼭 껴안으리.

그가 꼭 껴안은 것은 섬세한 우수일 뿐인데,
아름다움이 풍광 속에 멈출 수 밖에 없기 때문이다;
그가 원하리라, 그대는 이미 만 겹의 산을 단번에 건너,
더 광활한 호수와 바다로 가서 그림자를 드리우리!

그는 당신 때문에 말라가며, 저 시냇물처럼
무능한 갈망에, 그대가 돌아오기만을 갈망하리!"

쉬즈모가 이러한 시를 통해 자유로운 절대 경지를 찾아 떠돌았던 유랑생활을 마치 이백의 심정처럼 만 겹의 산을 단숨에 건너고 있다고 표현하고 있다. 마치 이백을 위한 헌사이지만 실질적으로는 자신을 위한 헌사라고 간주할 수 있다. 이백과 같은 천재시인이 결국 달빛에 드리운 자신의 얼굴을 보고 물에 빠져 죽었듯이 술과 달과 그림자와 마주하여 술잔을 기울인 이백의 일생을 따라 자신의 삶을 갈무리하고 있다. 그의 인생 후반기에 해당하는 1931년 8월에는 시 「그대는 떠나가고(你去)」를 지어 "그대는 떠나가고, 나도 가리라, 우리는 여기에서 헤어지자; /그대는 저 대로를 걸어가며, 안심하고 가리라; /그대는 저 가로등이 하늘까지 밝혀주는 것을 보라, /그대는 이 광명의 직선만을 따라가는 것이 필요하리라!"라고 표현하며 이제 사랑하는 그대가 떠나고 없는 인생의 길을 자신도 곧 떠나갈 것을 암시하고 있다. 1930년 12월 25일에 써서 1931년 1월 2일 『시간(詩刊)』 잡지 창간호에 발표한 「사랑의 영감(愛的靈感)」이란 시는 후스에게 바치는 장편 서사시로 약 2백여 행에 이르고 있다. 그는 이 시 속에서 다

음과 같이 표현하였다.

나는 한 떨기 구름처럼, 한 떨기
순백의, 순백의 구름, 약간의
무게도 보이지 않아도, 햇빛이 나를 껴안는다,
나는 바로 빛, 가벼운 공으로,
먼 곳으로 날아가며, 더 먼 곳으로 날아가리;
어떤 부담이나, 모든 번뇌도,
은혜, 고통, 원한, 모두 멀어지리라.

(생략)

지금 나는
정말, 정말로 죽겠어요, 나는 그대를 원하오
이렇게 나는 안아 주오, 내가 갈 때까지,
나의 눈이 더 이상 뜨지 못할 때까지,
내가 날아갈 때까지, 날아, 날아 창공으로 갈 때까지,
모래로 흩어지고, 빛으로 흩어지고, 바람으로 흩어지리라,
아 고통이여, 고통은 짧은 것,
순간적인 것; 쾌락은 긴 것,
사랑은 영원한 것:

나는, 나는 잠들고 싶다……

이 시를 통해 볼 때 쉬즈모의 인생 말년은 매우 고통스럽고 번뇌에 가득찬 생활의 연속이었음이 짐작된다. 그 자신은 한 떨기 구름처럼 먼 곳으로 떠돌고 싶었지만 이제는 모든 부담과 번뇌, 은혜, 고통, 원한까지도 모두 털어버리고 이제는 잠들고 싶은 심정을 보여주고 있다. 여기에서 고통은 짧은 것이지만 쾌락은 긴 것이며, 사랑은 영원한 것이라고 다시 한 번 자신의 인생관을 드러내고 있다.

쉬즈모 시에 대한 한국의 번역과 수용

쉬즈모 시인은 한국에서도 잘 알려져 있는 유명한 시인이다. 그것은 그의 시가 식민지 시기 정래동과 이육사로부터 소개되고 번역되었다는 점이다. 한국의 식민지 시기, 중국의 현대문학을 번역 소개한 사람은 그다지 많지 않은데, 정래동이 대표적인 한 사람이다. 정래동은 1931년 《신가정》 9월호에 「중국 신시의 변천」이란 글을 게재하며 중국 신시의 용어와 내용, 그리고 시체의 문제를 집중적으로 서술하고 있다. 그는 중국의 신시운동을 자유로운 형식의 백화시 운동으로 간주하며, "내 손으로 내가 쓰는 말을 쓰자"라는 청말의 시계혁명(詩界革命)과 외국시의 영향을 받았다고 보았다. 정래동은 중국현대작가론을 서술하며 1932년 『신동아』 2월호에 「서지마(徐志摩)의 시(詩)」와 1933년 12월 2일부터 4일까지 〈조선일보〉에 「서지마(徐志摩)를 조(弔)함」이란 두 편의 글을 썼다. 이 글

속에서 쉬즈모의 일생 약력을 소개하고 그의 죽음에 대한 시와의 연관성, 그리고 서구 시인들에게서 받은 영향, 그리고 현대 백화 자유시 창작 상에서의 공헌 등을 서술하고 있다. 한국의 저항시인 이육사는 1936년 중국의 대작가 루쉰(魯迅)이 죽었을 때 그의 죽음을 애도하는 「루쉰론(魯迅論)」이라는 글을 써서 루쉰의 생애를 비롯한 주요 작품 세계를 소개하고 있다. 또한 1941년 《춘추》 6월호에 「중국 현대시의 일단면」이란 글을 게재하여 쉬즈모의 시사적 위치와 의미를 다시 되새기고 있다. 그는 이 글에서 중국 현대시 1925년을 전후로 '문학혁명'에서 '혁명문학'으로 전환되어 가는 시점에서 시체의 대해방을 이루었던 중국 신문학의 위상을 재조명하고 있다. 특히 신시, 즉 백화시 측면에서 후스의 『상시집(嘗試集)』과 궈모뤄의 『여신(女神)』 시집과 더불어 초기 백화시파가 5언과 7언의 시가 형식을 파괴한 것을 높게 평가하였다. 이육사는 다음과 같이 말하고 있다.

> "이 시기에 누가 중요하니 어떠니 해도 중국의 현대시를 시로서 완벽에 가깝도록 쓴 사람은 서지마(徐志摩)라고 한다. … 민국 20년 가을 상해에서 북경으로 오는 도중 제남(濟南)서 비행기의 고장으로 떨어져 죽자 전국 문단으로부터 비상히 애석해 마지않았다. 뿐만 아니라 그의 생전에 있어 남들이 지목하기를 지마(志摩)는 한 손으로 중국 시단을 전정(奠定)한 '시철(詩哲)'이라고 했고 현대시의 동량(東梁)이라고 한 것은 비록 과분한 평가였는지는 모르나, 그의 현대 중국 시단에의 위치는 누구나 부인치 못할 것이다. 따라서 그가 중국의 현대 시단에 남긴 것도 그 내용 방면보다는 또한

<그림 6> 케임브리지에 세워진 쉬즈모 기념비.
시 「다시 케임브리지를 떠나며」의 첫 줄과 마지막 줄이 새겨 있다.

형식과 기교 방면에 있는 것이니, 용운(用韻)이나 배열(排列)에 있어 신규율(新規律)을 창조한 헌(獻)만이라도 중국 시단 전체로 볼 때에는 실로 역사적 공헌이라고 아니할 수 없는 것이다."

이러한 쉬즈모의 시사적 위치와 역사적 공헌에 대한 그의 평가는 매우 정확하다. 이와 함께 그는 쉬즈모의 두 편의 시 「모두 바치리라(拜獻)」와 「다시 케임브리지를 떠나며(再別康橋)」를 번역하며 쉬즈모의 당시 중국 사회의 그 시대적 성격과 문단 전체의 동향에서 조명 받지 못했던 '시인의 휴머니티'를 다시 재어 보고 있다. 그는 「모두 바치리라(拜獻)」에 대해 "산아, 네 웅장함을 찬미해서 무엇하며, 다다, 네 광활함을 노래한들 무엇하랴. 풍파, 네 끝없는 위력도 높이 보진 않으리라. /길가에 버려지면 말할 곳도 없는 고아과수(孤兒寡守) 눈 속에도 간신히 피려는 작은 꽃들과 사막에선 돌아가길 생각해 타 죽은 어린 제비. /그를! 우주(宇宙)의 온갖 이름 못할 불행(不幸)을 어여삐해 나는 바치리. 내 가슴 속 뜨거운 피를 바치련다. /힘줄에 흐르는 피와 영대(靈臺)에 어린 광명(光明)을 바쳐 나의 시(詩)--- 노랫가락도 요량(嘹喨)한 그 동안만이라도 하늘 밖에 구름은 그를 위해 즐거운 비단을 짜리. /요량(嘹喨)한 노랫가락에 끝없는 괴롬을 사라지게 하리."라고 번역 소개하였다. 또한「다시 케임브리지를 떠나며(再別康橋)」라는 작품을 연의 구분 없이 행갈이만 한 줄글시로 번역 소개하고 있다.

호젓이 호젓이 나는 돌아가리
호젓이 호젓이 내가 온 거나 같이
호젓이 호젓이 내 손을 들어서
서(西)쪽 하늘가 구름과 흐르리라.
시냇가 늘어진 금빛 실버들은
볕에 비껴서 신부(新婦)마냥 부끄러워
물결 속으로 드리운 고운 그림자
내 맘속을 살살이 흔들어 놓네
(생략)
내 가는 이 밤은 '강교(康橋)'도 말 없네.
서럽디서럽게 나는 가고 말리
서럽디서럽게 내가 온 거나 같이
나의 옷소맨 바람에 날려 날리며

한쪽 구름마저 짝없이 가리라."

이육사의 이러한 번역은 쉬즈모의 낭만적 서정에 기초한 남녀의 순수한 사랑의 감정을 잘 번역하고 있지만 끝부분처럼 '서럽디서럽게'나 '가리라'라는 표현을 볼 때 마치 한국의 식민지 현실에 대한 자의식적 표현으로 번역했다는 것을 짐작케 해준다. 이육사는 이러한 쉬즈모의 시를 번역하며 시 번역의 어려움도 토로하고 있는데, 쉬즈모의 백화시를 읽을 때의 운율과 격조를 우리말로 이식하기가 어렵다고 말하고 있다. 정래동이 번역한 「사랑의 영감」이란 작품을 보자.

지금 나는
참으로 참으로 죽겠소.
당신이여, 내가 갈 때까지
내가 다시 눈을 뜨지 않을 때까지
내가 날고 날아서 창공으로 날아가
흩어져 모래가 되고, 흩어져 빛이 되고
흩어져 바람이 될 때까지
이같이 나를 안아 주소서.
아 苦痛!
그러나 苦痛은 짧고 잠시적이요, 쾌락은 영원한 것이다.
사랑은 죽지 않는 것이다.
나는 나는 잠을 자야겠소.

이 작품은 쉬즈모의 「사랑의 영감(愛的靈感)」이란 작품으로 1930년 12월에 써서 1931년 1월 2일에 발표한 작품이다. 무엇보다 자신의 인생을 고통 속에 살아가고 있음에도 불구하고 "쾌락은 영원한 것"이며 "사랑은 죽지 않는 것이다"라고 표현하며 사랑의 영원불멸성을 강조하고 있다. 하지만 그의 인생 후반기는 세 번째 여인 루샤오만과의 결혼 생활이 그렇게 원만하지 못했으며 고통 속의 나날이었다. 이러한 가운데 인생의 암울함과 어두움 속에서 고통스런 자아의 모습을 직면하며 괴로워했던 것이다. 그리하여 쉬즈모의 죽음을 암시하고 있는 듯한 이 시의 한 연을 인용 번역하고 있다.

죽음을 나는 벌써 바라보았다.
사랑이 내 마음 속에 얽어 메인 날부터
나는 죽음을 바라보았다.
그 아름다운 영원의 세계! 죽음!
나는 그 앞에 무릎을 꿇겠다."

쉬즈모의 인생은 이와 같이 사랑과 이별, 그리고 죽음으로 모든 것을 대변해 준다.

꿈과 사랑을 위한 노래

쉬즈모의 시와 인생을 중심으로 그의 사랑과 낭만을 찾아 떠나는 보헤미안적 세계를 살펴보았다. 시인 개인으로는 세 여인과의 아름다운 만남과 사랑 속에서 행복한 나날을 보내며 아름다운 자연을 예찬하고 아름다움과 순수한 세계를 갈망하며 낭만주의적 시창작에 공헌하였다. 하지만 그는 당시의 러시아 혁명이나 국민당과 공산당의 내전이란 암울한 시대현실에 대해서는 일정정도 거리를 둠으로써 중국현대시사에서는 개인주의적 부르주아 시인으로 낙인찍혀 오랫동안 사회주의 중국에서는 비판받고 멀어지게 되었다. 이러한 쉬즈모의 시 세계에 대해 여전히 그의 아름다운 시를 찾아 그의 시들을 대중가요로 만들어 부르기도 한다. 천치우시아(陳秋霞)는 그의 시 「우연(偶然)」을 노래 부르고 있고, 덩리쥔(鄧麗君)도 그의 시 「해운(海韻)」을 노래 부르고 있다.

지금 중국에서는 영국 낭만주의 시인들인 바이런이나 셸리처럼 36살의 젊은 나이에 요절한 쉬즈모의 시와 사랑 이야기가 여전히 많은 사람들에게 다시 회자되고 있다. 세 명의 여인과의 사랑과 이별 속에서 마지막 비행기 사고로 죽음을 맞이하게 된 그의 운명 같은 장난을 누가 이야기 하지 않을 수 있겠는가. 이러한 그의 일생을 통하여 우리는 한 번쯤 낭만과 자유, 그리고 사랑을 위하여 모든 굴레를 벗고 자유로운 창공으로 날아가고 싶은 욕망이 강렬해질 것이다. 그를 통하여 현대 자본주의 세계를 살아가고 있는 우리들의 일상생활 속에서 잃어버린 꿈과 사랑에 대한 기억을 되찾음으로써 현실 속의 고통을 극복해 나가는 지혜를 얻었으면 한다.

* 이 글은 세계문학비교학회 2017년 봄 정기학술대회에서 발표된 논문 「쉬즈모(徐志摩) 시의 창작원천 및 한국 수용」을 수정하여 정리한 것이다.

쉬즈모(徐志摩)의 주요작품연보

시집

1925『즈모의 시 志摩的詩』

1927『피렌체의 하룻밤 翡冷翠的一夜』

1931『맹호집 猛虎集』

1932『떠도는 구름 雲游』

소설집

1923『핸들 輪盤』

산문집

1925『낙엽 落葉』

1927『파리의 편린 鱗爪』

1928『자아 해부 自剖』

1929『가을 秋』

일기

1992『즈모의 일기 志摩日記』

시전집

1997『쉬즈모 시전집 徐志摩詩全集』(顧永棣 編注, 學林出版社)

참고문헌

서지마 지음, 이경하 옮김,『쉬즈모 시선』, 지식을만드는지식, 2010.

이경하,「린훼이인(林徽因)의 삶과 문학 속의 '동반자'」,『중국현대문학』, 제56호, 2011.

이동영 편저,『이육사』, 문학세계사, 1992.

이육사,「중국 현대시의 일단면」, 이동영 편저,『이육사』, 문학세계사, 1992.

정래동,「徐志摩의 詩」,『丁來東全集II』(평론편), 금강출판사, 1971.

______,「徐志摩를 弔함」,『丁來東全集II』(평론편), 금강출판사, 1971.

허세욱 저,『중국현대시연구』, 명문당, 1992.

黃修己 著, 고대중국어문연구회 역,『중국현대문학발전사』, 범우사, 1999.

徐志摩,「雪花的快樂」, 顧永棣 編注,『徐志摩詩全集』, 學林出版社, 2002.

徐志摩,「笑解煩惱結---送幼儀」, 顧永棣 編注,『徐志摩詩全集』, 學林出版社, 2002.

徐志摩,「偶然」, 顧永棣 編注,『徐志摩詩全集』, 學林出版社, 2002.

徐志摩,「再別康橋」, 顧永棣 編注,『徐志摩詩全集』, 學林出版社, 2002.

徐志摩,「獻詞」, 顧永棣 編注,『徐志摩詩全集』, 學林出版社, 2002.

徐志摩,「你去」, 顧永棣 編注,『徐志摩詩全集』, 學林出版社, 2002.

徐志摩,「愛的靈感」, 顧永棣 編注,『徐志摩詩全集』, 學林出版社, 2002.

그림 출처

<그림 1> 쉬즈모의 필체, https://www.mutualart.com/

<그림 2> 쉬즈모, https://en.wikipedia.org/wiki/Xu_Zhimo

<그림 3> 쉬즈모와 첫 번째 부인 장여우이, https://en.wikipedia.org/wiki/Zhang_Youyi

<그림 4> 쉬즈모의 연인 린후이인, https://en.wikipedia.org/wiki/Lin_Huiyin

<그림 5> 쉬즈모의 두 번째 부인 루샤오만, https://en.wikipedia.org/wiki/Lu_Xiaoman

<그림 6> 케임브리지에 세워진 쉬즈모 기념비, https://en.wikipedia.org/wiki/Xu_Zhimo

8. 한 손으로 손뼉 치기

전후 미국의 허위허식에 던지는 샐린저의 화두

<그림 1>『호밀밭의 파수꾼』 표지 (1951년)

8. 한 손으로 손뼉 치기

전후 미국의 허위허식에 던지는 샐린저의 화두

심상욱

자신의 전기출판을 거부한 샐린저

제롬 데이비드 샐린저(Jerome David Salinger)는 1919년 1월 1일 뉴욕에서 태어나 2010년 1월 27일 뉴햄프셔 코니스에서 사망했다. 그는 1951년에 『호밀밭의 파수꾼 *The Catcher in the Rye*』을 발표하여 1950년대를 샐린저 시대로 만들었던 전설적인 작가다. 1963년 샐린저의 책이 절찬리에 판매되면서 많은 연구물이 발표되자 조지 스테이너(George Steiner)는 '샐린저 산업'

이라는 신조어를 만들어내기까지 했다. 샐린저는 출판된 책표지에 사진도, 약력도 실은 일이 없고 기자들과 인터뷰도 거절하는가 하면, 이미 발표된 작품들이 명작선집에 수록되는 것도 허용하지 않았다.

<그림 2> 케네스 슬라웬스키의 『샐린저 전기』 표지 (2010년)

샐린저 전기를 최초로 쓴 와랜 프랜취(Warren French)는 그의 전기를 1963년에 급하게 썼다. 이 전기의 출간 시점은 『호밀밭의 파수꾼』의 주인공 홀든 콜필드(Holden Caulfield)가 미국 사회에 만연해 있는 허위 세계를 폭로하는 영웅으로 우상화되고 있을 때였다. 그러나 그 전기는 샐린저에 대한 객관적인 자료수집 없이 작성되었기 때문에 신빙성이 떨어진다는 평가를 받았다. 1986년에 영국 이안 해밀턴(Ian Hamilton)은 샐린저의 대리인과 협의해 샐린저의 전기를 'J. D. 샐린저: 창작인생'이라는 제목으로 출판하도록 되어 있었다. 그러나 샐린저 본인은 출판을 거부하며 법원에 고소하여 책의 출판을 막았다. 처음 재판에서 해밀턴이 승소했으나, 샐린저는 1986년 12월 3일에 대법원에 항고하여 출판을 막았다. 상황이 이렇게 되자 《뉴욕타임즈》는 "샐린저 전기는 금지되었다"라는 타이틀을 붙여 사실을 세계에 알렸다. 재판 과정에서 1986년 10월 10일 판사 로버트 칼로그(Robert Callog)와 샐린저가 대담함으로써 은둔해 있던 샐린저가 대중 앞

에 얼굴을 내보이게 되었다. 샐린저의 딸 마가렛(Margaret Salinger)은 회고록 『꿈을 잡는 사람 *Dream Catcher*』을 2000년에 출판해 샐린저 문학을 재평가 할 수 있는 길을 열었다. 이 회고록의 '후기'는 샐린저보다 3개월 앞서 태어난 사촌인 제이 골드버그(Jay Goldberg)가 샐린저에게 보냈으나 전달되지 않자 마가렛에게 보낸 편지 내용을 통해 그의 가계와 유대인의 디아스포라, 그리고 그의 선조가 미국에 온 것을 소개했다. 특히 '선'(Zen)은 훌륭한 것이긴 하지만 그의 배경에는 풍부한 유태인의 전통이 있음을 지적하고 있다.

1942년에 샐린저가 군에 입대하여 유럽전선의 노르망디 상륙작전에 참가했다. 샐린저가 독일의 헛젠 전투에 참전하고 있을 당시 헤밍웨이(Ernest Hemingway, 1899-1961)가 종군기자로 그곳에 있었다. 헤밍웨이는 샐린저가 이 전투에서 혹독한 경험의 후유증으로 창작에 어려움이 있었음을 말하면서 공개적으로 그 전투를 비난했다. 그렇기 때문에 평자들은 샐린저가 은둔하고 있는 이유를 전투에서 받은 외상 때문이라고 말해오고 있다. 그러나 마가렛의 회고록에 따르면 군대 정보요원이었던 아버지가 캠프 이동 중 선발대로 갔던 상황은 너무 끔찍했다. "너[마가렛]는 결코 시체가 타고 있는 냄새를 코로 맡을 수 없을 것이고, 더 이상 살 수 없을 것이다." 샐린저의 다른 작품들에서도 전쟁을 경험한 세대들의 사회부적응에서 오는 불안감이나 고립감을 포착할 수 있다. 케네스 슬라웬스키(Kenneth Slawenski)는 샐린저가 91살의 나이로 2010년 1월 27일 뉴햄프셔 코니스(Cornish)에서 사망하자 그 소식을 세상에 알렸다. 그는 샐린저의 마지막 작품 「하프워스 16, 1924 Hapworth 16, 1924」를 발표한 1965년부터 2010년까지 샐린저를 존경하면서 웹사이트 'Dead Caulfiekd.com'을 운영해 오고 있다. 그는 샐린저에 관한 여러 자료들과 최근에 발표된 마가렛의 회고록 등을 참고하여 2010년 3월 『J. D. 샐린저: 전기』를 출판했다. 이 전기는 지금까지 발행된 샐린저 전기 중에서 가장 믿을만한 것이다.

서구문화의 해체와 동양사상

샐린저의 작품은 5기로 나누어 볼 수 있다. 첫째, 제2차 세계대전 후의 허무감을 그린 작품들로 익명의 편집자에 의해 1974년 『샐린저의 미선정 단편집 *The Complete Uncollected Stories of J. D. Salinger*』을 통해 불법으로 발행된 작품들을 창작했던 시기, 둘째, 미국 문화의 혼란상을 파헤친 『호밀밭의 파수꾼』에서 홀든의 방황을 그린 1950년대, 셋째, 『나인 스토리즈 *Nine Stories* (1953)』를 통해 선불교에 함축된 예술의 원리를 다룬 시기, 넷째 『프래니와 주이 *Franny and Zooey* (1961)』와 『목수들이여, 대들보를 높이 들어라 그리고 시모어: 소개 *Raise High the Roof Beam, Carpenters and Seymour: an Introduction* (1963)』에서 선 수행 과정을 그린 시기, 마지막으로 1965년 창작한 「하프워스 16, 1924」에서 시모어의 어린 시절을 그린 시기이다. 『나인 스토리즈』의 첫 작품 「바나나피쉬의 완전한 하루 A Perfect Day for Bananafish」에서 주인공 32살의 시모어 글라스가 갑작스런 자살을 하고 나머지 작품들은 시모어가 자살하기 전 글라스가의 동생들, 즉 프래니, 주이, 그리고 버디에게 동양 종교를 설파한 내용을 버디가 마지막까지

<그림 3> 뉴햄프셔 코니스에 있는 샐린저의 집. 샐린저는 이곳에서 1966년부터 2010년 1월 27일까지 살았다.

이끌어 가고 있다.

이러한 샐린저의 작품들은 두 가지로 나눌 수 있다. 하나는 샐린저가 정식으로 발표한 작품들로 『호밀밭의 파수꾼』, 『프래니와 주이』, 『목수들이여, 대들보를 높이 들어 올려라 그리고 시모어: 소개』, 『나인 스토리즈』 그리고 「하프워스 16, 1924」 이다. 다른 작품은 1942년에서 1948년 이전 사이에 발표된 20편의 단편으로 샐린저가 정식으로 인정하지 않는 작품이다. 샐린저가 인정한 작품 중에서 『호밀밭의 파수꾼』은 전후 미국 사회에 퍼져있는 허위의 세계를 파헤쳐 고발하면서 일약 유명세를 탔다. 샐린저는 『호밀밭의 파수꾼』의 인세로 뉴햄프셔 코니스에 23만 에이커의 넓은 땅을 매입해 은신해 오다 2010년 1월 27일에 사망했다. 그의 문학적 독창성이 두드러지게 나타난 작품집은 1948년의

『나인 스토리즈』다. 이 단편집은 에피그래프로 '한 손으로 손뼉 치기' 코안(화두)을 제시한 후 첫 작품 「바나나피쉬의 완전한 하루」에서 32살의 시모어 글래스가 갑작스런 자살을 하고, 마지막 작품인 「테디 Teddy」에서 주인공 테디가 텅 빈 실내 수영장의 풀장으로 떨어져 죽는 소위 윤회의 전과정을 볼 수 있게 구성되어 있다.

『호밀밭의 파수꾼』 - 미국 문화의 해체

『호밀밭의 파수꾼』은 미국 소설 중 가장 지속적인 인기를 얻고 있는 작품으로 미국 연구가들의 연합체가 발간하는 『어메리칸 쿼터리 *American Quarterly*』에 의해 재평가되어 계속 읽히고 있으며, 현대 고전으로 되어 있

JEROME DAVID SALINGER

CORPORAL "B" COMPANY

January 1, 1919 New York, N. Y.

Activities

Private, '34; Intramural Athletics; Mask and Spur, '34, '35; Glee Club, '34, '35; Plebe Detail, '35; Aviation Club; French Club; Non-Commissioned Officers' Club; Literary Editor, 1936 CROSSED SABRES.

<그림 4> 벨리포지 사관학교 (Valley Forge Military Academy) 시절의 샐린저.
이후 『호밀밭의 파수꾼』의 공간적 배경인 펜시 프렙 스쿨의 모델이 된다.

다. 주인공인 홀든 콜필드는 16세의 예비 고교생으로 상징적인 반백의 머리를 한 '돈키호테적인 미국의 아담'(Quixotic American Adam)의 모습이다. 그는 3일 동안 뉴욕거리를 방황하면서 현대사회의 허위허식, 약육강식, 비굴한 장면 등을 목격하면서 사회의 반항아로 변모한다. 그의 때묻지 않은 세계에 대한 동경심은 그로 하여금 인간불신 때문에 언어를 포기하고 가출하여 먼 벽지에서 누구하고도 말하지 않고 '벙어리'가 된 침묵의 생활을 결심하게 한다. 그러나 어린 동생 페비(Phoebe)의 만류로 가출을 단념한다. 작품의 플롯은 3부분으로 구성되어 있다. 1장에서 7장까지는 홀든의 펜시 프렙 스쿨(Pencey Prep)의 학교생활에서 벌어지고 있는 허위를 체험하고, 8장에서 20장은 뉴욕행 야간열차를 탄 후, 뉴욕거리에서 성인들의 허위를 목격하고, 의식적인 깨달음을 갖게 된다. 21장에서 26장은 홀든은 아무도 살지 않는 서부행을 결심하나 동생 페비를 만나 집으로 돌아와 정신병원에 입원하여 병상에서 그동안 자신의 생활을 회상한다.

이 작품에서 눈여겨 볼 부분은 주인공 홀든이 바라는 것은 어린이들이 뛰노는 호밀밭에서 벼랑으로 떨어지지 않도록 잡아주는 파수꾼이 되고자 하는 부분이다: "하여튼 나는 호밀밭이 있는 곳에서 거기서 어린애들이 무슨 놀이를 하고 있는 것이 눈앞에 자꾸 떠오른단 말야. 어린이들이 있는데, 거기에는 아무도 없지. 어른 말이야. 말하자면 애들은 달리고 있을 때 어디로 달리고 있는지 모르지 않니. 하루 종일 그런 일만 하면 되지 않니. 말하자면 호밀밭의 파수꾼 말이야." 마지막으로 그는 아무도 아는 사람이 없는 서부로 가서 벙어리인 척하고 살겠다고 한다. 그가 귀먹은 벙어리 흉내를 내려는 이유는 그래야 아무하고도 무의미한 바보 같은 대화를 하지 않아도 되기 때문이다. 선불교에서 갈망을 버리고 '입술에 거미줄이 쳐지게 하라'는 코안(화두)이 있는 것처럼 홀든은 귀머거리처럼 되고자 한다. 마지막으로 홀든은 사회적인 허위들에 적응하기를 거부하고 정신병원에 입원해 있으면서도 아무도 신경 쓰지 않는 센트럴파크(Central Park) 호수의 오리들이 겨울에는 어디로 날아가는지 궁금해 한다. 병원에서 퇴원할 무렵 정신과 의사는 그에게 학교에 돌아가면 열심히 공부하겠느냐고 질문한다. 그러나 그는 답하는 것보다 혼자 생각한다: "실제로 하게 될 때까지 무엇을 하게 될지 어떻게 알 수 있는가? 난 열심히 공부할 생각이지만 그것을 내가 어떻게 안단 말이야. 그러니 그것은 절대로 어리석은 질문이야." 이러한 작품을 헤이스만과 밀러는 홀든이 추구하고 있는 가치를 조이스의 『율리시즈 *Ulysses* (1922)』에 등장한 스테반 디들러스(Sephen Dedalus)와 레오폴드 블룸(Leopold Bloom)과 같은 형태로 나누어 분석했다. 홀든은 사회에서 진실을 추구하면서 소외는 거부하고 사회로부터 도피하려 하면서 그에 수반되는 외로움을 감내하려 하고, 집을 떠나려 하면서 동시에 집으로 돌아가려 한 것이 그러한 예이다.

선불교의 화두로 풀어 쓴 「바나나피쉬의 완전한 하루」와 「테디」

「바나나피쉬」는 샐린저가 1948년에 창작한 『나인 스토리즈』의 첫 번째 작품으로 샐린저 문학의 핵이라 할 수 있다. 샐린저는 『나인 스토리즈』의 에피그래프로 '한 손으로 손뼉 치기' 코안을 다음과 같이 제시했다. "우리는 두 손으로 손뼉 치는 소리는 안다. 그러나 한 손으로 손뼉 치는 소리는 무엇인가?" 이 코안은 인간이 자아의 본성을 이해하는 방법을 제시한 것이다. 선은 동양의 사유방식으로 인간이 개념으로 오염된 모든 인간적인 의견과 가치들을 비우는 과정이다. 서구인들은 지식에 대한 한정된 관점을 가지고 있기 때문에 전통적인 지식이나 체계 속에 포함되지 않으면 그것을 이해하지 못한다. 그러나 동양인들은 일과 리얼리티가 동시에 발생하고 추상적인 용어로 완전히 정의하기 어려운 세계 속에 살고 있기 때문에 이러한 실제적인 우주를 선문답을 통해서 깨달을 수 있다. 그렇기 때문에 『나인 스토리즈』의 각 작품들은 불자의 관점에서 독자들에게 주는 자체의 수수께끼이다.

「바나나피쉬의 완전한 하루」는 32살의 시모어가 신부 뮤리엘과 함께 간 신혼여행에서 갑자기 권총으로 자살한다는 내용이다. 비평가들의 관심은 시모어의 자살에 모아진다. 먼저 선 수행과정을 보자. 어린 시빌이 노랜색 수영복을 입고 바다에 들어가자고 할 때 시모어는 말한다: "시빌이 알면 좋아할 텐데. 우리가 바나나피시를 잡을 수 있을지 보자. 오늘은 바나나피시를 위한 완전한 날이니까. 그놈들은 아주 비극적으로 살아가고 있어. 그놈들은 바나나가 잔뜩 들어 있는 구멍 속으로 헤엄쳐 들어가지. 구멍 속으로 헤엄치고 있을 때는 보통 물고기처럼 보이지만 일단 들어가기만 하면 돼지처럼 굴어, 나는 바나나가 있는 구멍 속으로 헤엄쳐 들어가서 자그마치 일흔여덟 개의 바나나를 먹어치우는 바나나피시를 알고 있어." 그러자 시빌은 여섯 마리를 보았다고 말해 '선 학습과정'을 마친다. 그리고 시모어는 아파트로 오는 도중에 한 여자와 함께 엘리

베이터 안에서 말한다: "보아하니 당신 지금 내 발을 쳐다보고 있군요. 죄송해요. 난 그저 무심코 바닥을 바라보았을 뿐이에요. 내 발을 보고 싶으면 그렇다고 말해요. 하지만 빌어먹을 내 발을 이리저리 훔쳐보지는 말아요. 내 발은 둘 다 정상이고, 따라서 누구에게도 내 발을 빤히 바라봐야 할 쥐꼬리만 한 이유는 없어." 짧은 대화를 나눈 후 그는 507호실로 들어가 고급 송아지 가죽으로 만든 여행 가방과 아세톤 냄새가 난 침대에서 잠을 자고 있는 뮤리엘을 본 후 권총으로 충격적인 자살을 한다.

이와 같이 작품에서 뮤리엘의 사치스러운 모습을 소개한 후 등장인물들이 시모어의 정체를 자신들의 관점에서 분석하고 있다. 시모어는 이러한 모든 내용을 이미 알고 있는 천재적인 자질을 지닌 선지자와 같은 인물이다. 샐린저가 주인공 이름 'See More'를 (See More Something)에서 합성하여 명명했음에서 알 수 있다.

「테디」는 1953년 1월에 〈뉴요커〉에 발표된 작품으로 『나인 스토리즈』의 마지막 작품이다. 주인공 테디는 세계적으로 유명한 학자들로부터 영국에서 시험을 치루고 미국으로 가고 있는 배를 타고 있다. 테디와 밥 니콜슨(Bob Nicholson)이 동·서의 대비를 논한다. 테디는 성서의 창세기에 등장한 사과를 예를 들어 설명한다: "너는 아담이 에덴동산에서 먹었던 사과가 성경에서 언급되었던 것을 아느냐? 너는 그 사과 안에 무엇이 있었는지를 아느냐? 그 안에 들어있는 모든 것들은 논리와 지적인 것들이다. 그래서 이것은 내가 지적한 것인데, 만약 네가 실제적인 것들을 보기 원한다면, 네가 해야 할 일은 그것을 먼저 토해 내는 것이다." 아담이 에덴동산에서 먹었던 사과는 서구의 논리이고 지적인 것이다. 테디는 자기가 누구이고 세계를 어떻게 보고 있는가에 대해 바다에 떠 있는 오렌지 껍질을 통해 결국 오렌지 껍질들이 떠있는 곳은 '마음 속'이라고 설명하며, 그의 가족이 깨닫고 있는 것은 리얼리티가 아닌 마야(maya), 즉 '본질을 잊고 있는 껍질'에 불과한 것이라고 말한다.

니콜슨은 테디에게 교육체계를 어떻게 할 것인가를 묻는다. 테디는 아이들을 명상하도록 하고 경험적인 것들을 직접 찾는 상대적인 지식을 강조할 것이라고 말했다. 그렇게 한 후 그는 자신의 죽음을 니콜슨에게 말한다.

『목수들이여, 대들보를 높이 들어라 그리고 시모어: 소개』 – 선 수행의 과정

『프래니와 주이』에서 주이가 프래니를 설득할 수 있었던 것은 죽은 맏형 시모어의 이름으로 등록되어 있는 전화기를 이용해서 둘째 형 버디로 가장해 프래니를 설득시킨다. 주이는 그날 아침 버디 형의 사랑으로 가득 찬 옛 편지를 다시 읽고 의식을 갱생했다. 시모어와 버디는 프래니와 주이로 하여금 거대한 동양의 신비주의와 동양철학을 이해하도록 주입시켜왔다. 「주이」는 글라스가의 막내 동생인 프래니가 선불교의 깨달음으로 이어지고 「목수들」에서 버디는 시모어의 결혼식에 참석했던 하객들로부터 시모어에 대한 이야기를 듣고, 「시모어: 소개」에서 시모어가 집중적으로 소개되고 있다. 버디는 바로 형 시모어의 가르침을 이어 받아 시모어의 인생을 세상에 알리기 위해 작가의 길을 선택

했다.

『목수들이여, 대들보를 높이 들어라 그리고 시모어: 소개』는 시모어와 뮤리엘의 결혼식에 대한 이야기이다. 30여 년 전 막내 여동생 프래니가 좌절해 있을 때 그녀를 안정시키기 위해 깨끗한 방으로 옮겨 시모어가 도교에 관한 책을 읽어준 것을 기억한다. 성인인 시모어에 대한 결혼 참석자들의 의견들: 시모어란 인간이 잠재적 동성애자로 기본적으로 결혼을 두려워 한다는 것, 분열적 성격을 지니고 있다는 것 (페더부인의 말). 들러리로 온 사람들의 이야기는 다음과 같다. 동생 버디에게 한 말: 댁이 사람들에 대해서 얼마나 많이 아는지 모르겠어요. 하지만 제정신을 가진 사람이라면 어떻게 결혼하기로 한 하루 전날 밤에 약혼녀를 밤새 잠도 못 자게 하면서 자기는 너무 행복해서 결혼을 못하겠다느니, 마음이 차분해질 때까지 결혼을 연기해야 한다느니, 아니면 자기는 결혼식에 올 수 없다느니 하는 말을 할 수가 있어요?", 실스번 부인: 이게 다 불행을 가장한 축복이지요. 시모어가 그 여자를 때리는 바람에 얼굴을 아홉 바늘이나 꿰맸다는 거예요. 버디는 시모어 아파트 냉장고에서 어릴 때 찍은 사진을 보고, 침실 문을 열어 시모어의 일기에서 거울에 새겨져 있는 "목수들아, 대들보를 높이 올려라"를 보고, 욕조 가장자리에 주저앉아 시모어 일기(1941년 말과 1942년 초에 쓴 것)를 읽는다. 그중에서 시모어가 결혼식에 참석하지 못한 이유를 다음과 같이 적었다: "오늘 저녁에는 귀대 후에 바로 외출증을 받지 못했다. 부대를 찾아온 영국 장군이 사열을 하는 동안 누군가가 소총을 떨어뜨려 기합을 받다가 5시 52분 차를 놓쳐 뮤리엘과 약속한 시간에 늦었다." 그녀의 어머니는 내가 분열증적인 인간이라고 생각한다. 패더 부인은 뮤리엘에게 가족 중에 정신병자가 있는지 알아보라고 했다. 이와 같이 시모어는 주변 사람들에게 정신이상자 같이 취급되고 있음을 살필 수 있다.

「하프워스 16일, 1924년」 - 시모어의 자살의 원인

「바나나피쉬」 이후 그의 작품은 모두 모어와 관련된 작품들로 『프래니와 주이』와 『목수들이여, 대들보를 높이 들어라 그리고 시모어: 소개』이다. 프래니(Franny Glass)는 대학생인데 그녀의 깨달음 과정을 큰 아들인 시모어 글라스의 가르침을 동생 버디 글라스(Buddy Glass)가 자신의 동생인 주이 글라스(Zooey Glass)에게 전해 준 것을 주이가 동생인 프래니에게 전하고 있다. 이와 같이 「바나나피쉬」에서 「모어: 소개」까지 작품에 등장한 인물들은 모두 성인들이지만 「하프워스」에서 시모어 글라스와 버디 글라스의 어린 시절의 생활을 그렸다. 중요한 것은 둘째 아들인 버디 글라스가 주인공이 되어 형과 함께 보낸 하프워스 캠프생활을 회상하면서 「바나나피쉬」에서 자살한 시모어 글라스의 자살을 궁금하게 생각하고 있다. 버디는 그가 어렸을 때 형과 함께 캠프에 참가하여 생활하던 상황을 시모어가 편지로 어머니에게 보낸 편지를 40년이 지난 후에 어머니가 버디에게 보내준 시모어의 편지를 정확하게 복사해 낸 것이 바로 이 작품이다.

이 작품은 서간체 소설이지만 서술자의 시점이 작가인 버디 글라스의 시점이 아니라 시모어 글라스의 시점으로 작성되었다. 버디가 시모어의 편지를 재구성하려는 이유는 「하프워스」가 「바나나피쉬」 이래로 글라스가의 연속 시리즈 중에서 시모어의 인성 중 가장 부정적인 정보를 포함하고 있고, 버디가 시모어를 숭배하고 있어서 그의 결점이 세상에 알려지는 것을 원치 않았기 때문이다. 그래서 하프워스 캠프에 있었던 사건의 스토리를 이 작품의 작가인 버디가 말하는 것이 아니라 시모어가 자신의 부정적인 성격을 캠프의 사람들과 관계를 통해서 우리들에게 직접 말하도록 하고 있다. 그리고 「바나나피쉬」에 나타난 시모어의 정신적인 추구를 깊이 생각하는 가운데 그러한 문제들이 1924년 여름 캠프에서 시작되었을 것이라고 버디는 생각했다. 그러므로 버디가 어머니로부터 받은 시모어의 7살 때 쓴 편지와 똑같은 내용의 편지를 다시 써냄으로써 시모어가 지닌 문제점을 우리에게 알려주는 작품이다.

버디 글라스는 시모어 글라스의 관점으로 스토리를 전개시키기 전에 다음 설명을 한다. "나의 이름은 버디 글라스(Buddy Glass)이고 내 인생에서 46년 동안 나는 정성스럽게 둘러싸여 있었음을 나 스스로 느껴왔고, 가끔 불충분한 것에 빛을 비출 목적으로 들어앉아 그물처럼 짜인 삶의 후기에 자살로 죽은 나의 형인 시모어 글라스가 31살인 1948년으로 돌아가 생을 마감한 것을 선택해왔음을 느껴왔다. 나는 지금 4시간 전까지 내 인생에서 결코 읽은 적이 없는 시모어의 편지를 정확하게 복사하려고 생각했다.

이 인용문에서 버디 글라스가 46살의 나이에 어머니 베시 글라스가 등기로 보내온 편지를 받았음을 알 수 있고, "나는 정성스럽게 둘러싸여 있었음을 스스로 느껴왔고, 가끔 불충분한 것에 어떤 빛을 비출 목적으로 들어앉아 그물처럼 짜인 삶의 후기"라는 부분에서 버디 자신이 선불교에 침잠해 왔음을 묘사하여 형 시모어의 종교와 비슷함을 독자들에게 알려주고 있다. 시모어 글라스가 1948년 31살에 자살하기 전의 편지를 "놀라운 것"(marvellous)으로 받아들인다. "오늘은 금요일이다. 지난 수요일 저녁에 전화로 나는 1926년 어느 날 저녁에 어머니와 시모어와 아버지와 내가 모두 갔던 매우 중요한 특별한 파티에 대해 긴 단편소설을 쓰면서 몇 달 동안 일해 왔다는 것을 어머니 베시에게 말했다. 나는 내가 선택한 '놀라운 것'이란 어휘를 진실로 받아들이기를 바란다. 시작하자. 1965년 5월 28일."

버디는 시모어의 편지를 재구성하여 단편소설로 창작하는 가운데 편지의 '주소'란에 "Hapworth 16, 1924, or quite in the lap of the gods!!"라고 기록하고 있다. "quite in lap of the gods"(신들의 무릎 안의 침묵)은 선불교 수행에서 선사들이 묵상에 잠겨있는 모습을 연상시킨다. 7살의 어린 시모어 글라스지만 하프워스 캠프에 참가하고 있는 그는 '조숙성을 지닌 비범한 재능을 가진 천재소년'으로 등장한다. 시모어는 캠프에 참가하기 전에 이미 집에서 문장 구성에 관한 책을 공부 했고, 자신의 편지가 좋은 창작일 것이라고 말하기도 했다. 그러면서 자기가 쓴 문장을 부모에게 보이면서 문법적으로나, 구두점 찍기나, 구성에서 어떤 통용어나 하찮은 잘못 등이 있는지를 체크해 달라고 요구했으며, 그는 7살인데도 이미 서구의 문학과 종교에 관한 명작을 다 읽었고, 대학교수들이 평생 동안 읽어야 할 것보다 더 많은 책을 읽었다. 이러한 시모어를 이안 해밀턴은 "천재 소년으로 신비한 조숙성를 보이고 있다"고 했다.

이 작품은 독자들이 실제로 읽기가 힘든 작품이다. 존 웬키(John Wenke)는 샐린저를 전공하여 『샐린저의 단편소설 연구 *J. D. Salinger: A Study of the*

Short Fiction』를 1991년에 펴냈는데도 「하프워스」는 "실제적으로 읽기 어려운" 작품이라고 하면서 2페이지 미만의 해설만을 붙이고 있다, 데이비드 롯지(David Lodge)는 "독자들이 샐린저의 스토리를 더 이상 믿으려 하지 않기 때문에 자신의 스토리텔러인 버디 글라스를 표면에 내세우기 위해" 이 작품을 창작한 것이라고 했다.

비평가들은 「하프워스」는 편지로는 너무 긴 것으로 본다. 그러나 다음과 같은 사항을 살피면 편지가 길어진 이유를 알 수 있다. 먼저 시모어는 다리의 상처를 회복하기 위해 침대에 혼자 있어야 할 시간이 많아 새벽부터 간단한 편지를 쓰기 시작하여 같은 날 저녁 식사 때까지도 끝낼 수 없었다. 시모어가 편지를 쓰는 동안 대부분 혼자 있었기 때문에 캠프에서 그의 경험을 회상해볼 수 있는 많은 시간을 가졌고, 편지를 쓰면서 자아 분석도 할 수 있었다. 시모어와 버디가 캠프에서 느낀 것은 무엇보다도 행복하지 않았다는 것이다. 그 이유는 세 가지다. 하나는 처음에 시모어와 버디가 이 캠프 자체에 참가하기를 원치 않았고, 다른 이유는 캠프의 운영규칙이 자신들의 연구를 간섭하기 때문에 따르기가 어려웠고 가장 중요한 것은 자신들의 가치와 관심 사항들이 캠프에 참가한 다른 소년들과는 판이하게 달랐기 때문이다.

시모어와 버디의 캠프생활에서 발생한 첫 번째 사건은 버디가 요리사 넬슨과 내기를 해서 이기면서 발생했다. 캠프의 정규시간 외에 자유로운 시간에는 자신들이 공부와 명상을 하기 위한 공간으로 자신들에게 배정된 방을 쓰기 위해 내기를 했다. 버디가 대답을 하지 못하자 피트는 버디를 험담했다. 이에 시모어는 화를 내며 만일 피트가 다시 버디에게 모욕적인 말을 한다면 피트를 죽이던

지 아니면 자신이 자살을 하던지 하겠다고 큰 소리로 공언했다. 바로 이 부분은 「바나나피쉬」에서 시모어의 자살과 연결시킬 수 있는 부분으로 시모어의 성격을 알 수 있는 부분이다. 두 번째 사건은 시모어와 캠프 감독 사이의 갈등으로 수요일 딸기농장에서 발생한다. 진흙탕에 빠진 마차를 밀어서 끌어내는 것을 돕다가 시모어는 심하게 다리를 다쳤다. 이때 시모어는 만일 그의 다리가 과다한 출혈로 감염되어 다리를 절단해야 하는 상황에 온다면 아버지 레스 글라스가 가만히 있지 않고 담당자를 고소할 것이라고 하였다. 이러한 두 사건으로 인해 시모어와 버디는 자신들이 다른 참가자들과 다르게 캠프생활에서 완전히 자유를 느끼게 했다.

시모어는 캠프의 정황을 설명하는 편지의 본문을 다 쓴 후 가족에게 조언을 주겠다고 했으며 그가 선정한 30명의 작가의 작품을 코멘트하는 사람으로 남는다. 책을 열거해놓은 마지막에서 시모어는 물질세계와 정신세계 사이에서 내적인 갈등을 해결하는 쪽으로 결정한다. 결국 캠프에서 부모가 보내준 책을 읽음으로 해서 시모어는 보다 정신적인 세계로 깊이 빠져들며 캠프에 오기 전보다 더 연구와 명상에 집중하게 되었다. 편지의 마지막 부분에서 시모어는 "만약 네[버디]가 신에게 이 편지를 읽어 줄 진실한 욕망을 지녔다면."이라는 신에게 전하는 긴 문장이 있다. 이 구절에서 시모어는 신과 직접적인 의사전달, 특히 신으로부터 개별적인 명령을 받아들일 수 있는가를 생각해 본다. 그러면서 시모어는 만약 신이 인간에게 직접적인 명령을 준다면 그것은 편애를 불러올 것이라고 생각하면서 신의 모습은 형상하기가 어렵다고 생각한다. 여기서 우리는 동양사상은 시모어와 같은 특수한 개개인에게 주어진 종교적인 상황이 아니라 누구나 접근할 수 있는 보편적인 종교라는 것을 알 수 있다.

「바나나피쉬」에서 시모어의 갑작스런 자살의 원인은 바로 1965년「하프워스」에서 찾을 수 있다. 버디는 시모어의 편지를 재작성하는 과정에서 편지의 서문에 시모어의 자살에 대해서 언급하고 시모어가 32살이었던 1948년으로 되돌아가 '시모어의 신을 향한 추구'를 집중적으로 다루었다. 이렇게 작성된 버디의 편지는 시모어의 편지보다 더 긍정적인 모습으로 깔끔한 스타일로 나타나 이 작품보다 앞서 발표된「시모어: 소개」와 구조적인 유사성을 갖게 되며, 버디는 시모어의 자살 문제가 1924년 여름 하프워스 캠프에서부터 시작되었다고 보고 있다. 버디는 시모어가 영적인 인물들과 교류를 피하려고 했을 때 형과 같은 사람들은 정서 불안과 사악함을 자신에게서 불러일으킬 수 있기 때문이다. 그의 정서 불안과 사악함이「바나나피쉬」에서 뮤리엘이 잠자는 침대에 앉아 그러한 충동이 일어나 스스로 권총으로 자살한 것으로 보고 있다. 이로써 부디는「하프워스」의 서문에서 시모어의 자살을 언급한 이유가 명백히 드러난다. 그리고 버디는「하프워스」를「시모어」와 같은 종류의 작품으로 생각했으며, 샐린저의 분신인 버디는「하프워스」에서 글라스가의 시리즈를 완성하였다고 보고 있다.

이 작품에서 버디는 시모어의 종교에 대해 긍정적인 효과와 부정적인 효과 둘 다 이해하게 되었을 뿐만 아니라 시모어의 미학적인 사고에 대한 완전한 이해에서 그가 시모어에게로 끌리게 되는 점을 알게 된다. 그가「시모어」를 썼을 때만 해도 아무런 문제점 없이 계속 글을 쓸 수는 있었지만 어떤 특별한 비전에 이르지 못하여 매우 상심하고 고민했었다. 그때마다 그는 쓰는 것을 멈추고 마음으로 믿을 수 있도록 인도해주는 시모어의 편지를 다시 읽곤 했다. 시모어의 충고에 의해 다시 확신을 얻은 후에야 버디는 자발적이고 직관적 방법을 통해 시모어의 편지를 재구성에 성공적인 소설을 쓸 수 있었음을 확신했다.

시모어는 버디가 작가가 될 것을 미리 예언했으며, 현재 버디가 작가가 되어 자신[시모어]의 이야기를 쓸 것을 섬광처럼 지나가는 인생의 한 놀라운 순간을 과거 캠프 때에 보았다. 바로 버디가 그의 편지를 읽는 1965년 5월 28일, 시모어의 눈에 버디의 '놀랄만한 한 순간'이 보이는데 머리가 하얗게 새고, 담배를 피우면서 생각에 잠겨 지친 그의 모습을 본다. 그리고 지금 버디는 시모어가 원하는 햇빛이 비추고 책과 연필, 종이, 타자기로 둘러싸인 방에 정확히 앉아 있다. 시모어는 버디의 작가적 기질을 이미 알고 있었고 버디는 시모어의 이야기를 쓰기 위하여 평생을 바쳐 이제 그 결실을 이룬 것이다. 이때 버디의 나이는 46세였다. 시모어가 말한 마지막으로 지나가는 인생의 섬광이라면 샐린저의 작품 활동도 이 순간을 마지막으로 더 이상 글라스 가의 이야기는 쓰지 않겠다는 결론을 내린 것이라고 할 수 있다.

시모어의 자살은 그가 7살 때 하프워스 캠프에 참가했을 때부터 이미 정해진 것이었으며, 뮤리엘과의 결혼도 시모어가 심취한 동양철학에 맞춰 의도된 것이다. 대부분의 비평가들은 시모어의 자살을 긍정적인 차원에서 다루고 있다. 슬레다후는 시모어의 신의 추구는 윤회(transmigration)를 동양 종교의 전통에 근거한 직관적인 지혜라고 주장했으며, 작품에서 중요한 것은 시모어가 미래에 대한 예측을 통해 '항상 자신의 죽음을 예견하여 신의 명령에 따라 행동'한다는 것이다. 「하프워스」에서 시모어는 어머니에게 자기가 예기치 않은 나이에 "세상 무대에서 물러난다 해도 너무 화내지 말라"고 하여 「바나나피쉬」에서 자신의 자살은 미리 예견된 자살이었음을 이 편지에 썼다.

「하프워스」보다 앞선 「시모어」에서 버디는 시모어가 성인(saint)이었는가를 우리에게 묻고 있으나 그 답은 바로 「하프워스」에서 찾을 수 있다. 시모어는 정신적인 발전을 이루는데 장애가 된 3요소를 지적하고 있다: 관능에 탐욕, 정신적인 불안정, 그리고 일상적인 사람들에 대한 악의. 이러한 요소를 극복하는 과정 중 하나는 관능적인 문제인데, 「하프워스」에서 시모어가 캠프 대표의 부인에게 성적인 호감을 보이는 것은 우리가 「테디」 작품에서 본 신동인 테디 맥아들러(Teddy McArdle)가 여자 문제 때문에 정신적으로 뒤로 밀렸다가 미국에서 변신한 것(Teddy 188)과 같다. 그렇기 때문에 영문학자 에버하드 알젠(Eberhard Alsen)은 「하프워스」를 「바나나피쉬」와 함께 단행본으로 출판되어야 한다고 말하며, 샐린저 작품의 모든 것을 알기 원한다면 「하프워스」는 "보물"(a treasure trove)이라고 말한 것처럼 시모어의 어린 시절의 스토리인 「하프워스」는 샐린저 작품의 '핵'이라고 할 수 있다.

샐린저 작품에 대한 의견은 다양하게 전개되어 오고 있으나 동양 사상에 뿌리를 둔 해석이 점차 자리를 잡아가고 있다. 비평가들은 「하프워스」도 읽어내기 어려운 작품이라고 하지만 알젠이나 룬드퀴스트, 제임스 등의 해석은 받아들일 수 있다. 앞서 살핀 바와 같이 「하프워스」는 시모어 글라스가 7살의 소년으로 동생 버디와 함께 여름캠프에 참가하여 그곳의 상황을 부모에게 보낸 편지의 내용이다. 버디는 그것을 읽고 시모어에 대해 궁금하게 생각했던 내용을 이해해 그 편지를 정확하게 복사해낸 창작품이다.

미국문화의 변천과 동·서를 잇는 비평관

샐린저의 작품에 대한 연구는 최초의 작품이 발표되었던 1948년 이래 꾸준히 이어지고 있다. 특히 그의 전기가 와렌 프렌치에 의해 처음 쓰였던 1960년대 초부터 연구자들은 신비평적인 관점에서 많은 연구가 이루어져 샐린저 산업이라는 신조어까지 만들었다. 그는 헤밍웨이의 하드 보일드 스타일과 비슷한 문제로 사회문제를 고발하는 자연주의적 경향에서 모더니즘적인 기법을 거쳐 포스트모던적인 경향을 지닌 작가로 해석되고 있다. 그의 문학의 특이성은 작품 창작에 선불교를 포함한 동양종교의 다원주의를 작품에서 소화하고 있다는 점이다.

《뉴욕타임즈》가 1997년에 「하프워스」를 단행본으로 출판하겠다는 계획을 세웠을 때 샐린저가 이에 동의했다. 이유는 샐린저가 이 작품을 발표한 1965년 이래 주변 사람들과 접촉을 끊은 채 오랜 시간을 지내왔고 더구나 1989년에 이안 해밀턴(Ian Hamilton)이 출판한 『샐린저 탐구 *In Search of J. D. Salinger*』를 고소까지 했던 일이 있었기 때문이다. 알젠이 말한 바에 따르면 여러 비평가들이 이 작품을 진지하게 분석해 오고 있지만 아직까지도 이 작품에 대한 부정적인 반응들이 있기 때문이라고 했지만 이 작품은 근래에 단행본으로 출판되었다.

알젠은 이 작품을 "글라스가의 연계를 이야기한 샐린저의 절정을 이루는 소설"이라고 보고 있으며, 제임스 밀러(James Miller)도 이 작품이 글라스가의 중요한 이야기를 더 확장한 작품으로, 특히 "시모어의 독특한 성격에 대한 새로운

<그림 5> 1961년 9월 15일자 〈타임〉 표지에 실린 샐린저 초상화. 로버트 빅크레이(Robert Vicley) 작품으로, 스미스소니언 국립초상화 갤러리 소장.

조명을 할 수 있는 작품"이라고 했을 때 샐린저는 이 작품의 말미에서 「하프워스」 이후 그는 작품을 창작하지 않을 이유를 "바로 소설 하나. 그것은 내가 실제로 그것에 줄 수 있는 유일한 묘사다"라고 썼다.

헤이스맨과 밀러는 홀든이 추구하는 가치를 스테반 디들러스(Stephen Dedalus)와 레오폴드 불름(Leopold Bloom)의 추구로 분석했다. 그들에 의하면 홀든은 사회제도에 의해 더럽혀지지 않은 진실을 구하기 위해 안정을 거부하는 스테반 디들러스 형의 추구와 사회에 수락되어 안정을 얻으려는 레오폴드 블룸 형의 추구를 동시에 구하고 있다는 것이다. 사실 홀든은 진실을 추구하면서 소외는 거부하고 사회로부터 도피하려 하면서 그에 수반되는 외로움을 감내하려 하고, 집을 떠나려 하면서 동시에 집으로 돌아온다.

파울 엘만(Paul Elman)은 윌리엄 골딩(William Golding)의 『파리 대왕 *Lord of the Flies* (1954)』을 논하면서 이 작품은 『호밀밭의 파수꾼』 다음으로 가장 많이 논의되고 있다고 말했다. 샐린저는 『호밀밭의 파수꾼』에 홀든 콜필드(Holden Caulfield)라는 타고난 반항아를 등장시켜 4번째 펜시 프렙 스쿨에서 퇴학을 당하도록 한다. 그 후 홀든은 뉴욕 거리를 3일 동안 방황을 한 다음 “나는 위험한 낭떠러지기의 가장자리에 서있다.” 이러한 홀든은 호밀밭에서 놀고 있는 어린이들이 호밀밭 어디엔가 있는 낭떠러지기로 추락하는 것을 막아 보겠다는 잠재의식적인 반응을 보이고 있다. 『파리 대왕』의 주인공들인 영국 어린이들은 홀든의 수호를 벗어난 현대판 로빈슨 크루소로 무인도에 비상착륙하게 된다. 그래서 『파리 대왕』의 어린이들은 갑자기 문명 세계를 벗어나 야만의 세계로 되돌아가게 되어 현대의 위기 속에서 우리 인간들이 직면하게 될 원시화 된 악마적인 인간의 원형을 만나게 된다. 이와 같이 『파리 대왕』은 『호밀밭의 파수꾼』에 대한 아주 보수적인 답으로 갈채를 받고 있다.

순응문화에 비친 비하인드 스토리

샐린저가 1950년대를 샐린저 시대로 만들 만큼 유명한 작품인 『호밀밭의 파수꾼』은 당시 미국의 사회 분위기와 밀접한 관련이 있다. 곧 시대가 유명한 작품을 탄생시켰다고 할 수 있다. 따라서 미국의 50년대의 정치·사회 분위기는 샐린저 문학을 이해하기 위해서 필수적으로 알아야 한다. 미국은 다양한 인종이 모여 사는 복합국가이기 때문에 어떠한 문화전통만이 지배적일 수는 없다. 남북전쟁 이후부터는 다른 문화와 상호접촉 및 상호충돌 속에서 발전해 왔고, 그러한 토양에서 배양되어 왔다. 그래서 미국문학은 ‘소외의 문학’이면서 다양한 문화의 충돌 사이에서 화합과 조화를 추구하는 ‘화해의 문학’이다.

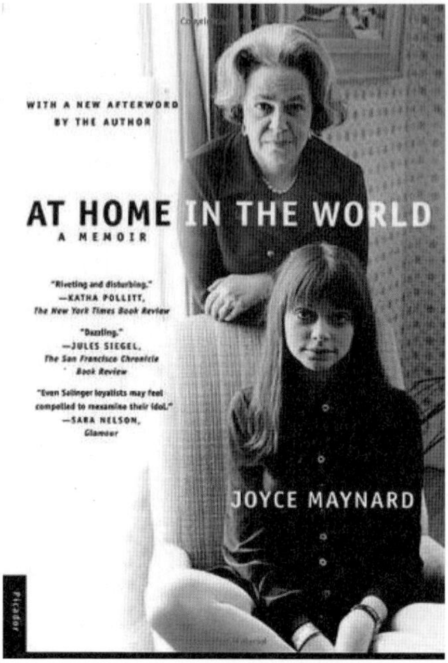

<그림 6> 샐린저의 애인 조이스 메이나드의 회고록 표지 (1998년)

1950년대의 냉전시대의 세계관은 미국인의 사고에 지대한 영향을 주었다. 특히 1950년대 조셉 매카시(Joseph McCarthy)에 의한 '내부적인 전복'(internal subversion)은 지식인의 생활에 직접적인 영향을 주어 그들의 삶을 급진적으로 변화시켰다. 1940년 이래 미국 사회를 지배해 오던 극우 보수주의에 대한 반발의식이 돋아나기 시작했다. 많은 지식인들은 자본주의 사회가 안고 있는 긴장에서 파생된 소외의식으로부터 여러 가지 사상을 도출해내고 자양분을 얻고 있었다. 샐린저도 예외는 아니었다. 그는 1940년대에 미국불교협회 회원이 되어 활동했다. 특히 비평에서는 1930년대의 프롤레타리아 저항문학에 식상한 남부의 귀족주의적 작가와 비평가들은 현대문학에 대한 전후의 태도를 반영한 신비평을 문단의 지배체제로 구축하였다. 신비평가들의 주요 관심사는 순응의 문제였다. 사실 순응의 문제는 매카시즘이 맹위를 떨치기 시작한 시기로 볼 수 있는데 전통을 존중하는 보수적 분위기는 고조되어 매카시의 수법을 방관하면서 '순응'해 가고 있어서 이 용어는 1950년대의 미국을 요약하기에 적절하다. 순응의 시대에 가장 특이한 사항은 비트 세대(Beat Generation)의 출현

이다. 이들은 규격화된 시민생활에 대한 반항을 보였으며 사회의 규격화된 일원으로서 틀에 박히는 것에 대한 강한 반발을 보이면서 선불교와 같은 동양사상을 폭넓게 받아들였다. 어빙 하우는 이러한 사회 분위기를 '포스트모던'(post-modern)이란 용어로 정의했다. 그가 이 용어를 사용한 것은 정치적으로 냉전, 그리고 경제적으로 비교적 풍요롭던 1940년대와 1950년대의 미국 소설의 특징을 가르치기 위해서였다. 그는 미국의 전후 작가들이 내용이나 주제 면에서뿐만 아니라 더 나아가 스타일이나 형식적인 면에 있어서도 모더니스트들과는 분명한 차이점을 보여준다고 지적한다. 샐린저는 글라스가의 작품에 대한 기쁨과 만족감이 시간이 지남에 따라 증가하며 깊어가고 있지만 그 이유는 말할 수 없으며 자신의 작품은 오락물이 아니라고 밝히면서 자신의 작품에 대해 독자들이 말 안하는 것이 좋을 것이라고 말한다. 이러한 샐린저를 룬드키스트(Lundquist)는 "사회적인 비평에 매우 감상적으로 이끌리는 심원한 종교적인 작가"로 보고 있는가 하면 이합 하산(Ihab Hassan)은 샐린저는 모더니즘 작가이지만 창작된 작품은 매우 포스트모던적이라고 말했다.

샐린저의 『호밀밭의 파수꾼』이 유명해졌을 때 살인자 채프만(Mark David Chapman)은 미국 법정에서 이 작품을 '자신이 생각한 홀든'으로 읽어 법관들이 아연실색한 적이 있다. 그는 존 레논(Beath John Lenon)을 1980년 12월 맨해튼 거리에서 살해했다. 채프만은 레논의 팬이기도 했지만 또한 샐린저의 팬이기도 했다. 채프만은 레논이 너무 상업주의에 부패해 있어 그의 순진성을 보호하기 위해 그를 살해했다고 하면서 샐린저의 『호밀밭의 파수꾼』을 일반인들과 달리 홀든이 하는 말을 세상 사람들이 미국문화의 허위성을 깨달을 수 있도록 해석하는 것이 아니라 '자기 독단'으로 해석했다. 그런가하면 홀든이 신비한 메시지를 전달하는 《뉴욕타임즈》에 광고가 등장했는가 하면 샐린저의 허위 인터뷰기사가 〈피플〉 지에 실리기도 했다.

1972년 봄 샐린저는 《뉴욕타임즈 매거진》에 나타난 조이스 메이나드(Joyce Maynard)의 글과 사진을 보고 팬 레터를 보내 그녀의 호기심을 산 후 서로 관계를 맺었다. 당시 메이나드는 19세였고 샐린저는 53세였다. 메이나드는 「18살 소녀의 인생회고」를 1972년 4월 2일 《뉴욕타임즈 매거진》에 발표했다. 이 글에서 메이나드는 같은 세대의 젊은이에게 영향을 끼친 사회·문화·정치 체험과 그 체험들이 염세관과 어떤 관계가 있는지를 썼다. 이러한 메이나드의 경험을 샐린저 자신도 했노라고 편지에 쓰면서 자신의 편지를 '비밀'로 해주길 바란다고 덧붙였다. 그리고 샐린저는 자신은 오른손으로 글을 쓰며 완전한 유대인이 아닌 절반의 유대인이며 뉴햄프셔에 살고 있음도 밝혔다. 둘은 서로 뜻이 맞는 친구라고 단언했다. 메이나드는 학교를 자퇴하고 샐린저에게로 옮겨 함께 살았다.

메이나드의 회고록이 발표되자 바로 그 회고록에 대해 비판한 글이 많이 나타났다. 사라 넬선(Sara Nelson)은 "샐린저를 좋아하는 사람들은 그들의 우상을 재점검해야 할 것이다"라고 말했다. 《뉴욕타임즈》 컬럼니스트인 모린 다우드(Maureen Dowd)는 그녀를 "거머리 같은 여자"라고 말했으며, 〈내서널리뷰〉에서는 그녀를 "왕년에 성적으로 조숙했던 기회주의자"라고 언급했다. 샐린저는 메이나드와 동거한지 1년이 채 안되어서 그녀와의 관계를 끊었다. 그후 메이나드는 25년간 침묵을 지키다 샐린저와 연애기간에 주고받았던 편지를 경매에 부쳐 피터 노턴(Peter Northon)이 사들였다. 그는 그것을 샐린저에게 돌려줄 것이라고 발표했다.

그동안 학자들은 샐린저의 문학을 말하면서 그의 작품이 누구에 대한 무엇을 말하는지를 분명히 파악치 못한다는 이야기를 많이 해왔다. 그것은 작품을 창작한 작가 샐린저가 오랜 세월동안 신비 속에 은둔생활을 했기 때문이다. 알젠이 최근에 쓴 『샐린저에 대한 가이드 북 *A Reader's Guide to J. D. Salinger*』에서 마가렛의 회고록 『꿈을 잡는 사람』은 독자들이 샐린저의 전기적 이력에 모호하게 생각했던 사실들에 대해 많은 것들이 반영되어 있음을 지적했다.

<그림 7> 세번째 부인 콜린 오닐과 버몬트 윈드소(Windsor)에서 쇼핑하는 샐린저

사실 메이나드의 회고록은 마가렛의 회고록보다 1년 빨리 출간되었지만 그녀와 샐린저와의 사적인 생활의 기록이라는 측면에서 마가렛의 회고록만큼 크게 각광을 받지 못한 것 같다. 샐린저는 이러한 이력 후에도 1981년 다시 36살의 여배우 알레인 조이스와 관계를 시작하여 7년 동안 교제했으며, 또한 40살 차이가 나는 콜린 오닐(Colleen O'neill)을 만나 80세 말에 콜린과 결혼까지 했다.

* 이 글은 필자가 그동안 연구한 샐린저에 대해 논문들과 책으로 출간한 『샐린저의 생애와 작품』 등에서 중요사항을 발췌하여 정리한 것이다.

샐린저 주요작품연보

장편 소설

1951 『호밀밭의 파수꾼 *The Catcher in the Rye*』

1961 『프래니와 주이 *Franny and Zooey*』

1963 『목수들이여, 대들보를 높이 들어라와 시머어: 소개 *Raise High the Roof Beam, Carpenters and Seymour: Introduction*』

1953 『나인 스토리즈 *Nine Stories*』

단편소설

『나인 스토리즈』에 실린 작품

1948. 1 「바나나피시를 위한 완전한 날 A Perfect Day for Bananafish」

1948. 3 「코네티컷의 위길리 아저씨 Uncles Wiggily in Connecticut」

1948. 5 「에스키모와의 전쟁 직전 Just Before the War with Eskimos」

1949. 3 「웃는 남자 The Laughing Man」

1949. 4 「딩히에 내리다 Down at the Dinghy」

1950. 5. 「에스메를 위하여. 사랑 그리고 비참함으로 For Esme –with Love and Squalor」

1951, 7. 「예쁜 입과 초록빛 나의 눈동자 Pretty Mouth and Green My Eyes」

1952, 5. 「드 도미에 스미스의 청색시대 De Daumier Smith's Blue Period」

1953. 1. 「테디 Teddy」

『프래니와 주이』와 『목수들이여와 시모어』로 편집된 단편

1955. 1. 「프래니 Franny」

1955. 11. 「목수들이여, 대들보를 높이 들어라 Raise High the Roof Beam, Carpenters」

1957. 5. 「주이 Zooey」

1959. 6. 「시모어: 소개 Seymour: An Introduction」

마지막 단편

1965. 「하프워스 16, 1924 Hapworth 16, 1924」 (2006년 책(장편)으로 출간됨)

참고문헌

Alsen, Eberhard. *A Reader's Guide to J. D. Salinger*. London: Greenwood, 2002.

Fosburgh, Lacy. "J. D. Salinger Speaks About His Silence." *New York Times (3*

November, 1974).

French, Warren. *J. D. Salinger*. New York: Twayne, 1963.

______, *J. D. Salinger Reviewed*. Boston: Twayne, 1976.

Hamilton, Ian. *In Search of J. D. Salinger*. New York: Vintage, 1989.

Hassan, Ihab. *Contempory American Literature 1945-1972*. New York: Frederick Ungar, 1971.

Howe, Irving. "Mass Society and Postmodern Fiction." *Partisan Review* (Summer 1959): 420-36.

Lodge, David. ed. *20th Century Literary Criticism*. London: Longman, 1972.

Lundquist, James. *J. D. Salinger*. New York: Frederick Ungar, 1979.

Maynard, Joyce. *At Home In the World*. New York: Picador, 1998.

Miller, James E. *J. D. Salinger*. Minneapolis: University of Minnesota Press, 1965.

Salinger, J. D. *The Catcher in the Rye*. Boston: Little, Brown, 1951.

______, "A Perfect Day for Bananafish" and "Teddy" in *Nine Stories*. Boston: Little, Brown, 1953, 1971.

______, *Franny and Zooey*. Boston: Little, Brown, 1961.

______, *Raise High the Roof Beam, Carpenters and Seymour: An Introduction*. Boston: Little, Brown, 1963.

______, "Hapwarth 16, 1924," *The New Yorker* (June 19, 1965).

Salinger, Margaret A, *Dream Catcher: A Memoir*. New York an London:

Pocket, 2000.

Slawenski, Kenneth. *J. D. Salinger: A Life.* New York: Random House, 2010.

Wenkie, John. *J. D. Salinger: A Study of the Short Fiction.* Boston: Twayne, 1991.

그림 출처

<그림 1> 『호밀밭의 파수꾼』 표지 (1951년), https://en.wikipedia.org/wiki/The_Catcher_in_the_Rye

<그림 2> 케네스 슬라웬스키의 『샐린저 전기』 표지 (2010년), https://www.amazon.com/J-D-Salinger-Kenneth-Slawenski/dp/1400069513

<그림 3> 뉴햄프셔 코니스에 있는 샐린저의 집, https://www.pinterest.com/pin/634726759683O9348/

<그림 4> 벨리포지 사관학교 (Valley Forge Military Academy) 시절의 샐린저, https://www.amazon.com/J-D-Salinger-Kenneth-Slawenski/dp/1400069513

<그림 5> 1961년 9월 15일자 〈타임〉지 표지에 실린 샐린저 초상, http://content.time.com/time/covers/0,16641,19610915,00.html

<그림 6> 샐린저 애인 조이스 메이나드의 회고록 표지 (1998년), http://www.goodreads.com/book/show/355855.At_Home_in_the_World

<그림 7> 세번째 부인 콜린 오닐과 버몬트 윈드소(Windsor)에서 쇼핑하는 샐린저, https://ccsalinger.wordpress.com/2015/06/01/j-d-salingers-women/

9. 시절을 슬퍼하니 꽃만 보아도 눈물 흘리고

시성(詩聖) 두보(杜甫)의 우국(憂國)과 애민(愛民)

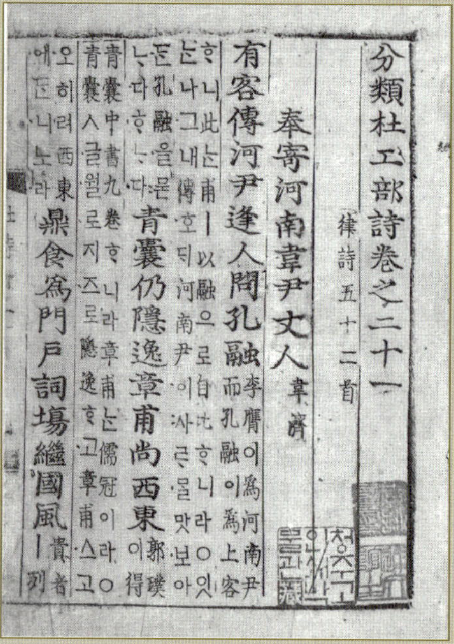

<그림 1> 1481년 간행된 『분류두공부시언해(分類杜工部詩諺解)』

9. 시절을 슬퍼하니 꽃만 보아도 눈물 흘리고

시성(詩聖) 두보(杜甫)의 우국(憂國)과 애민(愛民)

정호준

조국과 백성만을 생각한 한평생의 삶

시성(詩聖) 두보(712~770)는 중국 문학사상 가장 위대한 시인으로 백성에 대한 끊임없는 사랑과 연민의 정을 지니고 있던 시인이다. 그의 시에는 풍부한 사회적 내용과 분명한 시대적 배경, 그리고 강한 정치적 색채가 담겨 있을 뿐만 아니라, 조국과 백성을 사랑하는 숭고한 정신이 넘쳐나고 있다. 그래서 그의 시는 당 이래로 '시사(詩史)'라고 평가되어 왔다.

두보가 살았던 시기는 당 제국이 전성기에서 쇠퇴기로 넘어가는 전환기적인 시기로 그 중심에는 '안사(安史)의 난(亂)'이라는 역사적 사건이 존재한다. 즉 두보는 안사의 난 이전의 개원(開元)·천보(天寶) 연간의 융성한 시기와 안사의 난의 전 과정을 몸소 체험하고 겪은 것이다. 그래서 '안사의 난'을 전후한 20년간의 다사다난했던 시대는 이후의 그의 시가 창작과 생애에 깊은 영향을 주었다고 말할 수 있다. 따라서 그는 백성과 함께 전란의 참화 속에서 생활을 하면서, 고난당하는 백성의 모습을 다량의 작품 속에서 그려내고 있다. 이는 두보가 현실을 비판하고 백성의 고통에 동참하는 데에 있어 시가 중요한 도구가 되었다는 것을 알 수 있게 해 준다. 그럼 그의 시세계를 이해하기 위해 그의 생애를 간략하게 살펴보도록 하겠다.

<그림 2> 두보의 초상

두보는 선천(先天) 원년(712)에 하남성(河南省) 공현(鞏縣)에서 연주사마(兗州司馬)를 지낸 아버지 두한(杜閑)과 어머니 최씨 사이에서 태어났다. 그의 13대조는 두예(杜預)로 진(晉)나라에서 진남대장군(鎭南大將軍)을 지내며 형주(荊州)의 군사를 담당하였고, 당양현후(當陽縣侯)에 봉해지기도 하였다. 그는 뛰어난 장수였을 뿐만 아니라, 경제·정치·법률·천문·산학(算學)·공정(工程)에도 통달하였고, 역사 연구에 매진하여 『춘추좌씨집해(春秋左氏集解)』를 집필하기도 하였으니 문무를 겸비한 장군이자 학자라고 할 수 있

을 것이다. 두보의 할아버지는 두심언(杜審言)으로 무측천(武則天) 시대에 선부원외랑(膳部員外郎)을 지냈으며 문장사우(文章四友) 중의 한 사람으로서 시로서도 큰 이름을 날렸다. 훗날 할아버지 두심언이 두보의 시 창작에 많은 영향을 주게 된다. 그래서 두보는 "내 할아버지의 시는 옛사람의 시를 능가했네(吾祖詩冠古)"(「촉승 여구에게 주다(贈蜀僧閭邱)」), "시는 우리 집안의 가업이다(詩是吾家業)"(「종무 생일(宗武生日)」)라고 말하였으며, 또한 "선조인 두서·두예 이래 유가를 받들고 관직을 지켜 가업을 손상하지 않았다(自先君恕 預以降, 奉儒守官, 未墮素業)"(「진조부표(進雕賦表)」). "어렸을 때에 병이 많았고, 가난한 속에서도 학문을 좋아했네(少小多病, 貧窮好學)"(「진봉서악부표(進封西嶽賦表)」)라고 말하기도 하였다. 이런 이야기 속에서 우리는 유가의 가풍이 짙고 시를 숭상하는 집안에서 그가 태어났음을 알 수 있다. 두보의 생애는 그의 시 창작과 연관지어 보통 네 시기로 나누어 보는 것이 일반적인데, 이 기준에 따라 두보의 일생을 간략하게 살펴보도록 하겠다.

첫 번째 시기는 독서와 유람 시기로 두보의 나이 35세 이전의 시기인 선천 원년(712)부터 천보(天寶) 5년(746)까지이다. 이 때는 그가 주로 공부를 하며 각지를 유람하던 시기였는데, 당시 나라도 개원(開元) 연간의 전성기였기 때문에 전체적으로 두보 집안의 경제적 환경도 비교적 좋은 시기였다. 두보는 정확히는 알 수 없지만 어머니를 일찍 여의고, 낙양(洛陽) 인풍리(仁風里)에 있는 둘째 고모 집에서 성장을 하였다. 그의 「장유(壯遊)」 시를 보면 7살 때에 시문을 짓기 시작하였고, 9살 때에는 붓으로 큰 글씨를 썼고, 14세 때에는 낙양의 문단으로 나아가 문인들과 교류를 시작하였다고 한다. 특히 이 무렵에 유명한 악공 이구년(李龜年)의 노래를 듣게 되었는데, 만년에 그를 다시 만나게 된 두보가 그 감회를 그 유명한 「강남에서 이구년을 만나다(江南逢李龜年)」라는 시에서 노래하기도 하였다. 20세부터 약 10년간 오(吳)·월(越)·제(齊)·조(趙) 지역을 두루 다니면서 많은 문물을 섭렵하였는데, 그 사이에 24세 때인 735년에 낙양으로 돌아와 과거시험에 응시하였지만, 낙방을 하기도 하였다. 그 후 다시 유람을 떠나 29세 때인 740년에 연주사마로 있던 아버지와 상봉한 후 이듬해에 낙양으로 돌아와 수양산(首陽山) 기슭에 거처할 육혼장(陸渾莊)을 짓고 결혼을 하였다. 그러나 744년에 벼슬을 그만두고 유랑의 길을 떠난 이백(李白)과 역사적인 만남을 가지게 되었고, 고적(高適) 등과 함께 양(梁)·송(宋) 지역을 유람하면서 시의 창작에 대해 많은 토론을 하였다. 이듬해인 745년에 제(齊)·노(魯) 지역을 유람하던 중 이옹(李邕)·이백 등을 만나 이백과 함께 유람하다가 겨울에 노군(魯郡)에서 헤어지게 되고 이후 이 둘은 다시는 못 만나게 된다. 그리고 746년에 두보는 장안으로 돌아오게 된다. 이 시기는 두보에게 있어 시를 창작하는 준비 단계라고 할 수 있는데, 이 시기에 창작한 30수가 채 되지 않는 현존하는 작품 중에 대표성을 지닌 우수한 작품은 없다 할 수 있다.

35세의 두보가 장안으로 돌아온 천보(天寶) 5년(746)부터 44세가 되는 천보 14년(755)까지가 그의 두 번째 시기로 볼 수 있는데, 벼슬을 구하며 고통스런 생활을 하던 시기이다. 우선 747년에 현종의 조서에 의한 특별 과거시험에 응시했지만, 당시 재상이었던 이림보(李林甫)의 농간으로 합격자를 한 명도 배출하지 않게 되고 두보 역시 낙방을 하게 된다. 그리고 정확한 기록이 없어 확정하기는 어렵지만 이 무렵에 그의 부친 두한이 세상을 떠난 것 같다. 두 번에 걸친 과거시험 실패와 부친의 사망으로 인해 그는 경제적으로 매우 어려움에 처하게 된다. 해를 거듭할수록 생활고는 더욱 심해졌으며, 754년 가을에는 장마에 따른 물가 폭등으로 인한 생활고를 이길 수 없어 가족을 봉선현(奉先縣)에 있는 외삼촌 집에 맡길 지경에까지 이르게 된다. 당시에 두보는 경제적 문제를 해결하고 또한 "임금을 요와 순의 윗자리에 치켜 받들고, 풍속을 다시금 순박하게 만들겠다(致君堯舜上, 再使風俗淳)"(「위좌승께 올리는 시(奉贈韋左丞丈二十二韻)」)는 정치적 이상을 실현하고자 벼슬을 하기 위해 다방면으로 노력을 하지만 모두 실패를 하여 좌절을 겪게 된다. 그러다 751년에 정궁인 대명궁(大明宮)이 완공됨을 기회로 현종에게 직접 '삼대례부(三大禮賦)'를 바치고 현종의 눈에 들어 집현원(集賢院)에서 벼슬을 내리기를 대기하였으나, 이림보의 방해로 벼슬을 받지 못하게 된다. 그러나 이러한 일들이 시인 두보를 연마하여 백성에게 다가가 그들의 생활을 이해하며 그들의 고통을 함께 체험하면서 통치자의 무능과 죄악을 비판하고 백성의 고통을 동정하는 사실주의 시인으로 태어나게 하는 중요한 계기가 되었다. 그러다 마침내 755년 10월에 우위솔부병조참군(右衛率府兵曹參軍)의 벼슬을 제수받게 되었고, 11월에 가족을 데리러 봉선현으로 돌아가게 된다. 이 시기에는 「병거를 노래하다(兵車行)」, 「고운 여인을 노래하다(麗人行)」, 「장안에서 봉선현으로 가며 감회를 읊은 오백자(自京赴奉先縣詠懷五百字)」와 같은 현실주의 걸작을 창작하여, 두보가 우국우민(憂國憂民)의 시인이 되는 계기가 되었으며, 이후의 두보의 생활과 창작 여정을 결정한 중요한 기간이었다고 말할 수 있다.

세 번째 시기는 두보의 나이 45세부터 48세까지인 지덕(至德) 원년(756)부터 건원(乾元) 2년(759) 말까지로, 두보가 안사(安史) 반군에게 포로로 잡혔던 시기와 숙종(肅宗)에게 좌습유(左拾遺) 관직을 제수받아 벼슬살이를 했던 시기를 아우른다. 이 시기는 안사의 반란이 가장 격렬하여 국가의 존립이 위태로웠던 시기로 백성의 고난은 점점 더 심해졌으며, 두보 역시 그들과 함께 고통을 겪었던 시기이다. 바로 두보가 벼슬을 제수받고 봉선현의 가족에게 돌아가던 11월에 안록산(安祿山)이 반란을 일으켜 8년 전쟁이 시작되었고, 두보는 가족을 안전한 부주(鄜州)로 피난시키고 숙종이 있는 영무(靈武)의 행재소로 가다 반군에게 사로잡혀 장안으로 압송되어 참혹한 살육의 현장을 목도하며 지난날 국가의 영화가 파괴된 현장을 몸소 체험하기도 하였다. 757년 4월에 포로 생활에서 탈출 후 봉상(鳳翔)으로 가서 숙종에게 좌습유를 제수받은 관직 시기 역시 숙종과의 불화로 인해 자신의 정치적 이상을 펼치지 못하고 좌절을 하게 되었지만, 이는 두보가 백성의 생활에 더욱 가까이 갈 수 있는 기회가 되기도 하였다. 결국 758년에 두보는 화주사공참군(華州司功參軍)으로 좌천되었고, 이듬해인 7월에 결국은 관직을 버리고 유랑의 생활을 떠나게 된다. 이 시기에 시인은 우리에게 익히 알려진 「진도를 슬퍼하다(悲陳陶)」, 「왕손을 슬퍼하다(哀王孫)」, 「봄날을 바라보며(春望)」, 「강촌(羌村)」, 「북정(北征)」, 「병마를 씻다(洗兵馬)」와 '삼리(三吏)', '삼별(三別)'과 같은 애국심을 담고 있는 작품들을 남겨 놓아 사실주의 창작이 최고의 경지에 이르렀음을 보여준다.

마지막인 네 번째 시기는 서남 지역을 유랑한 시기로, 두보가 48세 때인 건원(乾元) 2년(759) 말에 성도(成都)에 도착했을 때부터 서남 지역을 유랑하다가 대력(大曆) 5년(770)에 세상을 떠날 때까지의 시기이다. 이 유랑 시기 중 몇 개월간 엄무(嚴武)의 막료로 생활한 것 이외에는 어떠한 벼슬에도 몸담지 않았고, 백성과 함께 생활을 하였다. 성도에 머물 때에는 친구들의 도움을 받아 완화계(浣花溪) 옆에 초당을 짓고 나름 한적한 생활을 하였지만, 763년 안사의 난이 평정된 이후에도 계속된 절도사들의 반란으로 인해 생활이 불안정하게 되자 결국은 765년에 성도를 떠나 유랑을 시작하게 되는 것이다. 특히 767년부터 약 2년 동안 머무른 기주(夔州)에서 361수의 작품을 창작하였고, 이 시기는 두보가 율시를 완성한 시기이기도 하다. 이후 두보는 강릉(江陵), 공안(公安), 악주(岳州), 담주(潭州), 형주(衡州), 뇌양(耒陽) 등지를 떠돌다가 770년 겨울 상강(湘江)의 배 위에서 죽어 악주에 묻히게 된다. 이 시기에 그는 「가을 바람에 무너진 초가집을 노래하다(茅屋爲秋風所破歌)」, 「관군이 하남과 하북을 수복했다는 소식을 듣고(聞官軍收河南河北)」, 「다시 오랑에게(又呈吳郎)」, 「여러 장수들(諸將)」, 「가을의 흥취(秋興)」, 「세모의 노래(歲晏行)」 등 이전 시기와는 많이 다른 서정 색채의 작품들을 남기고 있으며, 형식적인 면에서도 다양한 모습을 보여주고 있다.

비단은 누구에게서 나온 것인가

다음으로 두보의 대표작으로 꼽히는 작품 몇 수를 소개하도록 하겠다. 현재까지 남아있는 두보의 작품은 대략 1,400여 수 정도 된다. 두보가 살았던 당나라 시대는 아직 활판 인쇄술이 발명되지 않았던 때라, 모든 작품은 필사본으로 전해질 수밖에 없었고, 따라서 유실된 것이 상당히 많았으리라 생각된다. 그래서 두보가 평생 이보다 훨씬 많은 작품을 창작했으리라 추측해 볼 수 있을 것이다. 다시 한 번 말하지만 지금까지 전해지는 작품이 1,400여 수라는 것이 이 역시 판본에 따라 약간의 차이가 있기 때문에 어림수로 말할 수밖에 없는 현실이다. 추후 만약에 두보의 작품이 더 발굴된다면 이 수는 얼마든지 변할 수 있다. 물론 1,400여 수도 결코 적은 수가 아니기 때문에 이 중에서 대표작을 이야기한다는 것이 힘든 일이 아닐 수 없다. 또 그동안 많은 사람들이 두보의 대표작이라고 이야기한 작품 수도 결코 적은 수가 아니다. 그러나 지면의 한정 때문에 이곳에서 이들 작품을 다 이야기할 수도 없을 듯하다. 그래서 본서에서는 두보의 대표작 중에서 정말로 대중적으로 많이 알려져 있는 작품 몇 수를 소개해 보고자 한다.

처음으로 살펴볼 작품은 「장안에서 봉선현으로 가며 감회를 읊은 오백자(自京赴奉先縣詠懷五百字)」이다. 이 시는 앞에 언급된 두보의 생애에서 보았듯이 장안에서 10년 동안 고생하던 두보가 마침내 벼슬을 받고 봉선현에 있던 가족을 데리러 가는 길에 본 감회를 쓰고 있는 작품이다. 이 작품에는 출사에 관한 시인의 정치적 이상과 불우함에 대한 고뇌, 여정 중에 본 현실을 통해 느낀 시국에 대한 걱정, 가족 상봉에 관한 비통함이 들어 있다. 제목에서 보이듯이 100구로 이루어진 오언고시 장편이기 때문에 전체 작품을 볼 수는 없을 것 같고, 핵심적인 몇 구만 보도록 하겠다.

붉은 뜰에서 나눠주는 비단은, 본래 가난한 여인에게서 나온 것.
그 지아비를 채찍으로 후려쳐서, 세금으로 거둬 대궐에 진상한 것이라.

彤庭所分帛，本自寒女出。鞭撻其夫家，聚斂貢城闕。

(…)

붉은 문에는 술과 고기 썩는 냄새가 나고, 길에는 얼어죽은 뼈가 있구나.
영화와 시듦이 지척에서 다르니, 슬퍼져서 다시 서술하기 어렵네.

朱門酒肉臭，路有凍死骨。榮枯咫尺異，惆悵難再述。

(…)

문에 들어서니 곡성이 낭자한데, 어린 아들이 굶어서 이미 죽었다네.
내 어찌 슬프지 않으리요만, 동네 골목도 또한 울부짖는구나.
부끄러운 것은 사람의 아비가 되어, 먹을 것이 없어 요절하게 만든 것이라네.

어찌 알겠는가 가을 벼가 익어도, 가난에 굶주려 급한 곳이 있음을.

이몸 태어나면서 항상 조세는 면제되었고, 이름은 병적에 오르지 않았는데도,

지나간 행적을 돌아보면 고통뿐이니, 평민들은 더욱 근심으로 부서졌을 것이네.

入門聞號咷，幼子餓已卒。吾寧捨一哀，里巷亦嗚咽。

所愧爲人父，無食致夭折。豈知秋禾登，貧窶有倉卒。

生常免租稅，名不隸征伐。撫迹猶酸辛，平人固騷屑。

-「장안에서 봉선현으로 가며 감회를 읊은 오백자(自京赴奉先縣詠懷五百字)」

처음에 보이는 4구는 우리나라 소설 『춘향전』에서 암행어사가 된 이몽룡이 변학도 앞에서 읊는 시와 아주 유사한 모습을 보이고 있다. 바로 백성을 수탈하는 현실에 대한 직설적이고 날카로운 비판이라 할 것이다. 그 다음의 4구도 역시 비슷한 내용이라 할 것이다. 여기에서 붉은 정원, 붉은 문은 임금이 있는 대궐이나 권문귀족의 부잣집을 가리키는 것이다. 이는 두보가 현실에서 목도한 백성들의 비참한 모습을 시에서 그대로 읊고 있는 것으로 볼 수 있는데, 결국 비난의 칼끝은 최고지배자인 황제를 향하고 있다고 볼 수도 있을 것이다. 지금의 시각으로 보면 너무 당연한 내용으로 보일 수도 있겠지만, 절대 왕정 시대였던 당시에 사대부 계급인 두보가 이런 내용을 시에서 이야기 할 수 있었던 것

은 대단한 용기와 지식인의 양심에서 비롯된 것이라 할 것이다. 마지막에 인용한 부분은 두보 개인의 불행한 가정사와 관련이 있는 것이다. 두보는 슬하에 3남 2녀의 자녀를 두었는데, 그 중 막내아들이 굶어죽은 것이다. 이유는 벼슬을 하지 못한 아비가 능력이 없어 가족을 부양하지 못해 어린 아들이 그만 목숨을 잃고 만 것이다. 자식 잃은 부모의 슬픔은 말로 형언할 수가 없다는 것을 우리는 잘 알고 있다. 그런데, 두보는 자식이 아파서 죽은 것도 아니고, 아버지가 벼슬을 못 얻어 돈을 벌지 못해 굶어 죽게 만들었으니, 그 마음이 어찌했을지 우리는 짐작조차 할 수 없을 듯하다. 하지만 이어지는 부분에서는 두보가 자신의 슬픔에서 끝나는 것이 아니라 자신보다 더 어려운 현실에 처한 백성들을 향해 동정의 시선을 보내고 있는 것이다. 사대부 계급인 두보는 국가에 대한 납세의 의무를 지지 않는다. 그러므로 자신과 가족의 안위만 책임을 지면 되는 것이다. 국가에 대한 납세와 병역의 의무를 지는 것은 오롯이 평민들이 감당해야 하는 몫이 되는 것이다. 즉 두보는 사대부인 자신도 생활이 어려워 자식을 굶어죽게 하는 데에 이르렀는데, 국가에 대한 막중한 책임을 지는 평민들의 삶은 더 말할 것도 없으리라고 하며 가슴 아파하고 있는 것이다. 바로 이 지점이 두보의 위대함이 드러나는 부분인데, 자신의 슬픔을 통해 자신보다 못한 사람들의 고통을 보아내는 감수성은 일반인들은 참으로 하기 힘든 일이라 생각된다. 더군다나 두보가 이 시를 쓸 때는 당나라가 아직 '안사의 난'이 발발하기 전으로 겉으로는 태평성세를 구가하는 때였음에도 불구하고 그 속에 잠재되어 있던 위기를 감지하고 이를 시를 통해 걱정하고 있는 시인의 혜안도 우리는 높이 사야 할 것 같다.

나라는 망했는데 산천은 그대로이네

다음 시를 보도록 하겠다.

國破山河在,	나라는 망했는데 산과 강은 그대로이고,
城春草木深。	성에는 봄이 왔는데도 초목만 무성하다.
感時花濺淚,	시국을 슬퍼하니 꽃만 보아도 눈물 뿌리고,
恨別鳥驚心。	이별을 한하니 새 울음소리에도 놀란다.
烽火連三月,	봉화가 삼월에도 이어지니,
家書抵萬金。	고향 편지는 만금과 맞먹는다.
白頭搔更短,	흰머리 긁을수록 짧아져,
渾欲不勝簪。	실로 비녀조차 이기지 못할 것 같다.

「봄날을 바라보며(春望)」으로, 많은 사람들이 학창시절에 학교에서 배웠던 시일 것이다. 시인이 반군에게 잡혀 장안으로 압송되었을 때 작품으로 지덕(至德) 2년(757년) 3월에 창작된 것으로 보인다. 윗 4구는 봄날 성안의 경물을 보고 일어난 슬픈 감정을 표현한 것이고, 아래 4구는 이별을 슬퍼하며 가족을 그리워하는 것이다.

제1연은 봄날 시인이 직접 목도한 경치로, 나라가 이미 망하여 황폐해져 있는데, 성 안에 봄이 찾아와 산천은 의구하고 초목만이 무성한 모습을 서술한 것이다. 송대(宋代)의 사마광(司馬光)은 이 부분에 대하여 "'산과 강은 그대로이고(山河在)'는 남아있는 사물이 없다는 것을 밝혀주는 것이고, '초목만 무성하다(草木深)'는 사람이 없다는 것을 밝혀주는 것이다"라고 하였다. 물론 함락된 장안성 안에 정말로 다른 사물이나 남아있는 사람이 없을 수는 없는 것이지만, 이는 시인의 허탈한 감정을 경물에 의탁하여 표현한 것으로 정경교융(情景交融)을 이뤄 전체시의 분위기를 창조하고 있다.

제2연은 두시(杜詩)의 명구 중 명구에 속하는 부분이다. 꽃은 본래 사람을 즐겁게 해 주는 사물이지만, 나라를 잃은 슬픔으로 인해 상심했기 때문에, 꽃을 보고도 오히려 눈물을 흘리게 되는 것이다. 아래 구 역시 윗 구와 연관지을 수 있는데, 나라를 잃었기 때문에 가족과 헤어지게 된 것이다. 봄의 새소리는 원래 듣기 좋고 기쁜 소리이지만, 가족을 그리워하기 때문에 그 소리를 듣고 오히려 놀라게 되는 것이다. 이와는 다른 또 하나의 해석이 있는데, 즉 꽃과 새를 의인화시켜서 이들이 시국을 슬퍼하고 이별을 한스러워하여 꽃도 눈물을 흘리고, 새 또한 놀란다고 하는 것도 있다. 두 설은 비록 차이가 있기는 하지만, 그 의미는 서로 통하고 있으니, 전자는 경물을 대하고 감정이 일어나는 것이고, 후자는 감정을 사물에 이입한 것으로 모두 시에 담겨있는 함축미의 풍부함을 느낄 수 있다.

제3연은 전란으로 인해 봉화가 끊이지 않는 속에서 집안 식구들의 소식을 그리워하는 모습을 표현한 것이다. '고향 편지는 만금과 맞먹는다(家書抵萬金)'는 두보가 오랜 기간 소식이 끊어져 가족의 안부를 알 수 없는 절박한 심정을 표현한 것이다. 지덕 2년 3월에 이 시가 지어졌다고 본다면, 두보는 전 해 8월경에 헤어졌기 때문에 근 7개월여를 가족의 소식을 모른 채로 지낸 것이다. 그러나 이것은 두보 개인만의 모습이 아니라 전란을 겪은 당시 백성들의 일반적인 모습으로, 후에 전란을 겪은 사람들의 자연스런 공감을 불러 일으켰고, 이로 인해 이 구는 인구에 회자되는 명구가 되었다.

제4연은 난리에 대한 걱정과 가족에 대한 그리움으로 늙어가는 자신의 모습을 시름 속에서 비유로 표현한 것이다. 근심으로 생긴 백발을 조금이라도 근심을 삭이기 위해 긁적이니 머리가 빠지고 짧아져 비녀조차 감당치 못하게 되었다는 것이다. 이처럼 마지막 부분에서 나라의 멸망과 가족과의 이별의 슬픔 외에 자신의 늙고 쇠함을 탄식하고 있어 더욱 비애감에 젖게 하고 있다. 이 시는 시인의 애국심과 가족을 그리는 정을 잘 드러낸 작품으로 내용이 풍부하면서 격률 또한 엄정하여 두보의 작품 중 가장 수작으로 뽑히는 대표작이다.

그리운 가족이여, 언제 다시 만날까

다음 작품을 보겠다.

오늘밤 부주의 달을, 규방에서 단지 홀로 보고 있겠지.
멀리서 어린애들 불쌍히 여기는데, 장안에 억류된 애비 생각은 할 줄 모르겠지.
향기로운 밤안개에 그대의 구름처럼 말아올린 머리카락이 젖고, 밝은 달빛에 옥같은 팔이 시리겠지.
어느 때라야 얇은 휘장에 기대어서서, 눈물 자국 마른 우리 둘의 얼굴을
달빛이 비추게 할까?

今夜鄜州月，閨中只獨看。遙憐小兒女，未解憶長安。
香霧雲鬟濕，清輝玉臂寒。何時倚虛幌，雙照淚痕乾。

-「달밤(月夜)」

천보 15년(756) 6월 안사의 반군이 동관(潼關)으로 진격하자 작자는 가족을 부주(鄜州: 지금의 陝西省 富縣)로 피난시켜 강촌(羌村)에 기거하게 하였다. 7월에 숙종(肅宗)이 영무(靈武: 지금의 寧夏에 속함)에서 즉위하자 8월에 작자는 행재소가 있는 영무로 가다가 적에게 사로잡혀 장안으로 압송되었고, 그곳에서 부주에 있는 가족을 그리워하며 이 시를 지은 것이다.

시제 「달밤(月夜)」에서 작가가 본 달은 장안의 달이다. 그러나 이 시에서 작가는 자기의 입장에서 바라본 장안의 달을 묘사한 것이 아니라, 부주에 있는 자신의 처자가 달을 쳐다보며 자기에 대해 얼마나 노심초사하며 걱정하고 있을까를 상상하며 쓴 것이다. 그래서 1연에서와 같이 이야기한 것이다. 그러나 여기에서 한층 더 깊은 표현을 하고 있는데, 작가는 타향에 억류되어 있으니 달을 홀로 쳐다보는 것이 당연한 일일 것이다. 그러나 부주에 있는 그의 처는 아이들이 옆에 있는데, 왜 달을 홀로 쳐다보고 있을 것이라고 했을까? 바로 다음 연이 그 대답이 된다. 두보의 아내가 달을 쳐다보

는 것은 결코 자연풍경을 감상하려는 것이 아니라, 장안에 있는 남편을 그리워하는 것에서 비롯된 일로, 아이들은 세상일을 알지 못하기 때문에 어미의 마음을 알지 못하는 것이다. 하늘에 떠 있는 달은 어느 곳에서나 볼 수 있는 것이다. 그러나 오늘밤 홀로 그 달을 본다는 것은 마음속에서 지난날과 다가올 미래에 함께 본다(同看)는 의미를 자연스럽게 담고 있다 할 수 있다. 미래의 '동간(同看)'은 시의 마지막 연에서 드러내고 있고, 과거의 '동간(同看)'이 바로 제1연과 제2연 중에 포함되어 있는 것이다. 물론 이 부분에서 시인이 아내와 함께 부주의 달을 바라보며(同看) 함께 장안의 지난 일을 회상(憶長安)했는지는 분명히 드러나 있지 않다. 그러나 앞에서 이야기했듯이 '안사의 난' 이전에 작가는 장안에서 10년여의 고난에 찬 생활을 하였고, 그 중 얼마의 시간을 아내와 함께 보냈다. 아내와 함께 추위와 굶주림의 시간을 보내며 함께 장안의 달을 감상했던 것은 자연히 진한 기억으로 남아있을 것이다. 장안이 함락되고 일가족이 강촌으로 피난 갔을 때 아내와 함께 부주의 달을 쳐다보며(同看) 또한 장안을 생각하며(憶長安) 참으로 고통스러워했을 것이다. 지금 홀로 반군에게 잡혀있고, 아내만이 부주(鄜州)의 달을 홀로 바라보며(獨看) 장안을 생각할 것이니(憶長安), 그 생각(憶)은 슬프고 괴로울 뿐만 아니라, 근심과 두려움이 교차하고 있는 것이다. 이 '억(憶)'자는 함의가 깊어 독자에게 깊은 여운을 주고 있다. 지난날 아내와 부주의 달을 함께 보며 장안을 생각하면서 비록 많은 근심에 차 있었지만, 아내와 함께 나눌 수가 있었다. 그러나 지금은 아내 홀로 부주의 달을 쳐다보며 장안을 그리워하고 있는데, 가련한 아이들은 천진난만하여 그녀의 부담만을 가중시킬 뿐 누가 그녀의 근심을 덜어줄 수 있을 것인가? '련(憐)'자 또한 함의가 깊어 많은 사람들에게 감동을 준다.

제3연은 아내가 홀로 달을 쳐다보는 묘사를 통해 한층 더 '억장안(憶長安)'을 표현한 것이다. 안개에 머리가 젖고 팔이 차가워진 것은 달을 바라봄이 오래됨을 나타낸 것이다. 달을 바라보는 것이 오래될수록 그리움은 더욱 깊어지는 것이고, 남편의 생사여부까지 걱정을 하게 되어 아내는 눈물을 흘리지 않을 수 없게 되는 것이다. 이 부분은 완전히 작자의 상상 속 정경이다. 아내가 근심에 차 깊은 밤에도 잠을 이루지 못할 것을 상상하면서 자기 자신도 상심하여 눈물이 나는 것을 금하지 못하는 것이다. 그러나 지금은 서로 다른 두 곳에서 달을 바라보면서 각자 눈물을 흘리고 있지만, 이런 고통스런 생활을 끝낼 수 있다는 희망을 저버리지 않았다. 그래서 마지막 연에서 "어느 때라야 얇은 휘장에 기대어서서, 눈물 자국 마른 우리 둘의 얼굴을 달빛이 비추게 할까?(何時倚虛幌，雙照淚痕乾。)" 라고 이야기한 것이다.

이 시는 달을 바라보는 것을 빌려 이별의 정을 서술한 것이지만, 일반적인 상황에서의 부부의 이별의 정을 이야기한 것은 아니다. 작자가 반년 후에 쓴 「회포를 적다(述懷)」에서 "작년에 동관이 함락된 후에, 처자식과 소식이 끊어진 지가 오래되었네.(去年潼關破，妻子隔絕久。)", "편지를 써 삼천(三川)에 안부를 물어보지만, 가족이 거기에 있는지 알지 못하네.(寄書問三川，不知家在否。)", "생명을 온전히 보존한 이가 몇 이나 될까? 천하의 모든 가정에서 어찌 부부가 온전히 짝을 이룰 수 있을까?(幾人全性命，盡室豈相偶。)" 라고 이야기한 것과 대조해서 보면, '독간(獨看)'의 눈물 흔적 안에는 천하의 전란으로 인해 이별을 하게 된 비애가 들어있고, '쌍조(雙照)'에는 천하의 난이 평정되기를 바라는 이상이 있음을 발견하기가 어렵지 않다. 이 부분에서 우리는 시대와 함께 호흡하는 작가의 정신을 다시금 볼 수 있다.

이 시는 장안에서 포로 생활하던 작가가 가족에 대한 그리움을 아내가 달을 쳐다보며 자기 자신을 그리워할 것을 상상해서 묘사한 시로 작가의 그리워하는 심정이 잘 드러나 있다. 왕사석(王嗣奭)은 『두억(杜臆)』에서 이 시를 "뜻은 본래 집을 그리워 한 것인데 아내가 자기를 그리워하리라고 생각한 것은 이미 한 층 나아간 것이다. 어린 자식들이 생각할 수 없다고 생각이 미친 것은 또 한 층 나아간 것이다. '雲鬟' · '玉臂'는 시어가 아름다워서 정감이 더욱 슬프다.(意本思家, 而偏想家人之思我, 已進一層。至念及兒女之不能思, 又進一層。'雲鬟'•'玉臂', 語麗而情更悲。)" 라고 이 시를 평하고 있다.

전쟁 속 백성의 고통을 어찌할까

이후에 두보는 좌습유에서 화주사공참군으로 좌천되었고, 758년 말에 잠시 낙양(洛陽)으로 가 옛 집과 친지들을 만나본 후 이듬해 초에 화주(華州)로 돌아오는 길에 본 백성들의 참상을 보게 되고 이를 시를 통해 사실적으로 그려낸 6수의 작품이 '三吏'와 '三別'이다. '三吏'는 「신안의 관리(新安吏)」 · 「석호의 관리(石壕吏)」 · 「동관의 관리(潼關吏)」인데, 「신안의 관리」는 신안현에서 징발할 장정이 없자, 미성년자를 차출해 갔고 이에 어머니와 가족들이 통곡하는 광경을 묘사한 작품이다. 「석호의 관리」는 석호촌에서 아들 셋을 모두 전쟁에 보낸 노파가 자기 남편을 도망 보내고 자청하여 군대의 밥을 짓겠다고 따라 나서는 작품으로 '삼리'·'삼별' 중 가장 슬픈 초연한 감정을 주는 작품이다. 「동관의 관리」는 동관에 성을 쌓아 적의 진격을 막으려고 애쓰는 사병들의 모습을 보고 불안한 조국의 운명을 걱정하는 내용을 담고 있다. '삼별'은 「신혼의 이별(新婚別)」·「늘그막의 이별(垂老別)」·「가족없는 이별(無家別)」인데, 「신혼의 이별」은 갓 결혼한 신랑이 군대로 끌려가자 신부의 입을 빌려 그 슬픈 사연을 이야기하고 있는 것이다. 「늘그막의 이별」은 70이 다 된 노인이 징발되어 가는 상황과 심정을 스스로 토로하는 작품이고, 「가족 없는 이별」은 군대 갔던 사람이 오랜만에 고향에 돌아왔으나 다시 징발되어 가는 병사의 탄식을 기록하고 있다. 이처럼 '삼별'은 모두 군에 징발되어 가는 사람들의 이별 광경을 묘사한 작품이다. 여기서는 「석호의 관리」만을 살펴보도록 하겠다.

> 날 저물어 石壕村에 묵었는데, 한밤중에 관리가 사람을 잡아가네.
> 늙은 할아범은 담을 넘어 도망을 쳤고, 늙은 할멈이 밖을 나가 보네.
> 관리의 소리 어찌 그리도 노여울까? 할멈의 울부짖음은 어찌 저리도 처절할까?
> 할멈이 나서서 하는 말은 이러했다. "세 아들이 모두 업성에 출정을 했지요.
> 한 아들이 인편으로 소식을 전해오기를, 두 아들이 막 전사를 했다고 하오.
> 살아있는 아들이야 그래도 잠시 목숨을 부지할 수 있겠지만, 죽은 놈은

영영 그걸로 그만일 따름입니다.
집안에는 더 이상 아무도 없고, 단지 젖먹이 손자만이 있습니다.
손자가 있어 어미는 아직 떠나지 않았지만, 출입을 할 때 변변한 치마가 없기 때문이라오.
이 늙은이는 힘은 비록 쇠하였지만, 나으리를 따라 이 밤에 떠나기를 청하옵니다.
급한대로 河陽의 부역에 응하여, 그럭저럭 새벽밥을 지어줄 순 있습니다."라고 한다
밤이 깊어 사람의 말소리 끊겼는데, 흐느껴 우는 소리만이 들리는 듯하네.
날이 밝아 갈 길에 오르면서, 나 홀로 할아범과 작별을 했네.

暮投石壕村，有吏夜捉人。老翁踰牆走，老婦出門看。
吏呼一何怒，婦啼一何苦。聽婦前致詞，三男鄴城戍。
一男附書至，二男新戰死。存者且偸生，死者長已矣。
室中更無人，惟有乳下孫。孫有母未去，出入無完裙。
老嫗力雖衰，請從吏夜歸。急應河陽役，猶得備晨炊。
夜久語聲絶，如聞泣幽咽。天明登前途，獨與老翁別。

-「석호의 관리」

석호(石壕)는 지금의 하남성(河南省) 섬현(陜縣) 동쪽의 석호촌(石壕村)으로 두보는 신안(新安)을 떠나 서쪽으로 가다가 이곳에 들러 하룻밤을 묵으면서

이 시를 지었다.

첫 4구가 이 시의 제 1단으로, 첫 구의 '날 저물어 석호촌에 묵었는데(暮投石壕村)'는 단도직입적으로 사건을 서술하고 있다. 이 구의 '모(暮)' · '투(投)' · '촌(村)' 이 세 자는 음미해 보아야 할 필요가 있다. 봉건 사회에서는 사회 질서의 혼란과 여행의 어려움으로 인해 반드시 날이 어둡기 전에 묵을 곳을 정해야 했는데, 특히 당시와 같은 전란 시기에는 더욱 그러하였다. 바로 두보가 저녁때에 급히 이 작은 마을에 들어와 머물 곳을 정하는 평상시와 다른 광경에서 암시성을 매우 풍부히 지니고 있다고 볼 수 있다. 이때에 이미 두보와 같은 관리가 큰 길을 지날 수 없을 정도로 반군의 세력이 확장되어 있었다든지 아니면 주변의 큰 성읍들이 이미 황폐화되어 쉴 만한 곳이 없었든지와 같이 그 때의 상황을 상상해 볼 수 있다. 즉 이 첫 구는 투숙한 지점과 시간을 설명해 줄 뿐만 아니라, 병란의 세월 속에서 백성이 편안히 지내지 못하는 평상시와 다른 모습을 그려내어 비극을 나타내는 전형적인 환경을 조성하고 있다. 또한 '저녁(暮)'에 투숙을 하여 '밤(夜)'이 되었으니, 몇 시간이 흘러 이미 잠이 들었을 때이다. 그러므로 이 부분 이후의 사건의 묘사는 모두 작가가 직접 참여한 것이 아니고, 방안에서 들은 바를 기록한 것이다. 3 · 4구는 백성이 장기간에 걸쳐 징집의 고통을 당하여 밤낮없이 불안해 함을 표현한 것이다. 즉 깊은 밤이 되어도 여전히 잠자리에 들지 못하고 불안해 하다가 문 밖에서 소리가 나자 관리가 잡으러 온 것을 알고 할아버지는 담을 넘어 도망을 가고 할머니가 대문을 열고 응대를 하는 것이다.

다음 두 구는 공이 묵었던 집에 관리가 들이닥치자 할아버지는 담을 넘어 도망을 나가고 할머니가 문간에 나가 관리를 응대하는 장면을 묘사한 것이다. 표면적으로는 할아버지가 도망간 것을 할머니는 모르고 있는 것 같지만, 그 다음 부분의 할머니와 관리의 대화 중에서 할머니가 자신의 가족을 이야기하며 할아버지를 의도적으로 빼 놓고 있는 것으로 보여, 할머니는 자신의 남편이 도망간 것을 알고 있었음이 분명하다. 즉 이 부분에서는 긴박한 상황 속에서 부부가 대책을 상의하는 모습이 생략되어 있다.

그 다음부터 16구는 제2단으로 관리와 할머니가 문 앞에서 언쟁을 하는 장면으로 전적으로 작가의 청각에 의해 들은 사건과 사람을 기록하고 있는데, 매우 자연스럽고 함축적으로 묘사하고 있다. '관리의 소리 어찌 그리도 노여울까? 할멈의 울부짖음은 어찌 저리도 처절할까?(吏呼一何怒，婦啼一何苦。)'는 개괄적이면서도 관리와 할머니의 첨예한 모순을 형상적으로 그려내고 있다. '호(呼)'와 '제(啼)', '노(怒)'와 '고(苦)'는 강한 대조를 이루고 있으며, 두 개의 부사어 '일하(一何)'는 감정 색채를 더욱 짙게 하여 관리의 잔인함과 강압적인 기세를 드러내면서, 할머니의 하소연의 비극적 분위기를 조성하고 있다. '할멈의 울부짖음은 어찌 저리도 처절할까(婦啼一何苦)'는 '관리의 소리 어찌 그리도 노여울까?(吏呼一何怒)'가 조성한 결과인 것이다. 이 이후에 시인은 다시는 '이호(吏呼)'를 묘사하고 있지 않지만, '부제(婦啼)'의 묘사를 통해 '이호(吏呼)'를 저절로 알 수 있게 해 주고 있다. '할멈이 나서서 하는 말은 이러했다.(聽婦前致詞)'는 위를 이어 아래를 열어주고 있다. '청(聽)'은 시인이 들은 것이고, '치사(致詞)'는 관리의 '노호(怒呼)'에 대해 할머니가 울면서 하소연하는 것이다. '치사(致詞)'의 내용인 이후의 13구는 여러 차례 환운(換韻)을 하여 전환을 드러내며 관리가 여러 차례 '노호(怒呼)' · 힐문이 있었음을 암시하고 있다. 이 부분은 절대로 할머니가 한 번에 다 대답을 하며 관리는 그 옆에서 조용히 듣고 있었던 것은 아니다. 실제로 '관리의 소리 어찌 그리도 노여울까? 할멈의 울부짖음은 어찌 저리도 처절할까?'는 사건 발생의 처음뿐만 아니라 끝까지 지속되는 것이다. '세 아들이 모두 업성에 출정을 했지요.(三男鄴城戍)'부터 '죽은 놈은 영영 그걸로 그만일 따름입니다.(死者長已矣)'는 첫 번째 관리의 힐문에 대한 대답으로 볼 수 있다. 시인이 관리의 잔혹함에 대해서 앞부분에서 '한밤중에 관리가 사람을 잡아가네.(有吏夜捉人)'라고 묘사하기도 하였지만, 이 부분에서 관리는 노파가 나오자마자 집안을 수색하며 집안에 남자가 어디 있냐고 다그쳐 물었을 것이다. 그러자 할머니는 그들의 가정이 업성(鄴城)의 전투에서 바친 희생과 공헌을 이야기하여 징집을 면해볼까 하며 '세 아들이 모두 업성에 출정을 했지요. 한 아들이 인편으로 소식을 전해오기를, 두 아들이 막 전사를 했다고 하오.(三男鄴城戍。一男附書至，二男新戰死)' 라고 이야기했지만, 관리의 동정을 얻지 못하였다. 오히려 관리는 집안에 다른 사람이 없느냐고 다그쳐 물었을 것이고, 이에 할머니는 둘째 부분에서 집안 식구의 상황을 '집안에는 더 이상 아무도 없고, 단지 젖먹이 손자만이 있습니다. 손자가 있어 어미는 아직 떠나지 않았지만, 출입을 할 때 변변한 치마가 없기 때문이라오.(室中更無人，惟有乳下孫。孫有母未去，出入無完裙)'라고 이야기한 것이다. 여기서도 할머니는 '집안에는 더 이상 아무도 없고, 단지 젖먹이 손자만이 있습니다.'를 한숨에 이야기하지 않았을 것이다. 왜냐하면 집안에 더 이상 아무도 없는 것과 그 다음의 대답이 명백한 모순을 일으키고 있기 때문이다. 할머니가 처음에는 집안에 아무도 없다고 이야기를 했는데, 마침 뜻하지 않게 어린 손자의 울음소리가 들리게 되었고, 관리가 다그치자 할머니는 부득이하게 손자와 며느리가 있다는 사실을 이야기하게 되었다고 보는 것이 합당할 듯하다. 물론 앞에서 이야기했듯이 할머니는 자기 남편의 이야기를 의도적으로 하지 않아 남편이 충분히 도망갈 시간을 주고 있다. 그러나 잔인한 관리는 여기에서 그치지 않고 며느리라도 징집해 가야겠다고 하자, 할머니는 결연하게 자신이 관리를 따라 하양(河陽)으로 가 부역을 담당하겠다고 말하고 있는 것이다. 여기에서 하양(河陽)은 지금의 하남성(河南省) 맹현(孟縣) 서쪽으로 곽자의(郭子儀)가 병력이 궤멸하자 도우후(都虞侯) 장용제(張用濟)의 책략을 좇아 이곳을 지키고 있었다고 한다. '이 늙은이는 힘은 비록 쇠하였지만, 나으리를 따라 이 밤에 떠나기를 청하옵니다. 급한대로 河陽의 부역에 응하여, 그럭저럭 새벽밥을 지어줄 순 있습니다.(老嫗力雖衰，請從吏夜歸。急應河陽役，猶得備晨炊)'는 조국이 어려움에 처했을 때 자신을 희생하는 백성의 모습을 대변하는 것으로, 물론 강제 동원의 폐단은 분명히 있었지만 당나라가 안사의 난을 물리칠 수 있었던 원동력도 바로 백성들의 이러한 희생의 바탕에서 가능했던 것으로 볼 수 있을 것이다. 할머니의 '치사'는 여기에서 끝나고, 관리도 동의를 했기 때문에 다시는 호통침도 없는 것이다.

이어지는 마지막 3단은 비록 4구이지만 처음과 호응을 하여 모든 인물을 언급하면서 사건의 종결과 작가의 감회를 그려내고 있다. '밤이 깊어 사람의 말소리 끊겼는데, 흐느껴 우는 소리만이 들리는 듯하네.(夜久語聲絶, 如聞泣幽咽)'는 할머니가 이미 잡혀가 며느리가 소리 없이 흐느끼고 있는 것이다. '야구(夜久)'는 할머니의 하소연과 관리의 협박에 많은 시간이 흘러갔음을 나타내며, '여문(如聞)'은 한편으로는 며느리가 남편의 전사와 시어머니의 잡혀감에 대해 소리 없이 흐느낌을 표시함과 동시에, 다른 한편으로는 시인이 밖에서 벌어진 상황이 너무도 비참하고 가슴 아파 쉽사리 잠을 청하지 못함을 나타낸 것이다. 마지막 두 구는 전편의 종결로 서사 속에 무한한 감정을 담고 있다. 어젯밤에 투숙했을 때는 할아버지 · 할머니 두 사람이 영접했었는데, 하룻밤을 묵고 나니 할머니는 잡혀가고 며느리는 소리조차 내지 못하고 울고 있으며, 도망쳤던 할아버지가 밤 사이에 되돌아와서 홀로 새벽에 떠나는 작가를 전송하게 되었으니 할아버지의 심정은 어떠했고, 시인의 심정은 또한 어떠했겠는가? 이는 독자에게 상상의 여지를 줌과 동시에 그 비극적 색채를 느끼게 한다. 이 시는 120자의 매우 간결한 필치로 전쟁으로 인한 무리한 징집이 생활에 가져다 준 모순과 충돌을 폭넓고 심도 있게 반영하고 있는 훌륭한 작품이라 할 수 있다.

봄밤에 비 내리니

다음 시를 보도록 하겠다.

좋은 비 시절을 알아, 봄이 되니 만물을 싹틔우는구나.

바람 따라 살며시 밤에 들어와, 만물을 적시는데 가늘어 소리조차 없구나.

들길은 구름과 함께 어두운데, 강가 배에는 등불만이 홀로 밝구나.

새벽에 붉게 젖은 곳을 바라보니, 금관성에 꽃이 무겁겠지.

好雨知時節, 當春及發生。隨風潛入夜, 潤物細無聲。

野徑雲俱黑, 江船火獨明。曉看紅濕處, 花重錦官城。

-「봄밤에 기쁘게 내리는 비(春夜喜雨)」

<그림 3> 두보가 관직을 그만두고 잠시 거주했던 성도초당

이 작품은 상원(上元) 2년(761)년 봄에 성도(成都)의 초당에서 머물 때 지은 오언율시로, 봄비의 좋은 역할을 노래하며 그것을 바라보는 시인의 즐거운 감정을 드러내고 있다. 2009년에 개봉된 우리나라 영화 중에 '호우시절'이라는 작품이 있었다. 이 영화의 제목이 바로 이 시의 첫 구에서 유래하였고, 실제 영화의 처음 부분을 성도

의 두보초당에서 촬영하였다. 이처럼 이 시는 두보의 작품 중에서 많이 애송되고 있는 시이고, 시의 정조는 밝은 느낌을 가지고 있다고 할 수 있다. 시의 내용을 좀 더 구체적으로 살펴보도록 하겠다.

제1연은 바로 시제를 드러내고 있는데, '호(好)'자를 가지고 '비'를 칭송하고 있는 것이다. 특히 첫 구는 비를 의인화하여 시절을 안다고 하며 사물의 만족감을 표현해 내고 있는 것이다. 봄은 만물이 생장하는 계절로, 비를 필요로 하는데 마침 비가 내리니 얼마나 좋은 일이겠는가!

<그림 4> 성도초당에 있는 두보의 공부방 모습

제2연은 비의 좋은 점을 한층 더 드러내고 있다. 봄비는 가벼운 바람과 함께 내려 만물을 촉촉이 적셔주어야 알맞은 비이고 좋은 비인 것이다. 이것이 광풍과 함께 내린다든가 갑자기 기온이 내려가 눈으로 변한다든가 하는 것은 전형적인 봄비가 아닌 것이다. 그러므로 제2연은 제1연의 좋은 비를 더욱 잘 표현해 주는 역할을 하고 있는 것이다. 여기 역시 의인화 수법을 사용해서 알맞은 바람과 함께 내리는 좋은 비가 사물을 적셔주고 있는 것을 드러낸 것이다. 또한 시인이 사람이 일을 할 때 비가 내리면 방해가 될 수도 있으니, 그것을 피해 사람이 깊은 잠을 잘 때인 밤에 소리 없이 가늘게 내린다고 함으로써 그것이 좋은 비임을 더욱 잘 드러내 주고 있다.

제3연은 이처럼 좋은 비가 충분히 새벽까지 내렸다는 것을 암시하고 있는 것이다. 만약 봄비가 만물을 충분히 적셔주지 못할 만큼 내렸다면 매우 아쉬움을 남겼을 것이다. 그런데, 지금 시인은 사방이 다 어두운데 강가에 매어있는 배의 불빛만이 보인다고 함으로 날이 밝아오려는 시각까지 계속해서 비가 내리고 있음을 보여주고 있는 것이다. 특히 강물조차 보이지 않고 들길도 분간되지 않는다고 함으로써 하늘이 완전히 검은 구름으로 덮여 있다는 것을 암시하고 있다. 결국 이 연에서는 봄비가 자기의 역할을 충분히 해 주고 있으므로 더없이 좋은 비라는 것을 강조해 주고 있는 것으로 볼 수 있다.

마지막 연에서는 상상 속의 정경을 쓴 것이다. 이처럼 좋은 비가 밤새도록 내렸다면 만물은 충분히 윤택함을 얻어 잘 자라게 될 것이다. 그 만물 중의 하나인 봄을 대표하는 꽃도 마찬가지일 것이고, 밤 사이 내린 비를 맞아 꽃이 활짝 피어서 그 비를 맞은 금관성의 꽃가지가 무거울 것 같다고 말하고 있는 것이다. 특히 왕사석은 『두억』에서 '중(重)'자는 아무도 쓸 수 없다(重字無人能下)하고 하며 대단히 뛰어난 표현이었다고 평가를 하고 있다.

청나라의 포기룡(浦起龍)은 시인이 '좋은 비(好雨)'를 이처럼 간절히 바라며 좋아하였기 때문에 시제에서 사용한 '희(喜)'자를 시의 본문에서는 직접적으로 사용하지는 않았지만, 행간에서 암시적으로 드러내고 있다고 평하기도 하였다. 또 이처럼 전형적인 봄비가 시인을 비롯한 '호인(好人)'의 고상한 인격을 상징한다고 보기도 하였다(『독두심해(讀杜心解)』).

늙음을 탄식하며

마지막으로 시를 한 수 더 보도록 하겠다.

바람은 세차고 하늘은 높은데 원숭이 울음 소리는 슬프고,
맑은 물가 새하얀 모래톱에 새들이 날아서 돌아오네.
아득히 먼 곳의 나뭇잎은 가을 바람 소리따라 떨어지고,
다함없이 흐르는 장강은 도도하게 흘러간다.
만리 밖 슬픈 가을에 언제나 나그네 된 나는,
한평생 많은 병 얻으며 홀로 높은 대에 오르네.
가난하고 곤고한 삶의 한으로 서리빛 귀밑머리 성성하고,
늙고 쇠약해져 새롭게 탁주잔을 멈춘다.

風急天高猿嘯哀，渚淸沙白鳥飛廻。無邊落木蕭蕭下，不盡長江滾滾來。
萬里悲秋常作客，百年多病獨登臺。艱難苦恨繁霜鬢，潦倒新亭濁酒杯。

-「높은 곳에 올라(登高)」

이 시는 대력(大曆) 2년(767)에 기주(夔州)에서 창작한 칠언율시이다. 시인 두보가 중양절(重陽節)에 높은 곳에 올라 감상한 가을 경치를 통해서 만년에 늙고 병들어 유랑하고 있는 자신의 복잡한 심정을 드러내고 있다. 전체 작품을 통해 시인의 슬픔과 고통이 잘 드러나 있어 독자들에게 많은 감동을

주고 있는 두보의 명편 중 하나이다.

시의 내용을 살펴보면, 전반부 4구는 높은 곳에 올라 보고 들은 것을 쓴 것이다. 제1연은 기주를 둘러싸고 있는 특정한 환경을 대구를 사용해서 묘사해 내고 있다. '풍급(風急)' 2자를 사용해서 전체 연을 이끌고 있으며, 첫 구부터 만고에 절창으로 꼽히는 아름다운 시구라는 평가를 받고 있다. 기주는 예전부터 원숭이가 많은 곳으로 알려져 있었고, 협곡 입구가 바람이 세기로 유명하였다. 보통 가을날은 하늘이 높고 공기가 상쾌한 것인데, 이곳은 바람만이 세차게 불어오고 있었고, 시인이 이 때에 높은 곳에 올라 협곡 속에서 들려오는 원숭이 울음소리를 듣고 1구와 같이 표현해 낸 것이다. 그러다 시인은 시선을 이동하여 높은 곳에서 아래쪽 물가를 바라본 것이고, 그곳에는 맑은 물가의 새하얀 모래톱에 마치 바람을 맞이하는 것처럼 날아서 돌아오고 있는 새들의 무리가 있었던 것이다. 이 모습은 한 폭의 아름다운 그림을 연상시키고 있다.

둘째 연에서는 기주 가을의 전형적인 특징을 집중적으로 묘사하고 있다. 시인은 고개를 들어 아득히 먼 곳에서 가을바람에 낙엽이 떨어지는 모습을 바라보았고, 또 고개를 숙여 쉬지 않고 흐르고 있는 장강의 물줄기를 바라보았다. 이곳에서 시인은 경물을 묘사한 것과 동시에 자신의 정회를 짙게 드러내었다. '무변(無邊)' · '불진(不盡)'은 '소소(蕭蕭)'와 '곤곤(滾滾)'을 더욱 형상화해 주는 역할을 함으로, 낙엽이 떨어지는 소리와 강물이 흐르는 소리를 연상시켜 줄 뿐만 아니라 노년에 접어들어 웅대한 의지를 이루기 어렵게 된 것에 대한 시인의 슬픔을 전달해 주고 있다. 이 연은 대구를 사용하여 침울

하고 슬픈 감정을 드러냄으로 시인의 뛰어난 표현력을 보여주고 있어, 이전부터 많은 사람들이 최고의 시구로 꼽고 있기도 하다.

앞의 두 연에서 가을의 경치를 주로 묘사했음에도 불구하고 셋째 연에서야 비로소 '추(秋)'자가 나온다. '독등대(獨登臺)'는 시인이 높은 누각에 올라 먼 곳을 조망하고 있다는 것을 드러내면서 눈앞의 전경과 시인의 심정을 긴밀하게 연결해 주고 있다. '상작객(常作客)'은 시인이 오랜 생활 유랑하고 있다는 것을 가리키는 것이다. '백년(百年)'은 원래 유한한 인생을 가리키는 것으로 자주 사용되지만 여기서는 시인이 말년에 접어들었다는 것을 비유하고 있는 것이다. '비추(悲秋)'는 시인의 침통함을 표현한 것이다. 가을이라고 해서 반드시 슬픈 것은 아니지만, 시인이 처량하고 광활한 가을 경치를 목도하고는 그 속에서 뜻하지 않게 늙고 병들어 타향에서 떠돌고 있는 자신의 신세에 대해 말할 수 없는 비통함이 들었다고 볼 수 있다. 시인의 객지 생활의 고통과 고독감이 강물에 떨어지는 낙엽과 잘 어우러져 정경교융(情景交融)의 경지를 이루었다 할 수 있다. 시는 이 연에서 오랜 타향살이에서 고독감과 늙고 병든 자신에 대한 슬픔에다 인생의 만년에 느끼는 개탄을 더하여 시의를 더욱 깊게 해주고 있다.

마지막 연은 셋째 연을 이어서 시인은 자신의 생에서 겪은 고통과 나라의 상황에 대한 근심이 더해져 흰머리는 더욱 늘어나고 있는데, 거기에 병으로 인해 술까지 끊게 되었다고 이야기를 하고 있어 비통함을 더해주고 있다. 본래는 홍취가 흘러 넘쳐 누대에 올라 조망을 하려 하였지만, 지금은 비할 데 없는 슬픔만이 넘치고 있는 시인의 모순된 감정을 쉽게 이해할 수 있다.

이 작품은 두보의 가장 유명한 칠언율시 중 하나이다. 본래 「구일오수(九日五

首)』 중의 하나였다. 시인이 중양절에 병든 몸을 이끌고 높은 곳에 올라 본 감회를 쓴 것으로, 이를 빌어 자신의 일생의 불행에 대한 감개를 드러내고 있다. 작품 전체에서 비장미가 넘치고 있어 우리에게 깊은 감동을 준다. 두보는 자신의 비애를 묘사하면서도 기세를 잃지 않고 격동적인 색채를 유지하고 있는 웅대한 자신의 심정을 그려내고 있다. 언어가 정제되어 있고, 모든 구에서 사용하고 있는 대구가 자연스러워 두보의 율시 중에서도 최고의 경지에 오른 작품이다. 그래서 양륜(楊倫)은 『두시경전(杜詩鏡銓)』에서 이 시를 두보의 칠언율시 중에 최고라고 칭찬을 하였으며, 호응린(胡應麟)은 『시수(詩藪)』에서 한층 더 나아가 고금의 칠언율시 중 최고라고 평가를 하였다.

시성(詩聖) 두보

두보가 중국 고전시가사에 남긴 영향은 실로 크다고 할 것이다. 우리는 유가적인 세계관 속에서 착실하게 시가 창작에 힘쓴 그의 업적을 높여 '시성(詩聖)'이라고 부르며, 이전 시가의 성취를 흡수하여 재창조해 낸 시의 '집대성(集大成)'자라는 칭송을 하고 있다. 특히 율시 방면의 완성자라 인정하고 있다. 또한 현실주의적 경향의 시를 통해 그 시대 사회상을 잘 반영하였기 때문에 '시사(詩史)'라고도 칭한다. 현재 남겨져 있는 두보의 작품은 명(明)나라 때에 중각(重刻)한 『집천가주두공부시집(集千家注杜工部詩集)』에 의하면 총 1,453수인데 그 중 고체시가 416수, 근체시가 1,037수이다. 이를 좀 더 세분해 살펴보면 고체시 중 오언고시가 271수, 칠언고시가 145수이다. 근체시는 율시가 772수(오언율시 621수, 칠언율시 151수), 배율이 127수(오언배율 123수, 칠언배율 4수), 절구가 137수(오언절구 31수, 칠언절구 107수)이다. 물론 이 작품수도 결코 적은 수가 아니지만, 당나라 때는 아직 활판인쇄술이 발명되기 이전이니 유실된 작품이 많았으리라 생각되고 따라서 실제 두보가 창작한 작품은 이보다 훨씬 많았으리라 추정해 볼 수 있을 것이다.

<그림 5> 성도초당에 있는 두보의 동상

두보의 시 창작과 사상 면에서의 위대함으로 인해 이후 두보의 시는 우리나라를 비롯해 일본, 베트남, 서양 각지로 전해져 알려지게 되었고, 특히 우리나라에서는 조선 시대에 두보의 시를 번역하여 『두시언해(杜詩諺解)』가 출간되기도 하였다는 점에서 그의 시가 끼친 영향에 대해 미루어 짐작해 볼 수 있을 것이다.

두보보다 약간 뒤이기는 하지만 동시대인 당나라에 살았던 백거이(白居易)는 "두보와 진자앙은 재주 있다는 평판이 천지를 뒤덮었네(杜甫陳子昂, 才名括天地)"라 하였으며, 한유(韓愈) 또한 "이백과 두보의 문장이 있으니, 그 빛이 만 길이나 이어졌네(李杜文章在, 光芒萬丈長)"와 같은 매우 존경하는 찬미의 말을 남기고 있다.

중당(中唐)에서 명청대(明清代)에 이르는 기간 동안 두보의 영향을 받은 시인들은 매우 많이 존재한다. 그들은 대체로 두 개의 부류로 나눌 수 있는데, 하나는 두시(杜詩)의 풍부한 사회적 내용과 그와 연관된 뛰어난 예술적 성취를 배워, 진실되고 본질적으로 특정 시기의 현실 생활과 백성의 질고를 시에 반영하여, 백성의 바람과 요구, 인도주의 정신과 애국 사상을 표현한 시인들이다. 이러한 예로 중당(中唐)의 백거이(白居易)·장적(張籍)·왕건(王建)과 만당(晚唐)의 조업(曹鄴)·피일휴(皮日休)·두순학(杜荀鶴), 남송(南宋)의 육유(陸游)·문천상(文天祥) 등을 들 수가 있다. 물론 그들이 처한 환경이 달라 받은 영향도 차이가 있어 성취 면에서도 같지 않지만, 전체적인 정신 면에서는 일맥상통한다 할 수 있겠다. 다른 하나로는 두시의 형식적인 부분만을 배워 단지 편장(篇章)과 자구(字句) 면에서만 두시의 장점을 흡수한 시인들이다. 그들은 비록 개별적인 시에서는 당시의 모순된 현실을 비판하고, 자연 경물의 묘사에서는 뛰어난 면을 보이고 있기도 하지만, 대부분의 작품에서는 두시의 형식상의 모방과 장구(章句)상의 답습에 지나지 않는 모습을 보이고 있다. 이러한 시인들로 중당(中唐)의 한유(韓愈), 만당(晚唐)의 이상은(李商殷), 북송(北宋)의 황정견(黃庭堅)과 강서시파(江西詩派), 금(金)·원(元)·명(明)·청(淸)의 원호문(元好問)·이몽양(李夢陽)·심덕잠(沈德潛) 등을 들 수가 있다. 한 시인을 두고 후대에 받은 영향 관계가 이런 차이를 드러내는 원인으로는 각 시인들이 처한 사회지위와 예술적 소양의 차이를 들 수가 있지만, 보다 근본적인 이유로는 각 시인들의 세계관에서 비롯되는 것이라고 볼 수가 있다.

중당대의 원진(元稹)은 「당검교공부원외랑두군묘지명(唐檢校工部員外郎杜

君墓係銘)」에서 두보를 고금의 독보적인 존재라고 하였다. 두보의 시는 당시의 시선집이었던 은번(殷璠)의 『하악영령집(河嶽英靈集)』, 고중무(高仲武)의 『중흥간기집(中興間氣集)』, 예정장(芮挺章)의 『국수집(國秀集)』, 원결(元結)의 『협중집(篋中集)』에는 모두 수록되어 있지 않았고, 또한 왕유(王維)・이백(李白)・가지(賈至)・잠삼(岑參)・고적(高適) 등과 같은 당대의 시인들 역시 두시에 대해 특별히 칭송하는 언급을 하지 않았는데, 원진의 위와 같은 평가가 있은 이후에 비로소 그를 추숭하는 자들이 우후죽순처럼 생겨나기 시작했다.

白居易 역시 元稹과 비슷하게 두보에 대한 평가를 하고 있는데, 이를 보면 다음과 같다.

> 당나라가 일어난 지 2백 년이 되었는데, 그간의 나온 시인들은 이루 헤아릴 수가 없습니다. 내세울 만한 것으로는 진자앙(陳子昻)의 「감우시(感遇詩)」 20수가 있고, 포방(鮑魴)의 「감흥시(感興詩)」 15수가 있습니다. 또 시가 웅호(雄豪)한 것으로는 세상에서 이백과 두보를 칭합니다. 이백의 시는 재주가 있고 기묘하여 사람이 따라 가지 못하지만, 거기서 풍아(風雅)와 비흥(比興)을 찾아보면 10분의 1도 없습니다. 두시는 가장 많아 전할 만한 것이 천여 수입니다. 고금을 꿰뚫고 격률이 자세하며, 더없이 좋은 공교롭고 완전함에 이르러서는 또 이백을 능가합니다. 그러나 그의 「신안리(新安吏)」・「석호리(石壕吏)」・「동관리(潼關吏)」・「새려자(塞蘆子)」・「유화문(留花門)」과 같은 작품과 '朱門酒肉臭, 路有凍死骨(붉은 문[부유한 집

안]에는 술과 고기 썩는 냄새 진동하는데, 길에는 얼어 죽은 뼈가 뒹글고 있네)'와 같은 구절을 모아 보면 단지 13~14수에 불과합니다. 두보조차도 이러하거늘 하물며 두보에 미치지 못하는 사람이야 더 말할 나위가 있겠습니까?

唐興二百年, 其間詩人不可勝數。所可擧者, 陳子昻有感遇詩二十首, 鮑魴有感興詩十五首。又詩之豪者, 世稱李杜。李之作才矣, 奇矣, 人不逮矣, 索其風雅比興, 十無一焉。杜詩最多, 可傳者千餘首, 至於貫穿今古, 覼縷格律, 盡工盡善, 又過於李。然撮其「新安」、「石壕」、「潼關吏」、「蘆子」、「花門」之章, '朱門酒肉臭, 路有凍死骨'之句, 亦不過三四十。杜尙如此, 況不逮杜者乎?

-「여원구서(與元九書)」

여기에서 백거이는 원진과 더불어서 민정의 반영과 시정의 비판이라는 관점에서 두시를 높이 평가하고 있는 것이다. 따라서 여기서 언급하고 있는 이·두 우열론 역시 시의 효용성이라는 관점에서 표현된 것이라고 이해하여야 할 것이다.

한유(韓愈)는 「두자미의 무덤을 제하다(題杜子美墳)」에서,

당의 문물의 홍성함이 다시 온전해지니, 명망가의 책과 역사책에 재주있는 현인들이 있게 되었네. 그 사이의 시문은 누가 청신함을 이루었는가? 손

꼽을 만한 사람이 모두 네·다섯 명도 되지를 않네. 오직 두보만이 완전하게 아름답다고 칭송할 만하니 현재의 시인들은 비교할 바가 아니다. 붓이 맑은 바람을 따라 속인의 귀를 씻어내니, 마음이 조화를 뺏어 좋은 봄으로 돌아가네.

有唐文物盛復全, 名書史冊俱才賢。中間詩筆誰淸新, 屈指都無四五人。獨有工部稱全美, 當日詩人無擬倫。筆追淸風洗俗耳, 心奪造化回陽春。

-「두자미의 무덤을 제하다(題杜子美墳)」

라고 하였다. 원진의 평가가 두보가 이백보다 우월하다는 입장을 지니고 있다고 본다면, 한유는 이 두 시인에 대해 함께 칭송하는 자세를 취하고 있다고 보여진다. 이두우열론이 아무 쓸모없는 탁상공론이라고 본다면 한유가 취한 입장은 비교적 타당성이 있다는 생각이 든다. 『신당서(新唐書)』 두보전의 찬(撰)에서도 이와 같은 맥락에서 위의 원진과 한유의 의견에 찬성을 하면서 높은 평가를 하고 있는데, 한 번 보도록 하겠다.

찬에 이르길 당이 흥하자 시인들이 진(陳)과 수(隋)의 유풍을 계승하여 화려함만을 서로 자랑하였다. 송지문(宋之問)·심전기(沈佺期) 등은 성음(聲音)을 갈고 닦아 화려함을 거의 없애 이름하여 '율시(律詩)'라 하였는데 서로 다투어 따랐다. 개원 년간에 이르러 약간 아정(雅正)하게 다듬었으나,

화려한 것에 의지한 것은 본질에 어긋나고, 아름다움을 즐겨한 것은 장엄함이 없었으나, 사람들이 한 가지 풍채만을 얻어 모두 자칭 훌륭하다 하였다. 두보에 이르러 넓고 깊으며, 종류가 많고 형태가 다양하며, 고금을 겸하고 있어서 다른 사람들은 부족하였으나, 두보는 남음이 있어, 여택(餘澤)이 후인들에게 미쳤다. 그러므로 원진은 "시인이 있은 이래로 두보와 같은 사람이 없었다." 라고 하였다. 두보는 또한 시사를 잘 진술하였으며 운율에 통달하여 천언에 이르러도 조금도 쇠하지 않아, 시인들은 '시사(詩史)'라고 불렀다. 창려(昌黎) 한유는 문장에 뛰어났으나, 시가에 이르러서는 특별히 추앙하여 말하기를 "이백과 두보의 문장이 남아있는데, 시문의 기세가 대단히 힘있게 뻗어있네" 라고 하였는데, 참으로 믿을 만한 말이다.

贊曰: 唐興, 詩人承陳、隋風流, 浮靡相矜。至宋之問沈佺期等, 研揣聲音, 浮切不差, 而號律詩', 競相襲沿。逮開元間, 稍裁以雅正, 然恃華者質反, 好麗者壯違, 人得一槩, 皆自名所長。至甫, 渾涵汪茫, 千彙萬狀, 兼古今而有之, 它人不足, 甫乃厭餘, 殘膏賸馥, 沾丐後人多矣。故元稹謂 "詩人以來, 未有如子美者。" 甫又善陳時事, 律切精深, 至千言不少衰, 世號詩史'。昌黎韓愈於文章慎許可, 至歌詩, 獨推曰 "李杜文章在, 光燄萬丈長。" 誠可信云。

-『신당서(新唐書)』

양만리(楊萬里)는 「강서종파시서(江西宗派詩序)」에서 두보를 "시중지성(詩

中之聖)"이라 하였는데, 그 문장을 보면 다음과 같다.

> 지금 무릇 사가(四家)의 무리들 중 소식(蘇軾)은 이백과 흡사하고, 황정견은 두보와 흡사하다. 소식과 이백의 시는 열자(列子)가 바람을 타고 공중을 나는 것과 같다. 두보와 황정견의 시는 굴원(屈原)이 계수나무로 만든 배를 타고 옥으로 만든 수레를 모는 것과 같다. 의지함이 없는 것은 시에서 신(神)의 경지이다. 의지함이 있지만 일찍이 의지함이 없는 것은 시에서 성(聖)의 경지이다.
>
> 今夫四家者流, 蘇似李, 黃似杜, 蘇李之詩, 子列子之御風也; 杜黃之詩, 靈均之乘桂舟, 駕玉車也。無待者, 神於詩者歟! 有待而未嘗有待者, 聖於詩者歟!
>
> -「강서종파시서(江西宗派詩序)」

후에 두보를 '시성(詩聖)'이라 칭한 것은 여기에 근거한 것이다. 그렇지만 두보를 '시성'이라 하는 것은 여기에만 국한되는 것이 아니라, 그의 애국애민 사상이 시에서 넘쳐나 그것을 읽는 사람에게 많은 감동을 주어 「모시서(毛詩序)」에서 말하는 '부부 사이를 다스리고, 효도와 공경을 이룩했으며, 인륜을 두텁게 하고, 교화를 아름답게 하고, 풍속을 훌륭하게 이끌었다(經夫婦, 成孝敬, 厚人倫, 敦教化, 移風俗)'에 합당하였기 때문이었다는 것을 포함해서 이해하여야 할 것이다.

남송(南宋)의 진선(陳善)은 「문슬신어(捫蝨新語)」에서 두시를 "시중(詩中)의 경(經)"이라고 칭송하였다.

> 두보의 시가 시 중의 육경(六經)이라면, 다른 사람의 시는 제자(諸子)의 무리이다. 두시에는 뛰어나고 빼어난 말이 있는데, 예를 들면 '왕후와 같은 존귀한 자나 땅강아지나 개미와 같은 천한 자들 모두, 결국에는 모두 죽어 땅속으로 돌아가야 하리. 원컨대 세상에서 가장 오묘한 이 도리를 듣고, 본디의 마음으로 돌리기 바란다'(필자주〈謁文公上方〉)와 같은 것이다. 도리에 깊이 들어가 있다고 말할 수 있다. 진송(晉宋) 이래의 시인들은 이 구에 비할 수 있는 것이 없다. '심지초(心地初)'는 곧 장자(莊子)의 이른 바 담박한 곳에서 마음을 노닐고, 드넓은 곳에서 기를 아우른다는 뜻이다.
>
> 老杜詩當是詩中六經， 他人詩乃諸子之流也。杜詩有高妙語， 如云: '王侯與螻蟻， 同盡隨丘墟。願聞第一義， 回向心地初。' 可謂深入理窟， 晉宋以來詩人無比此句也。'心地初' 乃莊子所謂遊心於淡， 合氣於漠之義。
>
> -「문슬신어(捫蝨新語)」

두시는 시의(詩意)에 주안점을 두었기 때문에 '시중지경(詩中之經)'이라 할 수 있다. 남송(南宋)의 강기(姜夔)는 「백석도인시설(白石道人詩說)」에서 "시는 풍(風)에서 나온 것이 있고, 아(雅)에서 나온 것이 있으며, 송(頌)에서 나온 것이 있다. 굴원과 송옥(宋玉)의 문장은 풍에서 나온 것이다. 한유와 유종원(柳宗元)의 시는 아에서 나온 것이다. 두보만이 오로지 이들을 다 겸비할 수 있었다.(詩有出於風者, 出於雅者, 出於頌者。屈宋之文, 風出也; 韓柳之詩, 雅出也; 杜子美獨能兼之。)"고 하였고, 강유안(强幼安)은 「당자서문록(唐子西文錄)」에서 "바야흐로 경 이후에 즉 사마천(司馬遷)이 있었다. 『시경(詩經)』 이후에 두보가 있었다. 육경(六經)은 배울 수 없고, 또한 배울 필요도 없었기 때문에 문(文)을 지을 때는 사마천을 배워야만 하고 시를 지을 때는 두보를 배워야만 한다.(方經以後, 便有司馬遷; 三百五篇之後, 便有杜子美。六經不可學, 亦不須學, 故作文當學司馬遷, 作詩當學杜子美。)"고 하였다. 두보는 경술(經術)에 조예가 깊었기 때문에 그가 사용한 자구(字句)는 모두 출처가 있었고, 시가 담고 있는 의미가 심원하여 다른 사람이 표현하지 못하는 바를 표현해 내었고, 보지 못하는 바를 관찰해 내었기 때문에 위의 평가가 지나치다고 할 수는 없다.

이처럼 두보에 대해 높은 평가를 하고 있는 작품은 이루 다 언급할 수가 없을 정도이다. 지면의 한계상 본서에서는 이 정도만 언급하려고 한다. 이처럼 중국 시가사에 끼친 두보의 업적이 심원하다 보니 후대에 발간된 두보 관련 시집과 기타 자료의 수도 어마어마하다. 참고로 중국 사천성(四川省) 성도(成都)의 두보초당박물관(杜甫草堂博物館)에는 두보의 시집과 기타 자료로 442부(部), 3770여 책(册)이 있는데, 그 중 각종 다른 판본의 두시는 161부(部), 1300여 책이다. 또한 두보의 유적 · 사당 · 비명(碑銘)의 사진 · 탁본과 문물(文物) 등이 500여 종이 있는데, 문물 중에는 원(元)대 이래로 20여종의 다른 두보 화상(畵像)이 있다고 한다. 그러나 이 역시 두보 관련 모든 자료를 다 포함하고 있는 것은 아니다.

지금까지 중국의 대표시인 두보에 대해 살펴보았다. 지면의 한계로 좀 더 자세하게 서술하지 못한 것이 아쉽기는 하지만, 위대한 시인 두보에 대한 대강의 설명은 되었다고 본다. 바라기는 그냥 중국사람 시인 두보로만 생각지 말고 인류가 남긴 위대한 유산으로 두보의 시를 바라보고 평가해 주었으면 좋겠다는 것이다. 시대와 국적을 불문하고 인류의 보편적 가치를 노래하고 고민한 시인으로 바라볼 수 있어야 오늘날 혼란한 시대를 살아가는 우리들의 삶에 지표가 될 수 있을 것이고 고전을 읽는 올바른 자세라고 생각되기 때문이다.

* 이 글 중 일부 내용은 필자의 박사학위논문「杜甫의 陷賊·爲官 時期 詩 研究」(2005.8 한국외국어대학교 대학원 중어중문학과)에서 발췌 정리한 것이다.

두보의 대표작

1. '태산을 바라보며 望嶽' 개원(開元) 28년(740)
2. '방 병조참군사의 호마 房兵曹胡馬' 개원(開元) 28년(740)
3. '매 그림 畵鷹' 개원(開元) 28년(740)
4. '봄날에 이백을 생각하며 春日憶李白' 천보(天寶) 5년(746)
5. '술 마시는 여덟 신선의 노래 飮中八仙歌'천보(天寶) 5년(746)
6. '낙유원가 樂遊園歌' 천보(天寶)10년(751)
7. '전거의 노래 兵車行' 천보(天寶) 11년(752)
8. '여러 공들이 자은사탑에 올라 지은 시에 화답하여 同諸公登慈恩寺塔' 천보(天寶) 11년(752)
9. '고운 사람의 노래 麗人行' 천보(天寶)12년(753)
10. '술에 취한 노래 醉時歌' 천보(天寶)13년(754)
11. '장안에서 봉선현으로 가며 감회를 읊은 오백자 自京赴奉先縣詠懷五百字' 천보(天寶)14년(755)
12. '왕손을 슬퍼하며 哀王孫' 지덕(至德) 원년(756)
13. '진도를 슬퍼하며 悲陳陶' 지덕(至德) 원년(756)
14. '청판을 슬퍼하며 悲青坂' 지덕(至德) 원년(756)

15. '눈을 대하고 對雪' 지덕(至德) 원년(756)

16. '달밤 月夜' 지덕(至德) 원년(756)

17 '강가에서 슬퍼하다 哀江頭' 지덕(至德) 2년(757)

18. '봄날을 바라보며 春望' 지덕(至德) 2년(757)

19. '홀로 술마시며 시를 짓다 獨酌成詩' 지덕(至德) 2년(757)

20. '북쪽으로 길을 나서며 北征' 지덕(至德) 2년(757)

21. '병기와 군마를 씻으며 洗兵馬' 건원(乾元) 원년(758)

22. '곡강에서 술을 마주하고 曲江對酒' 건원(乾元) 원년(758)

23. '신안의 관리 新安吏' 건원(乾元) 2년(759)

24. '동관의 관리 潼關吏' 건원(乾元) 2년(759)

25. '석호의 관리 石壕吏' 건원(乾元) 2년(759)

26. '신혼의 이별 新婚別' 건원(乾元) 2년(759)

27. '늘그막의 이별 垂老別' 건원(乾元) 2년(759)

28. '가족없는 이별 無家別' 건원(乾元) 2년(759)

29. '달밤에 아우를 생각하다 月夜憶舍弟' 건원(乾元) 2년(759)

30. '하늘 가에서 이백을 생각하다 天末懷李白' 건원(乾元) 2년(759)

31 '촉나라의 재상 蜀相' 상원(上元) 원년(760)

32. '미친 사내 狂夫' 상원(上元) 원년(760)

33. '봄밤에 기쁘게 내리는 비 春夜喜雨' 상원(上元) 2년(761)

34. '초가집이 가을 바람에 부서진 것에 대한 노래 茅屋爲秋風所破歌' 상원(上元) 2년(761)

35. '장난삼아 여섯 수의 절구를 짓다 戲爲六絶句' 보응(寶應) 원년(762)

36. '들판에서 바라보며 野望' 보응(寶應) 원년(762)

37. '관군이 하남과 하북을 수복했다는 소식을 듣고 聞官軍收河南河北' 광덕(廣德) 원년(763)

38. '누대에 올라 登樓' 보응(寶應) 2년(764)

39. '나그네가 밤에 회포를 쓰다 旅夜書懷' 영태(永泰) 원년(765)

40. '백제성의 가장 높은 누대에서 白帝城最高樓' 대력(大曆) 원년(766)

41. '여덟 명의 명신을 애도하다 八哀詩' 대력(大曆) 원년(766)

42. '여러 장수들 諸將五首' 대력(大曆) 원년(766)

43. '웅대한 여정 壯遊' 대력(大曆) 원년(766)

44. '가을의 감흥 秋興八首' 대력(大曆) 원년(766)

45. '고적에서 회포를 읊다 詠懷古跡五首' 대력(大曆) 원년(766)

46. '높은 곳에 올라 登高' 대력(大曆) 2년(767)

47. '악양루에 올라 登岳陽樓' 대력(大曆) 3년(768)

48. '형산 衡山을 바라보며 望岳' 대력(大曆) 4년(769)

49. '들판에서 바라보며 野望' 대력(大曆) 4년(769)

50. '강남에서 이구년을 만나 江南逢李龜年' 대력(大曆) 5년(770)

두보시 주요 주석본

1. 송(宋) 황희(黃希)·황학(黃鶴) 찬(撰)신, 『황씨보천가집주두공부시사(黃氏補千家集注杜工部詩史)』36권
2. 송(宋) 유신옹(劉辰翁) 평점(評點)·고강란(高崇蘭) 편집(編集), 『천가집주비점두공부시집集千家注批點杜工部詩集』20
3. 명(明) 왕사석(王嗣奭) 찬, 『두억(杜臆)』10권
4. 청(淸) 전겸익(錢謙益) 전주(箋注), 『전주두시(錢注杜詩)』20권
5. 청(淸) 주학령(朱鶴齡) 찬, 『두공부시집집부(杜工部詩集輯注)』22권
6. 청(淸) 구조오(仇兆鰲) 찬, 『두시상주(杜詩詳注)』25권
7. 청(淸) 포기룡(浦起龍) 찬, 『독두심해(讀杜心解)』6권
8. 청(淸) 양륜(楊倫) 찬, 『두시경전(杜詩鏡銓)』20권
9. 송(宋) 조차공(趙次公) 주(注)/임계중(林繼中) 집교(輯校), 『두시조차공선후해집교(杜詩趙次公先後解輯校)』

참고문헌

杜甫 著/仇兆鰲 注, 『杜詩詳注』, 中華書局, 1995.

杜甫 著/楊倫 箋注, 『杜詩鏡銓』, 華正書局, 1989.

杜甫 著/趙次公 注/林繼中 輯校, 『杜詩趙次公先後解輯校』, 上海古籍出版社, 1994.

浦起龍 著, 『讀杜心解』, 中華書局, 2000.

王嗣奭 撰,『杜臆』, 上海古籍出版社, 1983.

莫礪鋒 著,『杜甫評傳』, 南京大學出版社, 1993.

元稹 撰,『元氏長慶集』四部備要, 臺灣中華書局, 1987.

韓愈 著/錢仲聯 集釋,『韓昌黎詩繫年集釋』, 上海古籍出版社, 1998.

顧學頡 校點,『白居易集』, 中華書局, 1996.

陳善,『捫蝨新語』(『叢書集成初編』本), 中華書局, 1985.

楊萬里,『誠齋詩話』(『歷代詩話續編』本), 1983.

姜夔,『白石道人詩說』(『歷代詩話』本), 中華書局, 1997.

그림 출처

<그림 1> 1481년 간행된『분류두공부시언해(分類杜工部詩諺解)』, https://en.wikipedia.org/wiki/Du_Fu

<그림 2> 두보의 초상화, https://en.wikipedia.org/wiki/Du_Fu

<그림 3> 두보가 관직을 그만두고 잠시 거주했던 성도초당, https://commons.wikimedia.org/wiki/File:Du_Fu_cao_tang

<그림 4> 성도초당에 있는 두보의 공부방 모습, https://commons.wikimedia.org/wiki/File:Cottage_interior

<그림 5> 성도초당에 있는 두보의 동상, https://commons.wikimedia.org/wiki/File:Du_Fu_bus

10. 그래서 그대는 만물의 형제자매

헤세의 시문학에 나타난 불교적 세계관

<그림 1> 헤르만 헤세의 대표 장편소설 『데미안』(1919)의 표지

10. 그래서 그대는 만물의 형제자매

헤세의 시문학에 나타난 불교적 세계관

진상범

작가가 되기까지 지난한 인생여정

헤세는 1877년 7월 2일, 독일 남부 슈바벤(Schwaben) 지방의 작은 도시 칼프(Calw)에서 태어났다. 독일과 스위스의 여러 도시를 돌아다니며 살다 만년에는 스위스 몬타뇰라에 정착하여 마음의 안식처로 삼고 살았다. 헤세는 85세까지 사는 동안 개인적으로뿐만 아니라, 시대적으로도 세계대전을 두 차례나 겪은 평탄치 않은 삶을 살다 간 작가이다. 그가 걸어온 험난한 개인사를 살펴보는

<그림 2> 헤세의 아버지
요한네스 헤세 (1847~1916)

<그림 3> 헤세의 어머니
마리아 헤세 (1842~1902)

것도 의미 있는 일일 것이다. 무명작가였던 험난한 젊은 날의 시절을 거쳐서 유명작가로 세상에 빛을 보기까지 헤세가 걸어온 발자취를 중심으로 검토해 보려고 한다.

헤세의 부친 요한네스 헤세(Johannes Hesse)는 러시아 태생의 선교사로서 인도에서 청년 시절을 보낸 바 있는 금욕적이며 구도자적인 기질을 지니고 있었다. 헤세의 모친 마리아 군데르트(Maria Gundert)는 동양학자이며 목사인 헤르만 군데르트(Hermann Gundert)의 딸로서 인도 태생으로서 인도에서 살면서 영국 출신의 선교사 남편을 만나 결혼 생활한 지 얼마 되지 않아 남편이 병사하고 만다. 그 후 헤르만 군데르트의 편집 일을 도와주러 왔던 요한네스 헤세를 만나 결혼하기에 이른다. 헤세는 목사인 아버지와 목사의 딸인 어머니 사이에서 태어나 성장했다. 헤세는 어린 시절부터 부모로부터 성경 교리를 들으면서 기도를 하고 찬송가를 부르는 등 엄격한 기독교 가정의 환경과 분위기 속에서 자라났다. 이와 같은 개인적 체험은 그의 소설 작품 『데미안 *Demian*』에 잘 반영되어 있다. 헤세는 목사인 아버지와 인도에서 선교사로 활동한 바 있는 목사의 딸 마리아 사이에서 성장했다.

<그림 4> 헤세의 어린 시절 (4세경)

헤세가 겪었던 개인사 중에서 라틴학교 생활과 마울브론(Maulbron) 신학교 기숙사에서 일어난 사건을 언급하지 않을 수 없다. 헤세는 어린 시절부터 고집이 누구보다 세고 개성이 유난히 강했기 때문에 십대부터 인생의 여정이 순탄치만은 않았다. 헤세는 부모님의 요구대로 목사가 되기 위한 수업을 본격적으로 받게 된다. 당시 시민들에게 목사로 활동하는 것은 주변사람들로부터 존경받으면서 안정적 생활이 보장되었던 직업이었다. 헤세는 당대 부모님들의 선망의 대상이었던 신학교 장학생으로 선발되어 마울브론 신학교에 입학하게 된다. 마울브론 신학교는 14세에서 18세에 해당하는 소년들 중에서 우수한 학생을 장학생으로 선발하여 신학을 공부하게 한다. 헤세는 엄격한 교육적 분위기 속에서 단순하고 수도자적인 생활을 모범으로 적응해야 했다. 헤세는 처음에는 마울브론의 신학교의 세미나에 참석하고 만족스럽게 적응했다. 헤세는 괴핑겐(Göppingen) 시절부터 시간이 허락되는 데로 문학 창작 발표를 시도한다. 헤세는 그러한 개인적 경험을 바탕으로 시작품을 발표하고 뜻이 통하는 친구들과 동아리 모임을 만들

<그림 5> 바트 칸슈타트 고등학교 7학년 학생들의 기념사진 (1893년).
헤세는 제일 뒷줄의 중앙에 서 있음

어 시 낭송회를 벌이는 문학 활동을 전개하였다. 헤세는 점차 엄격한 학교생활에 적응하기가 쉽지 않았다. 나아가 헤세는 엄격한 학교 규율을 강조하는 학교 교육에 대해 강한 불만을 가지게 되었다. 이러한 불만을 가지고 있었던 헤세가 부모님을 크게 실망시키는 사건을 일으키게 된다. 헤세는 보수적 신학교의 주입식 교육과 엄격한 규율을 강조하는 기숙사 생활에 체질적으로 견디지 못하고 기숙사를 탈출하고 만다. 헤세는 아무런 이유 없이 몸에 한 푼도 가지지 않고 외투마저 입지 않은 채 점심 식사 후 갑자기 정규 수업에 참석하지 않고서 신학교를 탈출하는 예상치 못했던 일을 감행한 것이다. 헤세는 당시 거주하던 주변의 뷔르템베르크(Württemberg)의 헤센(Hessen) 지역을 저녁 8시부터 다음 날 아침 5시 반까지 영하 7도의 추운 겨울에 들판을 헤집고 돌아다녔던 것이다.

무단 탈출한 일로 헤세는 학교 당국으로부터 8시간 동안의 금고 선고를 받게 된다. 이는 헤세가 주변의 친구들로부터 멀어지게 되는 직접적인 계기가 되었다. 헤세는 그동안 친하게 지내던 동료친구들이 등을 돌리자 고독한 존재로 전락하게 된다. 고독한 존재로 낙인찍힌 헤세는 고민에 빠지게 된다. 그로 인해 신학교 생활을 중단한 헤세는 1891년 5월 아버지를 따라 칼프에 귀향하여 마음의 치유를 위해 휴식을 취하게 된다. 그 당시 내면의 갈등을 겪고 있는 헤세는 외부 친구들과 단절하고 비사교적인 관계를 유지하게 된다. 급기야 주변의 친구들이 헤세에게 정신요양소나 정신병원에 입원할 것을 권고하기에 이른다. 친구들로부터 소외 당한 헤세는 자살을 시도하기까지 한다. 결국, 헤세는 1892년 5월 7일에 바트 볼(Bad Boll)에 있는 목사 블룸하르트(Blumhard)가 운영하는 정신요양소에 입원하게 된다. 헤세는 정신요양원에서 음악 감상과 독서를 즐기며 정신적 위기를 극복하려고 노력을 하게 된다. 헤세는 정신 병원에서 퇴원을 한 후에 신학교가 아닌 평범한 고등학교에 들어가게 되는데, 슈투트가르트(Stuttgart)에 있는 바트 칸슈타트(Bad Canstatt) 고등학교에서 1년 동안 학교생활에 적응하려고 노력을 했으나, 목적 지향적 제도권의 교육에 다시 실망을 하고서 자퇴하게 된다. 제도권 학교에서의 강압적인 주입식 교육에 좌절하면서도, 헤세의 독서에 대한 열망만은 식지 않았다. 헤세는 엄격한 규율만이 강요되는 학교생활에 대한 불만과 부적응으로 말미암아 10대 시절부터 학교라는 제도권의 경직된 교육현실에 대한 불만과 개혁의 필요성을 인식하기에 이른다. 헤세가 당시의 학교생활에서 체험한 것은 그의 소설 『수레바퀴 아래서 *Unterm Rad*』에 잘 반영되어 있다.

헤세는 입학한 지 1년도 못되어 신학교로부터 퇴학을 당하게 된다. 이로 인

<그림 6> 튀빙겐에서 서점 점원시절의 헤세 (21세)

<그림 7> 헤세가 일하던 헤켄하우어 고서점

하여 헤세의 부모는 헤세가 목사 수업을 마치고 성직자 집안의 전통을 이어받아 안정된 시민으로서 살아가기를 바랐던 기대를 단념하게 된다. 헤세가 5세 때부터 보였던 고집이 센 기질과 13세부터 아버지에게 시를 창작해 바칠 정도의 문학적 재질을 지니고 있었음을 이미 간파하고 있던 부모는, 아들이 그들의 품에서 떠나 독립적으로 살아가는 것을 허락하게 된다. 헤세는 그 당시 사회로부터 인정을 받고 미래가 보장된 삶을 살 수 있었던 목사의 길을 접고 10대부터 시인이 되겠다는 것은 삶의 이정표로 삼게 된다. 이로 인해 헤세는 평탄치 않은 고독한 삶의 길에 들어서게 된다.

제일 먼저 헤세가 선택한 것은 칼프에 있는 시계탑(Turmuhr)의 수리공으로서의 삶이었다. 하지만 고된 시계공의 수업을 마친 십대의 헤세에게 이것을 직업으로서 선택한다는 것은 참으로 힘든 결정이었다. 결국 그는 1년 뒤에 다시 튀빙겐(Tübingen) 시내에 위치한 헤켄하우어 고서점(Heckenhauer Antiquariat)

의 점원으로 일자리를 옮기게 된다. 헤세는 어린 시절부터 책 읽기를 좋아하는 터라 점원으로서 일을 하면서 시간이 주어진 대로 책을 읽으며 습작의 시간을 가지곤 한다. 그 당시에 헤세는 독일의 낭만주의를 대표하는 노발리스(Novalis)의 문학 세계에 심취해 있었다. 그리고 그가 꿈꾸었던 낭만적 세계관을 잘 반영한 작품 『낭만의 노래 *Romantische Lieder* (1899)』를 출간하면서 헤세는 세간의 주목을 받기 시작한다. 십대의 헤세가 일찍이 엄격한 규율이 강요되는 학교생활로부터 벗어나 자연과 더불어 방랑하며 자유롭게 인생을 즐기는 낭만적인 세계관을 그의 작품에 반영한 점이 당시의 독자들로부터 주목을 받게 되었다. 십대에 시인이 되지 않으면 아무것도 되지 않겠다고 선언했던 고집스런 헤세였다. 그는 22세의 젊은 나이로 결국 예술적 감각으로 거친 세상을 이겨내며 젊은 날의 꿈을 시화시킨 처녀작품 『낭만의 노래』를 세상에 내놓아 문학적 재능이 있는 작가로서 인정을 받게 된 것이다.

<그림 8> 슈바르츠발트에 있는 칼프. 헤르만 헤세가 태어나 1880까지 3년간 유년기를 보냈고, 1886년에서 1889년 3년간 학교생활을 하였던 곳이다. 고딕식 교회당 성 니콜라우스가 붙어 있는 나골트 강 위에 옛 다리가 놓여있다.

<그림 9> 헤세의 탄생지인 칼프의 자택 주변 시장 배경

헤세가 시인으로 우뚝 세상에 설 수 있었던 동력이 무엇인가를 밝혀 주는 작업도 매우 흥미로운 일일 것이다. 헤세에게 문학적인 상상력의 원천이 되었던 것은 다름 아닌 그가 태어난 숲으로 가득 찬 칼프의 자연이었다. 어린 시절에 마음껏 숲 속을 뛰어다니며 강가에서 물고기를 잡으며 놀았던 깨끗한 물이 흐르는 강과 울창한 숲으로 뒤덮인 작은 시골의 고향이 그의 시심을 자극하는 공간이었다. '슈바르츠발트'(Schwarzwald)의 원래 의미는 하늘이 보이지 않을 정도로 숲으로 가득 차 검게 보이는 검은 숲을 의미한다. 이러한 검은 숲으로 뒤덮여 있는 칼프라는 작은 소도시에서 성장한 배경이 헤세로 하여금 자연을 누구보다도 사랑한 작가로 우뚝 서게 한 요소 중의 하나이다. 헤세는 숲 속을 거닐며 자연과 더불어 살았고 자연의 소리에 경청할 줄 알며 자연 속에서 항상 문학적 창작의 소재를 찾았다. 헤세는 자신이 태어난 고향 칼프에 대한 추억을 1918년에 다음과 같이 고백한 바 있다.

> 내가 알고 있는 도시 중에서 가장 아름다운 도시는 나골트에 있는 칼프, 작지만 오래된 슈바벤 지방의 슈바르츠발트의 작은 도시 칼프이다. (…) 나는 학교 친구들, 그들의 장난감, 빵 가게, 빵 가게 물건들, 도축장, 그들의 개들, 나무들, 쌍무늬 바구니, 새들, 새들의 보금자리, 정원의 구즈베리 열매류를 다 알고 있다. 고로 칼프 도시는 이렇게 범상치 않은 도시이다. 내가 기술했던 책들 속에 이미 있기 때문에 여기 다 언급할 필요가 없다. 이와 같은 칼프에 머물렀다면 그렇게 다 묘사할 필요가 없었을 것이리라.

어린 시절 헤세에게 이러한 아름다운 감동과 추억이 아로새겨 있는 고향 칼프는 그의 일생에 걸쳐 창작의 원동력이 되는 공간이었다. 이러한 마음의 고향에 대한 이미지는 어린 시절 헤세가 살았던 집주변의 정원과 도시 뒤편의 기차역 위에 있는 언덕과 이들과 함께 어우러진 자연을 의미한다. 아름다운 슈바르츠발트 숲의 일부로서 깊은 계곡에 놓인 도시와 자연, 다시 말해 그가 어릴 때 직접 체험했던 자연은 그의 작품 곳곳에 묘사되어 있다. 헤세가 부모님과 그의 외할아버지로부터 몸소 체험한 면모는 매우 중요하다. 그는 부모님으로부터 경건한 신앙심을, 외할아버지로부터 인도에 대한 폭넓은 지식과 타인에 대한 배려의 마음 및 타인에 대한 봉사의 정신을 이어받았다. 그의 대표적인 만년의 작품 『유리알 유희 *Das Glasperlenspiel*』에는 혼란한 시대에 참다운 제자를 위해 목숨을 바치는 스승으로서 봉사하는 순수한 정신이 잘 드러나 있다.

폭 넓은 교양체험

학교생활에서 문제아로 낙인찍히고 심지어 정신적 치유를 위해 정신병원에 보내지기도 하지만, 헤세가 이러한 난관을 극복할 수 있었던 것은 부모님으로부터 받아 온 끊임없는 신뢰와 독서를 통해 쌓아온 교양의 힘이었다. 특히 헤세는 그의 문학 창작을 통해 내면에 각인되어 있는 인생에 대한 고민을 분출하고 자연의 아름다움을 노래하면서 정신적 안정을 찾을 수 있었다. 헤세가 십대 소년 시절에 학교생활에 적응하지 못한 문제아라는 인식으로부터 벗어나 시련을 극복할 수 있었던 요인은 헤세의 부모님이 그에게 한 인간으로서 건전하게 성장하리라는 굳건한 믿음에서 찾아볼 수 있다. 또한, 어린 시절부터 아들 헤세에게 독서하는 습관과 경건한 신앙심 속에서 남을 위해서 봉사하며 경건하게 살아가는 법을 보여주었던 가정교육의 영향으로 볼 수 있다. 그 당시 헤세가 즐겨 읽었던 세계문학으로 노발리스, 하이네(Heine), 아이헨도르프(Eichendorf), 고골리(Gogol), 투르게네브(Turgenev) 등을 들 수 있다. 헤세는 어린 시절부터 아버지로부터 독서하는

<그림 10> 헤세의 부모님, 두 동생과 같이 찍은 가족사진. 맨 왼쪽이 헤세 어린 시절 모습

습관을 교육받았던 영향으로 서양과 동양의 고전적 작품을 접할 수 있었다. 예컨대 로빈슨 크루소(Robinson Crusoe), 짐플리치시무스(Simplizssimus), 돈키호테(Don Quixote), 울란트(Uhland), 실러(Schiler), 괴테(Goethe), 플라톤(Platon), 가이벨(Geibel), 월터 스콧(Walter Scott), 디킨스(Dickens), 밀턴(Milton) 그리고 셰익스피어(Shakespeare)와 같은 고전적 작품을 통하여 세계문학에 대한 폭넓은 교양을 가지게 되었다. 헤세의 세계문학에 대한 폭넓은 교양 체험과 그의 젊은 시절에 체험했던 수많은 방랑과 고독한 삶이 문학작품을 구상하고 완성하는데 보이지 않게 직·간접적으로 영향을 주고 있음을 알 수 있다. 특히 헤세는 그의 문학적 창작의 모범이 될 수 있는 길을 괴테와 노발리스의 작품에서 발견하게 되었다. 헤세는 괴테를 그의 문학적 스승으로 삼고 존경하며 그의 세계관과 교양소설적 서사기법을 그의 대부분의 교양소설 작품에 반영하고 있음을 알 수 있다. 또 다른 면에서 동양과 서양의 문학과 사상의 폭넓은 독서체험은 그의 내면적

<그림 11> 헤세의 많은 작품의 무대가 되는 칼프 초등학교

갈등과 세상에 대한 염세주의적 사고방식으로부터 전환하는 데 많은 힘이 되어 주었다.

헤세의 교양 체험은 그의 세계문학문고에 소장되어 있는 다양한 세계문학 작품을 통하여 폭넓게 이루어졌다. 그의 폭넓은 독서 편력은 서양 문학에 머물지 않고 동양문학과 사상에까지 확장되어 그의 교양의 넓이와 깊이를 더해주었다. 특히 헤세가 독서를 통해 섭렵한 사상은 서양의 쇼펜하우어, 니체 그리고 동양의 불교사상(佛教思想), 도교사상(道教思想), 유교사상(儒教思想), 역경사상(易經思想)과 선(禪) 사상에까지 이른다. 본인이 소장한 폭넓은 세계문학작품을 통한 개인적 문학수업은 헤세를 세계문학의 본질을 파악할 수 있도록 이끌었다. 동양과 서양의 문학과 사상에 대한 교양체험은 헤세가 범신론적 세계관을 형성하는데 큰 자극제가 되었음은 분명하다. 헤세는 학교라는 제도권 교육에서 벗어나 자유로운 우주라는 학교 속에서 자연과 더불어 생각하고 그가 지니고 있는 시적 재능을 최대한 발휘할 수 있는 터전을 마련한 셈이다. 헤세가 괴테와 노발리스 작가의 작품 속에 흐르고 있는 고전주의와 낭만주의 문학 전통을 그의 초기 작품부터 후기 작품에 이르기까지 적극적으로 반영한 점은 그러한 사실을 입증하고 있다. 헤세의 초기 작품은 노발리스의 낭만주의 문학관을 잘 반영하고 있음을 알 수 있다. 또한, 헤세의 초기소설부터 만년의 작품『유리알 유희』에 이르기까지 괴테의 교양소설 서사형식을 유감없이 계승하고 있다. 특히 헤세가 병든 유럽을 치유할 수 있는 지혜를 동양의 사상에서 발견한 이후, 그의 후기 작품 대부분이 동양의 지혜를 적극적으로 수용하고 있음에 주목할 만하다.

헤세의 동양 수용 배경

두 차례에 걸친 전쟁을 체험한 유럽의 지성인들은 유럽의 정신적 위기를 인식했던 상황 속에서 시대 위기 극복의 길을 동양의 지혜에서 찾기 시작한다. 같은 시대의 암울한 분위기 속에서 살았던 헤세도 예외는 아니었다. 그렇다면 헤세는 어떠한 동기로 동양의 지혜와 문학을 접하게 되었을까.

헤세의 동양에 대한 관심은 어린 시절부터 인도학의 대가이었던 외조부와 인도에서 선교사 생활을 했던 아버지를 통하여 시작되었다. 헤세는 어린 시절부터 다양한 인도 서적들을 집안에서 접할 수 있었다. 헤세는 인도어사전을 편찬할 정도로 인도학에 조예가 깊었던 외조부 헤르만 군데르트를 통해 인도 문화에 쉽게 접근할 수 있었다. 특히 헤세의 외사촌 빌헬름 군데르트(Wilhelm Gundert)는 일본에 체류하면서 일본학뿐만 아니라 동양 사상에도 조예가 깊었다. 헤세는 그러한 집안의 분위기에서 쉽게 동양과의 인연을 맺을 수 있었다. 헤세는 외사촌 빌헬름 군데르트를 통하여 동양에 관한 폭넓은 지식을 몸소 들어서 심화시킬 수 있었다. 그 당시 헤세는 독일 민족에게 히틀러의 연설에 현혹되지 말라고 경고할 정도로 사회에 대한 개혁의지와 시대의식을 지니고 있었다. 헤세가 저항한 것은 1차 세계대전으로 암울해진 정치적 상황 속에서 죄 없는 많은 젊은이들이 전장에 내몰려 죽게 되고, 히틀러가 게르만 민족의 우월주의를 앞세워 유대인들을 비인도적으로 잔인하게 학살한 행위였다. 그는 히틀러의 게르만 우월주의와 전쟁을 찬양하며 독일 국민들을 선동하는 연설을 들으면서 제발 그러한 목소리로 군중을 현혹하지 말 것을 엄중히 경고하는 메시지를 스위스 〈추리히 신문〉에 기고하기도 하였다. 헤세는 전후 유럽의 지식인들이 인식하는 시대 위기를 극복하기 위한 근본적인 해결책을 깊이 성찰한 후, 이를 자신의 문학 작품들에 등장하는 주인공을 통해 제시하였다. 헤세는 게르만 민족의 우월성을 강조하며 독일 군중의 마음을 뒤흔드는 히틀러의 연설을 그만둘 것을 강하게 주장했다는 이유로, 독일에서 그의 모든 작품이 금서로 낙인찍히고 만다. 헤세는 스위스로 망명을 떠나서도 전쟁 포로들을 위해 글을 쓰고 전쟁을 반대하는 글을 신문에 기고했다. 헤세는 그의 작품 『클링조어의 마지막 여름 *Klingsors Letzter Sommer*』이나 『유리알 유희』에 당시의 참혹한 시대상을 문학적으로 형상화하고 있다. 헤세는 스스로 비정치적인 인간이라고 강조하였지만, 그는 자신의 행동과 창작 태도로 인해 '너무 정치적인 인간'이라는 지적을 받기도 했다. 헤세의 세 번째 부인 니논(Ninon)이 유대인이었기 때문에 피해를 의식하고 직접적으로

<그림 12> 카로나에서 산책길에 휴식을 취하고 있는 헤세의 뒷모습

히틀러에게 저항을 할 수는 없었던 점도 지적이 되고 있다. 그러나 헤세는 히틀러가 독일 게르만 민족의 이름으로 유대인을 짐승처럼 학살하는 만행에 대해서 문학적으로 저항하였다.

헤세는 히틀러의 민족우월주의와 나치즘이 낳은 사회적 병폐를 치유할 수 있는 길을 마음비움, 인간사랑, 자연경외감, 조화를 강조하는 동양의 지혜에서 찾게 된다. 헤세는 동양적 소재를 도입하여 부조리한 전쟁으로 생긴 유럽의 몰락상과 극복상을 『클링조어의 마지막 여름』에서부터 섬세히 묘사하고 있다. 특히 헤세가 만년의 작품 『유리알 유희』에서 시대의 혼란상을 극복할 수 있는, 순수한 정신세계만이 존재하는 카스탈리엔(Kastalien)이라는 정신국을 제시하고 있다는 점에 주목할 필요가 있다. 헤세는 정치가가 아닌 예술가로서 세상을 재단하며 문학 작품을 통하여 부조리한 세상을 점진적으로 개혁하고자 하는 의지를 가지고 사회에 적극적으로 참여한 양심적 작가로 볼 수 있다. 그는 순수한 작가로서 예술과 정치의 중립적 노선을 유지하려고 노력했다. 그가 후기의 상기한 작품을 창작하여 전후의 부조리에 찬 유럽인의 의식을 변화시키려는 표현주의적 개혁 의지를 보여 준 점은 높이 평가받아야 한다. 그 당시 헤세가 부조리한 세상에서 벗어나 2400년대의 유토피아를 꿈꿀 수 있었던 힘은 동양사상과의 만남이었다. 세계대전으로 야기된 인간성 말살의 상황에서, 헤세가 순수한 이상향을 찾은 과정 중 동양에 눈을 돌리게 된 것은 당연한 수순으로 보인다. 헤세는 미래 인류 사회가 실현해야 할 유토피아 세계를 욕망이 배제된 순수한 정신만이 살아 숨 쉬는 카스탈리안의 세계에서 찾으며, 이는 인간들 사이에 질서와 조화를 추구하는 동양적 세계관과 깊은 관련성을 갖는다. 특히 헤세의 작품 『싯다르타』 속에 인도와 도가사상을 반영하고 있으며, 『유리알 유희』에 가서는 인도의 사상, 불교사상, 중국의 주역사상, 유교사상과 여불위의 음악사상까지도 작품 속에 적극적으로 수용하고 있음을 알 수 있다.

헤세의 후기 시에 나타난 불교적 세계관

헤세 후기 시에 동양지향성과 불교적 세계관이 특히 두드러진다. 구체적으로 헤세의 후기 시 「행복」, 「내면으로의 길」, 「주문」, 「바가바드기타」, 「모든 죽음」, 「단계」, 「치켜든 손가락」 그리고 「선 수도원의 젊은 수도승 II」를 통해 제욕사상, 범신론적 세계관, 명상을 통한 득도의 과정, 연기사상, 단일사상, 윤회사상, 무소유의 청명한 마음, 언어를 초월한 암시의 표현법, 선불교적 역설적 사고 등 헤세가 섭렵한 불교적 세계관이 잘 투영되고 시화되고 있음을 확인할 수 있다.

우선, 헤세의 「행복」이라는 시에는 불교적 제욕사상이 표현되어 있다.

그대가 행복을 좇는 한,
행복하기에는 아직도 성숙지 못한 것이니
그대가 잃어버린 것에 불평을 하는 한.
목표를 향해 쉬지 않고서 달려가고 있다는
그대는 평화가 무엇인지를 아직 모르고

그대가 모든 소원을 단념할 때야 비로소,

목표도 욕망도 알게 될 것이니

행복은 이름으로만 불러지지 않으리

그렇게 되면 사건의 홍수가 그에게 이르게 되고

마음과 영혼이 휴식을 취하지 못하리.

-「행복」 전문

이 시의 시적 화자는 진정한 행복에 도달하기 위해서는 모든 소원을 단념해야 비로소 평화와 행복을 체험할 수 있다고 표현하고 있다. 이것은 곧 인간이 욕망을 가지고 행복을 쟁취하려고 한다면 영혼의 휴식을 취하지 못한다는 인생의 지혜를 암시하고 있다. 이 시는 인간이 행복에 도달하려면 인간이 본디 지니고 있는 행복하고자 하는 욕망까지도 단념해야 한다는 역설적 의미를 전한다. 이것은 또한 헤세가 불교 수도자의 궁극적 목표인 니르바나(Nirvana)로 가기 위해서는 인간이 지니고 있는 욕망의 굴레로부터 완전히 벗어나야 한다는 불교의 제욕(制慾) 사상으로부터 받은 영향의 증거로 보인다.

헤세의 시 「내면으로의 길」은 불교적 범신론의 세계관을 잘 드러낸다.

내면을 향한 길을 발견한 자,

열심히 자아에 깊이 파묻혀

지혜의 핵심을 예감하는 자는

신과 세상의 뜻이 단지 이미지와 비유로 여기게 되는 법

모든 행동과 사상은 자기 영혼과의 대화

-「내면으로의 길」 전문

헤세의 모든 시들의 경향은 외부의 세계에서 내면의 세계로, 외부 세계에서 자아로의 세계를 지향하고 있다. 한편 앤드류스(R. C. Andrews)가 그의 저서 『헤르만 헤세의 시문학 *The Poetry of Hermann Hesse*』에서 "변화를 강조하고 있지만 실제적으로 세계와 자아, 신과 자아는 분리할 수 없다"고 지적하고 있는 점 역시 주목할 만하다. 세상과 신이 포함되어 있는 시적인 화자는, 즉 내면에 잠들어 있는 지혜를 깨닫게 되는 자는 모든 신과 세상을 하나의 비유로 인식할 수 있어야 한다는 것이다. 이것은 곧 선불교에서 명상을 통하여 자아를 깨달아가는 과정을 연상케 하고 있다. 인생이라는 것이 한낮 꿈과도 같다는 비유로 인식될 정도의 초탈한 경지에 머물고 있는 시적 자아를 만나게 된다. 헤세는 기독교적 유일신을 신앙하지 않으며, 오히려 모든 만물에 불성이

<그림 13> "나는 서술과정에서 시대의 문제를 회피한 적이 없다. 나는 정신적 비평가들이 생각하는 상아탑 속에서 살았던 것은 결코 아니다. 내가 문제 삼는 가장 첫째는 국가, 사회, 교회도 아닌 일회적인 인생 개별 인간이다."(대화, 편지 1951년)

있다는 불교적 믿음에 입각한 범신론적 세계관을 취한다. 본 시는 신과 세상에 대한 헤세의 범신론적인 세계관이 서정적으로 투영된 것으로 이해된다.

헤세의 시 「주문」에서는 불교적 연기사상이 시적으로 표현되고 있다.

그래서 그대는 만물의
형제자매여야 한다.
그들은 그대를 아주 꿰뚫어 보는 것
그대는 나와 그대가 갈라서지 않은 일.

어떠한 별도, 어떠한 잎사귀도 떨어지지 말아야 한다.
그대는 잎사귀와 함께 사라져야 할 운명!
그래서 그대는 모든 것들과 함께
매 시간마다 일어서게 될 것이니.

-「주문」 전문

이 시에서 표현되고 있는 바, '모든 삼라만상의 존재가 한 형제자매'라는 것은 모든 만물은 인과율의 법칙으로 연결되어 있다는 불교적 인연 사상의 발상에서 나온 것으로 해석된다. 이 시에서 '어떠한 별과 잎사귀들도 떨어지지 말아야 하고 함께 사라져야 할 운명'이라고 하는 표현은 인간과 만물이 살고 죽고 하는 모든 일들이 유기체적으로 하나의 인연으로 맺어있다고 하는 불교적 연기사상과 상통하는 바가 있다.

다음으로 헤세의 「바가바드기타」라는 시속에 전쟁과 평화를 동일시하는 동양적 단일사상이 어떻게 시화되어 있는지를 보기로 하자.

다시 나는 잠도 자지 못하고 시간마다
이해하지 못하는 고통이 영혼의 상처를 가득 내고
죽음이 땅 위에서 불타오는 것을 보았네.
수천의 죄 없이 고통을 느끼고, 부패하고
그리고 나는 마음으로 전쟁에게 서약을 했네.
눈먼 신에게 감각 없는 고통이 있을 때,
보라, 그때 나한테 고독, 기억의 시간이 들어오고 있었네.
나한테 평화의 주문을 해 주었네.
먼 옛날 인도의 신의 서적
전쟁과 평화, 두 가지는 항상 동일한 것
평화의 저울판이 올라가는지 내려가는 지
그 때문에 그대는 싸움하고 조용히 있지를 못하네.
그대가 온 힘을 쓰는 것은 신의 뜻이니라.
허나 그대의 투쟁이 수천 번의 승리를 거둔다 해도,
세계의 심장은 꿈쩍도 하지 않고 계속 뛰고 있네.

-「바가바드기타」 전문

헤세는 인도여행을 감행하기 전에 고대 인도의 정신과 지혜에 깊은 관심을 가지고 있었다. 기원전 2세기경 우주 철학을 말하고 있는 힌두교의 최고의 경전이라고 일컬어지는 '신의 노래'라는 의미가 담긴 『바가바드기타』를 접하게 된다. 헤세는 이 책을 읽으며 "학습을 통하지 않은 체험의 지혜를 찬양하고 이러한 아름다운 계시와 삶의 지혜와 종교로 꽃피어나는 이 철학은 바로 우리가 찾고 또 필요로 하는 것"이라고 지적하고 있다. 헤세는 이 책을 통하여 철학, 문학 그리고 종교와 도덕이 하나로 구성되어 있는 인도의 형태로 된 동양의 단일사상을 찾았다고 볼 수 있다. 또한, 헤세는 그의 글 「인도의 지혜」에서 "여러 가지 다른, 때로는 직접적으로 적대적인 세계관들이 소박하게 이웃하고 있으며, 심지어는 서로 녹아들어 하나 되어" 있음을 발견하게 된다. 본 시에서는 헤세는 태곳적 인도 신들이 말하고 있는 다양한 현상 뒤에 존재하는 단일사상을 엿볼 수 있다. 이러한 전쟁과 평화를 동일시하는 단일사상을 다양한 현상 뒤에 숨어있는 변화하지 않은 정신의 제국으로 찬양하고 있다.

헤세의 시 「모든 죽음」에는 불교적 윤회사상이 시적으로 표현되고 있다.

온갖 죽음을 나는 죽어 보았네.
온갖 죽음을 나는 다시 죽으려 하네.
나무 같은 죽음을 죽고
산속에서 돌 같은 죽음을 죽으리
모래 속에 점토의 죽음을
바스락바스락 소리 나는 여름풀 속의 풀잎의 죽음을
그리고 불쌍하고, 피 흘리는 인간의 죽음을

나는 재차 꽃으로 환생하려고 하네.
나무와 풀로 다시 태어나려고 하네.
물고기, 사슴, 새 그리고 나비
그리고 각 모습을 띠고서
동경은 나를 최종의 고통으로 가는 계단으로 잡아당기려고 하네. 인간의 고통을 맛보라고
오, 떨고 있는 쭉 펴진 활이여!
동경의 광폭한 부력이 인생의 양구를 서로 맞서게 굽히려 할 때,
종종 아직도 재차 그대는 나를 죽음에서 탄생으로 몰고 가려고 하네.
고통에 찬 통로를 만들기
찬란한 통로를 만들기

-「모든 죽음」

이 시는「모든 죽음」이라는 제목에서 말해 주듯이 인간이 죽음을 숙명처럼 조용히 받아들이는 나무와 돌과 같은 죽음을 동경하는 주제를 보여주고 있다. 또한, 이 시는 죽음 후에는 꽃과 나무 풀로 탄생되기를 바라는 불교적 환생을 동경하는 마음이 시적으로 드러나 있다. 이것은 바로 모든 만물이 죽어서 다시 여러 가지 형태로 변신되는 불교의 윤회사상을 시적으로 표현한 것으로 이해할 수 있다.

나는 재차 꽃으로 환생하려고 하네.

나무와 풀로 다시 태어나려고 하네.

물고기, 사슴, 새 그리고 나비

그리고 각 모습을 띠고서

-「모든 죽음」

이 시는 인간이 죽어서 꽃, 나무, 풀, 물고기, 사슴, 새 그리고 나비라는 다양한 형태로 변신하여 환생하려는 시적 화자의 의지를 보여 주고 있다. 이러한 인간이 죽어서 다양한 모양의 생물체로 변신하고 환생하는 발상은 헤세가 인간은 죽음 후에 현생의 업에 따라서 내세에 여러 가지 생물로 변화된다는 불교의 윤회사상(Seelenwandelung)으로부터 받은 영향의 결과로 보인다. 또한, 자연의 생물들이 가을이 되면 겨울이라는 죽음을 준비하고 있고 다시 봄이 되면 새 생명이 탄생되는 순환적 현상과 같이 인간도 그와 같은 많은 죽음 중에서 하나의 죽음을 숙명적으로 체험하게 되어 있다. 그러나 파괴할 수 없는 인간의 영혼이 속세적 생명력으로 다시 살아나게 된다는 범신론적인 인생관을 수용할 때야 비로써 성스러운 지혜를 인식하게 된다. 헤세는 이러한 범신론적 세계관을 시적으로 표현

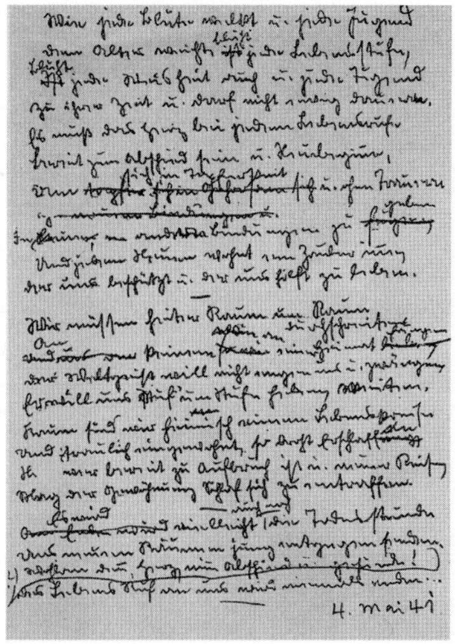
4. mai 41

<그림 14>「단계」 육필 원고

하고 있음을 파악할 수 있다.

다음 헤세의 「단계」라는 시 속에 타성으로부터 이별을 고하고 떠날 준비가 되어 있는 자만이 건강성과 명랑성을 획득할 수 있다는 말이 불교에서 요구하는 욕망의 세계를 탈피한 자만이 불교적 무소유의 청명한 마음을 가질 수 있다는 말과 어떠한 상관성이 있는지를 살펴보자.

모든 꽃잎이 시들고 청춘이 나이 앞에 사라져 가듯,
인생의 모든 단계와 모든 지혜.
그리고 덕망도 모두 시기가 되어 꽃이 피며,
또한, 영원히 지속되어서도 아니 된다.
생명으로의 소명이 있을 때마다 마음은
이별과 새로운 출발의 준비가 되어 있어야 하느니,
슬퍼하지 않고 씩씩하게
다른 새로운 조건 아래 적응하기 위하여.
모든 시작에는 마술이 깃들여 있어
우리를 보호하고 우리가 살아가도록 도움을 준다.

명랑하게 우리는 한 공간 한 공간을 통해 가야 할지니,
어디에도 고향처럼 매달려선 안 될 것이다.
세계정신은 우릴 구속하고 제한하지 않으며,
한 단계 한 단계 우릴 들어 올려 폭넓게 하고자 한다.

어느 한 생활권에 가정처럼 아늑하게 안기게 되면,
우리는 바로 무기력의 위협을 받나니,
출발과 여행의 준비가 되어 있는 자만이
마비시키는 습관을 헤어날 수 있도다.
죽음의 시간까지도 우리를 젊게
새로운 공간으로 보낼지도 모르나니,
우리에 대한 생명의 소리는 결코 그치지 않으리라…
마음이여, 그럼 이별을 하고 건강하여라!

-「단계」 전문

이 시는 인간이 한 곳에 머물고 안주해서는 무기력하게 된다는 경고의 메시지를 던져 주고 있다. 인간은 죽을 때까지 계속 한 단계 한 단계 더 차원 높은 다른 공간을 향하여 정진해야 된다는 시적 명령은 익숙한 습성과 타성으로부터 벗어나야 한다는 각성을 촉구하고 있다. 이 시가 의도하고 있는 것은 모든 인간이 일상 속에 젖어 있는 타성의 세계로부터 이별을 고하고 어디론가 출발과 여행을 준비하는 자만이 명랑성과 건강한 마음을 가질 수 있다는 메시지를 담고 있다. 이것은 곧 불교에서 요구하고 있는 습관에 젖어 있는 인간이 지니고 있는 욕망의 세계로부터 탈피하여야 속세의 욕망이 제거된 성스러운 무소유의 청명한 마음을 획득할 수 있다는 말과 일맥상통한다고 보여진다.

헤세의 시 「치켜든 손가락」은 불교적 진리에서 통찰하는 언어를 초월한 소통의 힘을 '손가락'에 비유해 표현하고 있다.

사람들이 말하기를, 주지 대사는,
조용하고 부드러운 분이시며 너무도 겸손하여,
말씀도 설파도 전혀 하지 않으신다 한다,
왜냐하면 말은 곧 가상假象이라, 모든 가상을 피하는 것이
분명 그분이 의도하시는 바라.
많은 제자들과 승려와 수도승들이
세계의 의미에 대해, 최고의 선에 대해
고상한 말과 번뜩이는 정신으로
즐겨 늘어놓는 데에도, 그분은 침묵으로
흘러넘치는 모든 것을 경계하며 지키고 있었다.
그리고 그들이, 허황된 질문이나 진지한 질문으로,
고문서의 의미에 대해, 부처의 이름에 대해,
각성에 대해, 세계의 시작과
그 종말에 대해 그분께 질문을 해 올 때면,
그분은 침묵을 지키고 계셨다,
그저 조용히 손가락으로 저 위를 가리키면서
그런데 침묵으로 말하면서 가리키는 이 손가락이
점점 더 내면적으로 주의를 환기시키면서, 말을 하는 것이었다.
그것은 가르쳤고, 칭찬했고, 꾸짖었고, 너무도 진기하게
이 세계와 진리의 심장을 가리켜서,
그 후론 많은 제자들이 부드럽게 치켜든 이 손가락의 의미를

이해하고, 체험하고 또한 깨닫게 되었던 것이다.

-「치켜든 손가락」 전문

이 시는 일반적으로 불교에서는 진리를 규명하고자 할 경우 말로 표현하는 것이 아니라 진리의 본질을 손가락으로 암시해 주는 기법을 사용한다는 것과 상통한다. 예컨대 불교에 나오는 '염화시중의 미소'는 말을 하지 않고 미소만 지어도 진리의 내면을 들여 다 볼 수 있다는 의미이다. 이 시는 크게 깨달음의 경지에 도달한 스님은 모든 진리를 언어로 자세히 설명하는 것이 아니라, 깨달은 진리를 손가락으로 가르칠 따름이라는 언어를 초월한 불교의 소통의 힘을 암시해 주는 시이다.

마지막으로 헤세의 「선 수도원의 젊은 수도승 II」 이라는 시속에 선불교적 역설적 사고발상이 어떻게 시적으로 표현되어 있는지를 살펴보자.

모든 것은 현혹이며 환상이다.
진리란 언제나 이름할 수 없다지만
나를 쳐다보는 산만은
톱니같이 정확하게 인식할 수 있도다.

사슴과 까마귀 그리고 빨간 장미
바다의 푸르름과 화려한 세계
정신을 집중하라 그러면 모든 것은

형체도 이름도 없이 허물어질지니.

명상하고 침잠하라,
관조를 알고 독서를 배워라.
명상하라-세상은 가상이 되나니
명상하라-가상은 실체가 되나니.

-「선 수도원의 젊은 수도승 II」 전문

이 시에서 '만물의 보여지는 실체가 허상이 되고 허상이 실체가 된다'는 표현은 선불교적 사고의 역설적 발상에서 나온 것으로 해석된다. 특히 본시에 나오는 '명상하고 침잠하라'의 명령적 표현은 선불교에서 명상을 통하여 자아를 발견하고 무념무상의 득도의 경지에 오르는 것이 수도자에게 주어진 사명이다. 이 시는 시적 화자를 통하여 선불교에서 좌선하고 머리 앞에 벽을 보고서 명상에 집중하여 무아의 지경에 이르고자 하는 선불적인 사상을 시적으로 표현한 선시(禪詩)로 이해된다.

헤세가 그의 후기 시 작품에 집중적으로 동양 사상을 수용한 것은 제 2차 대전의 유럽의 위기에 빠진 유럽인들의 이기적 욕망에 찬 의식을 무소유의 의식으로 개혁시키고자 한 문학적 시도로 해석된다. 이러한 헤세의 동양수용은 전후 유럽의 부조리한 세상을 개혁하고 새로운 세계를 바라는 독일 표현주의 주적 의지의 산물로 이해된다.

* 이 글은 『헤세문학의 숲을 향하여』(한국문화사, 2016)에 게재된 「헤세의 후기시 작품에 나타난 동양지향성」을 수정 보완하여 정리한 것이다.

헤르만 헤세 주요작품연보

시

1920 『화가의 시 *Gedichte des Malers*』

1921 『시 선집 *Ausgewählte Gedichte*』

1934 『생명의 나무 *Vom Baum des Lebens*』

1936 『신 시집 *Neue Gedichte*』

1942 『시 전집 *Die Gedichte*』

1945 『시선집 *Der Blütenzweig*』

1961 시전집 『단계 *Stufen*』

소설

1898 『낭만의 노래 *Romantische Lieder*』

1901 『헤르만 라우셔의 유고작과 시 *Hinterlassene Schriften und Gedichte von Hermann Lauscher*』

1903 『페터 카멘친트 *Peter Camenzind*』

1906 『수레바퀴 아래서 *Unterm Rad*』

1908 『이웃사람들 *Nachbarn*』

1910 『게르트루트 *Gertrud*』

1913 『인도에서 *Aus Indien*』

1914 『로스할데 *Roßhalde*』

1915 『크눌프 *Knulp*』

1915 『청춘은 아름다워라 *Schön ist die Jugend*』

1919 『데미안 *Demian*』

1919 『클링조어의 마지막 여름 *Klingsors letzter Sommer*』

1919 『방랑 *Wanderung*』

1922 『싯다르타 *Siddhartha*』

1929 『세계문학 총서 *Eine Bibliothek der Weltliteratur*』

1930 『나르치스와 골드문트 *Narziß und Goldmund*』

1931 『내면으로의 길 *Weg nach innen*』

1932 『동방여행 *Die Morgenlandfahrt*』

1954 『픽토르의 변신 *Piktorsverwandelung*』

주요 작품전집

1952 『헤세 작품 전집 *Gesammelte Dichtungen Gesammelte Dichtungen*』

1957 『헤세전집 *Gesammelte Schriften*』

참고문헌

Andrews, R. C. "*The Poetry of Hermann Hesse*". In *Hermann Hesse, a Collection of Criticism*. Ed. Judith Liebmann. McGraw–Hill, 1977.

Hesse, Hermann. *Die Gedichte, 1892~1962*. Erster Band. Suhrkamp, 1977.

______, *Die Gedichte, 1892~1962*. Zweiter Band. Suhrkamp, 1977.

______, "Indische Weisheit". In *Aus Indien: Aufzeichnungen, Tagebuecher, Gedichte, Betrachtungen und Erzaelhungen*. Neu zusammengestellt und ergänzt von Volker Michels. 2. Aufl. Suhrkamp, 1981.

______, *Ueber mein Verhaltnis zum geistigen Indien und China*: bisher unveroffentlicht, Manuskript liegt im Literaturarchive des Schiller-Nationalmuseum, Marbach.

Jungk, Robert. *Hermann Hesse, Politik des Gewissens: Die politischen Schriften* 1914~1962, hsrg. v. Volker Michels. 2. Bde., Ffrankfurt/M. 1975.

그림 출처

<그림1> 헤르만 헤세의 대표 장편소설 『데미안』(1919)의 표지, https://en.wikipedia.org/wiki/Hermann_Hesse

<그림2> 헤세의 아버지 요한네스 헤세 (1847~1916), https://www.geni.com

<그림3> 헤세의 어머니 마리아 헤세 (1842~1902), https://www.geni.com

<그림4> 헤세의 어린 시절 (4세경), http://strangenewsfromanotherplanet.tumblr.com/

<그림5> 바트 칸슈타트 고등학교 7학년의 학생들의 기념사진 (1893년), http://www.hesse.ru

<그림6> 튀빙겐에서 서점 점원시절의 헤세 (21세), http://www.hesse.ru

<그림7> 헤세가 일하던 헤켄하우어 고서점, http://www.hesse.ru

<그림8> 슈바르츠발트에 있는 칼프, https://www.hermann-hesse.de

<그림9> 헤세의 탄생지인 칼프의 자택 주변 시장 배경, https://www.hermann-hesse.de

<그림10> 헤세의 부모님, 두 동생과 같이 찍은 가족사진, https://www.hermann-hesse.de

<그림11> 헤세의 많은 작품의 무대가 되는 칼프 초등학교, https://www.hermann-hesse.de

<그림12> 카로나에서 산책길에 휴식을 취하고 있는 헤세의 뒷모습, http://hermannhesse.tumblr.com

<그림13> "나는 나의 서술과정에서 시대의 문제를 회피한 적이 없다", http://www.hermannhesseseasonsofthesoul.com

<그림14> 「단계」 육필 원고, https://www.hermann-hesse.de

저자 소개

장은수(Jang, Eun-Soo), 한국외국어대학교 독일어과 교수, 연극평론가, 드라마투르그

오스트리아 빈대학교 독문학 박사. 베를린 훔볼트대학교 연구교수. 한국독어독문학회 회장, 한국브레히트학회 회장 역임. 현재 한국드라마학회와 세계문학비교학회 회장. 대표저술로는 「페터 슈타인의 〈파우스트〉 마라톤 공연」, 「포스트드라마 이후 독일 포스트서사극」, 「베를린 샤우뷔네와 연극 혁신 프로그램 - 샤우뷔네 탄츠테아터와 콘스탄차 마크라스의 〈메갈로폴리스〉」 등의 논문과 『빌헬름마이스터의 편력시대』(공역), 『마지막 도박』 등의 역서, 그리고 『브레히트의 연극세계』, 『20세기 독일어권 연극』 및 『한국현대연출가연구』 등의 공저가 있다.

박정만(Park, Jung-man), 한국외국어대학교 영어통번역학부 교수

성균관대학교 영문학과를 졸업하고 미국 일리노이대학교(어바나샴페인)에서 「미국 흑인포크코미디(black folk comedy)의 기원」에 대한 연구로 연극학

박사학위를 받았다. 문학 · 역사 · 문화 연구의 통섭을 지향하며 '문학 텍스트와 문화사 콘텍스트의 간극읽기'라는 독창적 연구방법론을 국내 영미드라마학계에 본격적으로 도입한 소장파 학자다. 넓게는 세계 연극, 좁게는 아메리카신대륙 발견 이후부터 근대에이르는미국초기드라마의 발굴 및 문화사적 고찰과 재조명 작업이 관심 분야이다. 최근에는 *Asian Theatre Journal* 등 해외저명저널에 논문 기고를 통해 한국 연극사를 세계에 알리고 보급하는 일에 매진 중이다. 저서로 『드라마에 비친 미국: 남북전쟁부터 경제대공황까지』, 공저로 『미국현대드라마: 수전 글래스펄부터 마가렛 에드슨까지』, 『퓰리처상을 통해 본 현대 미국연극』, 『영미문학과 서사』 등이 있다.

신주철(Shin, Ju-Cheol), 한국외국어대학교 한국어교육과 교수

한국외국어대학교 한국어교육과를 졸업하고 동 대학교 대학원에서 "김수영 시의 아이러니 연구"로 박사 학위를 받았다. 현재 한국외국어대학교 한국어교육과 교수로 재직 중이며 관심 연구 분야로는 외국인을 위한 한국문학교육, 인지적 관점에서의 문화해석 등이 있다. 저서로 "한국어교육에서 한국문화 문학 교육론" 외, 논문으로 "백석의 만주 체류기 작품에 드러난 가치 지향" 외, 기타 시집과 번역서가 있다.

김중현(Kim, Joong-hyun), 한국외국어대학교 프랑스어학부 강사

한국외국어대학교 불어과와 동대학원을 졸업했으며, 프랑스 낭시 2대학교에서 불문학 박사학위를 받았다. 현재 한국외국어대학교 프랑스학부에서

강의하고 있다. 지은 책으로는 『발자크: 작가와 작품세계』, 『발자크 연구』, 『프랑스문학과 오리엔탈리즘』, 『사드』, 『세기의 전설』 등이 있고, 옮긴 책으로는 『에밀』, 『고독한 산책자의 몽상』, 『사회계약론』, 『인간불평등기원론』, 『학문과 예술에 대하여 외』, 『신엘로이즈 1,2』 등 장 자크 루소의 주요 작품이 있고, 『전원교향악』, 『보바리 부인』, 『마르틴 루터 - 한 인간의 운명』을 비롯해 다수의 번역서가 있다.

박남용(Park, nam-yong), 한국외국어대학교 미네르바교양대학 교수

한국외국어대학교 중국어과를 졸업하고 동대학원 중어중문학과에서 「아이칭의 근대체험과 시적 이미지 연구」로 박사학위를 받았다. 중국 현당대 시인과 작품을 연구하며 중국 현대 시문학과 사회의 관계를 중점적으로 탐구하고 있다. 특히 최근에는 중국 몽롱시파의 베이다오(北島)를 비롯하여 제삼대 시인들인 왕자신(王家新), 자이융밍(翟永明), 위젠(于堅) 등 새로운 유형의 시인들을 연구하며, 인터넷 시문학, 소수민족 시문학까지 연구하고 있다. 또한 대만과 홍콩 시를 연구하며, 싱가포르 · 태국 · 캐나다 화인화문시까지 현대시의 연구영역을 확장하며 디아스포라 시문학 연구에 집중하고 있다. 이와 더불어 한중 현대문학 문학비교에도 큰 관심을 기울이며 한중 양국의 영향관계 및 비교문학적 탐색을 지속적으로 추진해 오고 있다. 저서로 『중국현대시의 세계』, 『한중 현대문학 비교연구』, 번역시집으로 『빅토리아 항을 지나며』, 『낙인』, 창작시집으로 『소래 포구에서』 등이 있다.

심상욱(Shim, Sang-wook), 전주대학교 영미언어문화학과 명예교수

광주교육대학과 전주대학교 영어영문학과를 졸업하고 충남대학교에서 「샐린저 작품의 선사상과 포스트모더니즘」으로 문학박사 학위를 받았다. 영국 글라스고대학의 객원교수, 미국 버지니아의 랜돌프메이컨 여자대학, 하와이 대학과 중국의 난징 대학에서 펄 벅을 연구했으며, 최근 비교문학 관점에서 서구모더니즘과 이상 문학과의 관계를 연구하고 있다.

이명희(Yi Myoung-hee), 건국대학교 상허교양대학 교수

건국대학교에서 국어국문학을 전공하고 모교에서 글쓰기를 가르치는 교수로 일하고 있다. 미국 유니온신학교와 럿거스대학교에서 방문학자로 머물면서 미국에서 인터뷰를 진행하여 『미친년』(열림원)을 출판하였다. 미주현대불교기자 및 편집인, 서울국제여성영화제 기획실장, 삼성경제연구소 SERICEO 강사 등을 역임했다. 인터뷰 산문집 『호모엔젤리너스』 등을 집필했고, 공저로 『현대시와 신화적 상상력』, 『탈식민주의 안과 밖』, 『대한민국을 통으로 바꾸는 소통만필』, 『꽃으로 세상을 보는 법』 등을 펴냈다. 학교 및 공공기관과 기업에서 인문학과 시 강의를 통해 대중들에게 호응을 얻고 있다. 문화 전반을 아우르는 대중적 글쓰기에 주력하며 소통과 나눔의 문화를 퍼뜨릴 생태인문학 아카데미 살롱을 지인들과 함께 열어가고 있다.

이혁(Lee, Hyuk), 한국외국어대학교 중국언어문화학부 강사

한국외국어대학교 대학원 중어중문학과에서 「쑤퉁(蘇童)의 여성 소설에 나타난 생명의식 연구」로 석사학위를 받고 동대학원에서 중국 현대문학 전공으로 박사과정을 수료했다. 현재 「모옌(莫言) 소설의 민간서사 연구」로 박사학위 취득 예정중이다. 최근까지 중국학연구회와 한중언어문화연구회 편집간사로 활동했으며, 한국외국어대학교 중국언어문화학부에서 '중국문화의 이해'와 '한국 문학과 동아시아'를 강의중이다. 중국의 현대 문학을 이해하는 데 큰 관심을 두고, 1970년대 후반 상흔소설과 반사소설로 대표되는 신시기 모더니즘과 신사실주의 소설, 아방가르드 소설을 통해 중국문학과 사회를 연구하는 데 몰두하고 있다. 주요 논문으로는 「모옌(莫言) 소설에 나타난 고향의식 연구」와 「국내에서 번역된 1990년대 중국당대소설의 독자수용 양상 연구」, 「쑤퉁(蘇童) 소설에 나타난 하층민 형상과 뱀의 이미지」 등이 있다.

정호준(Jeong, Ho-jun), 한국외국어대학교 한중언어문화소통사업단 연구교수

한국외국어대학교 중국어과를 졸업하였고, 동대학원에서 「元稹과 그 樂府詩 연구」로 석사학위를, 「杜甫의 陷賊·爲官 時期詩 硏究」로 박사학위를 취득하였다. 현재는 두보시를 중심으로 唐詩 연구를 하고 있다. 중국 사회과학원 방문학자, 강남대학교 중국학센터 객원 연구원을 지냈으며, 한국외국어대학교, 평택대학교, 호서대학교 등에서 중국 문학과 중국어 관련 강의를 하였다. 현재는 한국외국어대학교 일반대학원 중어중문학과 BK21PLUS 한중언어문화소통사업단 연구교수를 맡고 있다. 「두보의 진주시기 시에 나타

난 생태의식 연구」를 비롯해 20여 편의 논문이 있으며, 공저로 『중국시의 전통과 모색』, 『중국문학의 전통과 모색』이 있고, 역서로 『신제악부/정악부』, 『백거이시선』, 『그대를 만나, 이 생이 아름답다』, 공역서로 『장자-그 절대적 자유를 향하여』, 『한비자』가 있다.

진상범(Chin, Sang-bum), 전북대학교 독어독문학과 명예교수

서강대학교 및 동대학원을 졸업하고 독일 괴팅겐 대학교에서 수학 및 빈 대학교에서 독문학 박사학위 과정을 이수했으며, 고려대학교 대학원에서 「괴테와 헤세의 중국 수용 비교연구」로 독문학 박사학위를 받았다. 독창적인 비교문학적 관점에서 독일문학과 동서양의 예술과 문학작품을 연구해 왔으며 외국 비교문학자들과 협력하여 독어와 영어로 공저 작업을 해왔다. 대표 저서로 『독일문학과 동양의 만남』, 『서양예술 속의 동양탐색』, 『한 독문학의 비교문학적 연구』, 『독일 교양소설의 심층적 연구』, 『헤세 문학의 숲을 향하여』 가 있으며, 공동저서로 『한국문학 속의 세계문학』, 『성장소설이란 무엇인가?』 등이 있다.

색인

ㅅ

ㅇ

ㅈ

ㅊ

ㅋ

문학
스캔들

우리 시대 최고 문호들의
홍미진진한 뒷이야기

문학스캔들

우리 시대 최고 문호들의 홍미진진한 뒷이야기

초판 인쇄 2017년 6월 23일
초판 발행 2017년 6월 30일

펴낸이 세계문학비교학회
지은이 장은수·박정만·신주철·김중현·박남용
심상욱·이명희·이 혁·정호준·진상범
발행인 김인철
총괄 · 기획 가정준 Director, University Knowledge Press
편집장 신선호 Executive Knowledge Contents Creator
도서편집 김민정 Contents Creator
전자책편집 이리나 e-Contents Creator
재무관리 김은혜 Managing Creator
마케팅 파트장 백승이 Chief Marketing Creator
마케팅 박종원 Marketing Creator
발행처 한국외국어대학교 지식출판원
02450 서울특별시 동대문구 이문로 107
전화 02)2173-2493~7
팩스 02)2173-3363
홈페이지 http://press.hufs.ac.kr
전자우편 press@hufs.ac.kr
출판등록 제6-6호(1969. 4. 30)
디자인 · 편집 디자인퍼브 02)2254-4308
인쇄 · 제본 네오프린텍 02)718-3111

ISBN 979-11-5901-223-5 93800 정가 20,000원

*잘못된 책은 교환하여 드립니다.

HUiNE은 한국외국어대학교 지식출판원의 어학도서, 사회과학도서, 지역학 도서 Sub Brand이다. 한국외대의 영문명인 HUFS, 현명한 국제전문가 양성(International +Intelligent)의 의미를 담고 있으며, 휴인(携引)의 뜻인 '이끌다, 끌고 나가다'라는 의미처럼 출판계를 이끄는 리더로서, 혁신의 이미지를 담고 있다.